JEAN RAYMOND 1964

E. CHEVALLEY

ESSAI SUR LE Droit des Gens Napoléonien

1800-1807

D'APRÈS LA CORRESPONDANCE

PARIS
LIBRAIRIE CH. DELAGRAVE
15, RUE SOUFFLOT, 15

ESSAI

SUR LE

DROIT DES GENS NAPOLÉONIEN

1800-1807

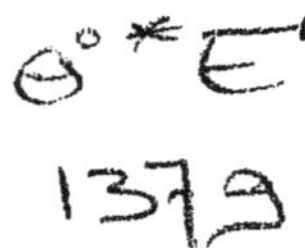

E. CHEVALLEY

ESSAI SUR LE DROIT DES GENS NAPOLÉONIEN

D'APRÈS LA CORRESPONDANCE

I

1800-1807

Les choses humaines ne sont saisissables qu'en leur premier jet hors de l'âme.

A. SOREL.

PARIS
LIBRAIRIE CH. DELAGRAVE
15, RUE SOUFFLOT, 15

INTRODUCTION

> « Partez du principe que, dans un État bien réglé, on doit décider par le droit politique ce qui est politique, et par le droit civil, ce qui est civil. »
>
> (*Correspondance*, 16 690.)

Nos bons auteurs usaient jadis d'un procédé fort sage. Quand la franchise de leurs idées s'accordait mal avec la chose jugée de leur temps, ils en confiaient volontiers la paternité à quelque défunt et s'abritaient sous l'autorité d'un nom. C'était l'âge d'or.

Si le seul titre d'un Essai sur le droit des gens *napoléonien* semblait un paradoxe, j'invoquerais ces précédents et de fait, il n'est rien dans cette étude qui ne soit l'expression de la pensée de Napoléon, telle que je l'ai lue et comprise. Je tiens seulement à préciser que je n'étudie le droit des gens napoléonien que d'après la correspondance et pour la seule période de 1800 à 1807, — qu'il ne faut donc point généraliser sans prudence ni attribuer à l'Empereur ce qui fut peut-être une simple idée consulaire, — que les choses ont deux aspects et que Napoléon ne les voyait pas toujours sous le même angle que ses adversaires, — qu'il en résulta jadis des guerres et que *je tente ici de déterminer le seul point de vue napoléonien.*

Il faut d'abord que la voix de Napoléon soit entendue dans ce grand débat que l'histoire relève et renouvelle de génération en génération, sans jamais satisfaire l'inquiète curiosité des hommes. Plus tard, avec la même franchise, j'étudierai les théories adverses. Alors seulement, il sera possible de juger. Si je heurte aujourd'hui quelques idées reçues, c'est cette différence de point de vue qui en sera la cause et non l'attrait d'un paradoxe. « Il n'y a pas d'hérésie, disait Napoléon, à tout ce qui est soumis au raisonnement et qui a un but. »

En réalité, croyant l'affaire entendue, mon premier dessein fut de donner une sorte de suite aux *causes célèbres* de M. de Martens en condamnant Napoléon sur pièces au nom du Droit des gens. A l'examen, le doute est né. Je me suis demandé si l'histoire-juge avait bien toujours appliqué les règles de la compétence, si elle ne condamnait point certains actes litigieux au nom d'un droit dont ils ne relèvent pas. Voyez-vous Marbot condamné pour coups et blessures au soir d'une bataille en vertu du code pénal? Il y a de cela dans l'histoire, mais sous une forme plus subtile, et c'est une cause de conflit que je ne pouvais pas éviter. Cherchant l'opinion *personnelle* de Napoléon, je dois situer les faits dans le domaine juridique où il les plaçait. Or, il y était attentif : « Les affaires de finances, écrivait-il, se jugent par des considérations de finances, les affaires de commerce par des considérations de commerce. Le Conseil juge cette question de commerce par des considérations de finances. J'aimerais autant que le tribunal criminel de Paris appliquât à un délit criminel un article du code civil. Je me plains qu'on n'approfondit rien au Conseil. Les discussions sont trop lestes [1]. »

J'ai donc essayé d'apporter un peu de la méthode juridique dans le jugement des faits, confondant ainsi volontairement le droit et l'histoire, qui ne cherchent d'ailleurs qu'une même chose sous deux noms : plus de justice ou plus de vérité.

---

1. 12296. A Cambacérès, Finkenstein, 5 avril 1807.

ESSAI

SUR

LE DROIT DES GENS NAPOLÉONIEN

Existe-t-il un droit des gens napoléonien?

« Le fait est que je passais pour un homme terrible dans vos salons.... »
(11 septembre 1816.)

Cette étude n'est qu'une première contribution à l'histoire du Droit des gens napoléonien [1]. Mais d'abord, existe-t-il un droit des gens *napoléonien*? Et, moins encore, Napoléon eut-il jamais l'idée d'aucun droit?

Sans doute, la France ayant eu des relations de paix ou de guerre avec les autres puissances, un droit des gens régla leurs rapports; mais Napoléon lui-même eut-il une conception personnelle d'un droit entre nations, qui différât de celui de son époque et tout au moins eut-il l'idée d'un ensemble de règles internationales conformes à l'usage ou à l'équité, qu'il convient d'observer avec bonne foi et qui s'opposent à l'arbitraire ou au caprice d'un puissant? S'il a eu ces idées, a-t-il voulu les appliquer?

La question n'est point oiseuse. Volontiers imagine-t-on ce petit homme qui, vingt ans, promena sur l'Europe la frénésie des combats et l'orgueil de ses victoires, comme un cynique contempteur de tout droit qui ne fût pas le sien ou celui de sa force.

1. L'étude du droit des gens napoléonien comprendra : I. Le droit des gens de 1800 à 1807. — II. Le système continental. — III. Le droit de gens de 1807 à 1815. — IV. Le droit de la paix. — V. Le droit de la guerre. — VI. Les doctrines adverses. — VII. Textes napoléoniens annotés et Index.

> Il règle toute sa conduite envers les nations étrangères, dit Sorel, comme un Romain qui confondait son règne et sa jurisprudence avec le règne du droit[1].

Le droit s'oppose à l'arbitraire. Or, Lucchesini, ministre de Prusse à Paris, écrivait à sa cour en 1806 : « La politique extérieure n'a rien changé de ses plans ambitieux et de ses relations arbitraires[2] ». On dit à Berlin que le Corse veut dominer le continent et traiter tous les souverains comme des vassaux, et le général Mathieu Dumas écrira, de son côté, que l'on voit à découvert « cette politique impérieuse et tranchante de Bonaparte qui lui réussit si longtemps, mais qui le perdit[3] ».

L'application d'un droit suppose quelque bonne foi. Or, l'impératrice Élisabeth, par exemple, écrira le 24 septembre 1812 : « J'ai en horreur cet esprit de mensonge qui fut une des bases fondamentales de la conduite de Napoléon.... On aura fait passer pour une défaite la bataille de Borodino, bien complètement gagnée par nous[4]. » L'exemple est malheureux, mais l'affirmation est grave, venant de si haut.

Enfin Taine formule et précise avec sa grande autorité :

> S'il salue la justice et la loi, ce n'est qu'en paroles, et encore avec ironie; à ses yeux, la loi est une phrase du Code, la justice est une phrase de livre, et la force prime le droit[5].

Or, à cela, que répond la *Correspondance*?

> Bien qu'on m'ait salué, au nom des souverains, de *Moderne Attila*, de *Robespierre à cheval*, tous savent mieux dans le fond de leur cœur... qu'ils y descendent! Si je l'avais été, je régnerais encore peut-être, mais eux, bien sûrement, et depuis longtemps, ils ne régneraient plus[6].
>
> Jamais, quoi qu'on en ait dit, je ne manquai de foi et ne violai de parole, pas plus contre l'Espagne que contre aucune autre puissance[7].
>
> Je n'ai point à me reprocher d'avoir rompu aucun des traités que j'ai signés[8].
>
> Bien des pamphlets et bien des manifestes qui ne valent pas mieux m'ont accusé de perfidie, de manquer de foi et de parole dans mes négociations; ce reproche, je ne le méritai jamais; les autres cabinets le méritèrent toujours[9].

---

1. A. Sorel, *L'Europe et la Révolution*, VI, p. 21.
2. *Id.*, VI, p. 145.
3. *Correspondance*, XXX, p. 503. Notes de Napoléon sur le Précis des événements militaires du général Mathieu Dumas.
4. *Revue des Deux Mondes*, 15 mars 1910.
5. Taine, *Le Régime moderne*, t. I, p. 81.
6. *Correspondance*, XXXII, p. 254.
7. *Correspondance*, XXXII, p. 272.
8. *Id.*, p. 348. Instructions pour servir de bases à toutes communications verbales ou écrites.
9. *Correspondance*, XXXII, p. 303.

Affirmation trop catégorique sans doute, mais à laquelle je n'ajouterai que cette phrase de Haugwitz : « S'il a jamais existé une puissance que nous ayons eu l'intention de tromper, c'est la France[1] »....

Peut-être suffirait-il ici d'évoquer, d'après l'histoire, ce lamentable roi de Prusse « pour lequel il n'existait pas de lettre sans contre-lettre », dit Sorel[2], « dont la politique s'en allait comme ses courriers à l'est et à l'ouest, en se tournant le dos », qui, « par cet enchevêtrement d'assurances, de réassurances et de contre-assurances, croyait se réserver toutes les échappatoires et jusqu'au moyen de demeurer loyal en trompant tout le monde[3] », et dont les papiers saisis à Potsdam étaient commentés dans ces termes par le dix-neuvième bulletin : « On a trouvé des mémoires... pour prouver qu'on ne devait tenir aucun compte des traités conclus avec l'Empereur Napoléon ».

Peut-être serait-il facile de montrer, en réponse aux accusations de mauvaise foi, ce croquis dessiné d'après nature à Marengo : Thugut retenant Venise parce qu'il reconnaît le traité de Campo Formio, et réclamant Milan parce qu'il ne le reconnaît pas[4]....

« Les abus de la force sont marqués en caractères de sang dans toutes les pages de l'histoire : toutes les nations se sont égarées, tous les gouvernements ont commis des excès; tous doivent se pardonner », disait Fontanes au Sénat en 1813.

Mais, peut-on admettre qu'il ne reconnaissait aucun droit, ce jeune général qui, dans sa *première* lettre au Directoire, écrivait : on pourrait prendre Gênes par un coup de main prompt, « mais cela est contraire à vos intentions et au *droit des gens*[5] » ;

qui ordonnait le lendemain à l'adjudant général Chabran de préparer le quartier général à Albenga, en prenant *toutes les mesures qu'exige le droit des gens dans un pays neutre*[6] ;

---

1. Sorel, *op. cit.*, t. VII, p. 24.
2. *Id.*, *op. cit.*, VII, p. 23.
3. 7852. M. Cobenzl n'est pas aussi sincère qu'il vous paraît....

9773. Au Prince Joseph : « J'ai ici M. de Haugwitz; nous ne sommes pas encore arrangés ensemble; cette cour de Prusse est bien fausse.... » (7 février 1806.)

17019. Au roi de Saxe : « Le cabinet prussien est étrange; il regarde toujours ce qu'il a signé comme non avenu.... Depuis 1740, sa conduite a toujours été la même : mauvaise foi et restrictions mentales. » (7 octobre 1810.)

4. 4963. A Talleyrand, 4 juillet 1800. « Je désirerais également que vous fissiez faire une caricature qui représenterait le ministre Thugut entre le doge de Venise et un directeur cisalpin. L'allusion devrait rouler sur ce qu'il dépouille l'un en conséquence du traité de Campo Formio, et emprisonne l'autre parce qu'il ne reconnaît pas le traité de Campo Formio. »
5. *Correspondance*, n° 94, 28 mars 1796.
6. *Id.*, n° 109, 31 mars 1796.

qui, consul, faisait écrire par M. de Talleyrand à M. de Thugut : « Je suis donc chargé par le premier consul de proposer... qu'il soit établi, pour les petits États de l'Europe, un système de garantie propre à établir dans toute sa force *ce droit des gens sur lequel reposent essentiellement la sûreté et le bonheur des nations* [1] » ;

qui, enfin, pressé de faire sortir une escadre pendant les négociations, répondait : « Le premier consul qui, dans la position où se trouve la France, fait de la diplomatie avec toutes les puissances, a pris *pour règle de ne jamais donner une teinte de mauvaise foi*, et, dans son opinion, ce serait de la mauvaise foi que de faire partir des escadres de Toulon, Cadix et Brest qui, par leur succès ou non-succès, changeraient l'état de la question [2] ».

Du reste, ce droit qu'il invoque pour lui, il l'applique contre lui, non point seulement dans ces occasions solennelles que sont les rapports entre États, mais dans des circonstances plus humbles et sans éclat. Voici l'une de ses premières décisions consulaires que l'histoire officielle ne devait point enregistrer et qui mérite cependant d'être citée. Il s'agit d'un modeste corsaire, l'*Aventurier*, et d'un bien petit État, la République de Gênes.

Arrêté [3].

Paris, 15 janvier 1800.

Les Consuls de la République considérant :

1° Que les rapports qui existent entre les citoyens d'un même pays sont réglés *par les lois particulières à chaque pays* ; que ceux qui existent entre les habitants et les gouvernements de deux pays ennemis sont déterminés *par les lois de la guerre* ; que ceux qui existent entre les habitants de deux pays alliés, amis ou neutres, sont fixés par les règles du *droit public* ;

2° Que la décision du Directoire exécutif, qui a autorisé le général en chef de l'armée d'Italie à employer son pouvoir pour l'exécution sur le territoire ligurien d'un jugement du tribunal d'Aix contre des négociants liguriens, est une *violation des principes*,

Arrêtent ce qui suit :

ARTICLE PREMIER. — Les décisions du Directoire exécutif, relativement aux prises du corsaire l'*Aventurier*, sont *annulées*, ainsi que les actes d'administration qui en ont été la suite.

ART. 2. — Les différends relatifs à ces prises sont remis dans l'état où ils étaient à l'époque où le Directoire exécutif de la République française est *irrégulièrement intervenu* dans la discussion.

ART. 3. — Les ministres de la justice et des relations extérieures se concerteront pour l'exécution de l'article 2, *pour que justice soit rendue*,

---

1. *Correspondance*, 4 623. 27 février 1800.
2. 5 749. A Talleyrand, 17 septembre 1801.
3. *Correspondance*, t. VI, n° 4 528.

selon le droit et les formes en usage entre les États indépendants, aux citoyens français qui sont intéressés dans cette discussion.

Est-ce là traiter Gênes « comme un État vassal », « confondre son règne et sa jurisprudence avec le règne du droit », « écarter les principes de la justice dans les relations entre puissances », « imposer des relations arbitraires » et « agir en *moderne Attila* »?

Voilà donc, au moins une fois, la preuve faite que, s'il salue « la justice et la loi », ce n'est point toujours « avec ironie », que la loi n'est pas seulement à ses yeux « une phrase du Code », que la justice est plus qu'une « phrase de livre », et que « sa force ne prime pas toujours le droit ».

Voilà le conflit nettement marqué entre des opinions et des faits contre lesquels rien ne prévaut, parce que ce sont des faits. D'où vient donc ce conflit?

Il vient d'abord, et pour une grande part, de ce que l'histoire de cette époque n'est point écrite. Elle s'achève à mesure que s'ouvrent les secrètes archives et n'est point encore entrée dans nos esprits[1]. Nous vivons des souvenirs de libelles, de trop de mémoires pittoresques, mais mal informés, et cette histoire qu'invoquait Napoléon lui-même à Sainte-Hélène ne s'élabore que lentement.

> Il n'y aura contre moi, disait-il, que quelques mauvais chroniqueurs assez bornés pour avoir pris des radotages de coterie ou des intrigues pour des faits authentiques, ou bien encore les mémorialistes, qui, trompés par les erreurs du moment, seront morts avant d'avoir pu se redresser (*Correspondance*, XXXII, p. 282).
>
> ... On me tourmenta souvent, au temps de ma puissance, pour que je fisse contre-battre ces menées (des pamphlétaires), je m'y refusai toujours. A quoi m'eût servi qu'on m'eût défendu? On eût dit que j'avais

---

1. Les ouvrages de MM. Vandal et F. Masson ont éclairci bien des points restés obscurs : l'histoire de Napoléon la moins informée est certainement celle du début du XIXe siècle. Au point de vue des doctrines du droit international, la réaction qui se produit dans l'histoire moderne anglaise est particulièrement intéressante et je lui dois l'idée de cette étude.

Dès 1887, Taine écrivait au comte de Martel : « J'ai reçu votre livre et j'en ai déjà lu la plus grande partie. Voilà encore un brûlot que vous attachez au navire appelé *le Consulat et l'Empire*. Je crois que ce gros navire brûle et que peu à peu le public ouvrira les yeux pour regarder l'incendie. Par malheur, l'opinion a été faite d'avance : les trois écrivains qui ont eu le plus d'autorité de 1840 à 1870, M. Cousin, M. Thiers et Victor Hugo, n'ont pas aimé la vérité, mais leur gloire; aucun d'eux n'est digne de confiance et, dans tous, il y a quelques traits du charlatan. » (*Correspondance* de Taine, IV, p. 238.)

De son côté, le prince Napoléon écrit en 1887 : « L'étude que M. Taine a publiée sur Napoléon n'est qu'un libelle.... Il est surchargé de notes et de citations qui entretiennent l'illusion et peuvent surprendre la confiance du lecteur. Les faits y sont outrageusement dénaturés, c'est la déchéance de l'historien.... » (*Napoléon et ses détracteurs.* Préface.)

De tels commentaires prouvent qu'il est utile de revenir aux textes.

payé, et cela ne m'eût que discrédité un peu davantage. Une victoire, un monument de plus, voilà la meilleure, la véritable réponse, disais-je constamment. Le mensonge passe, la vérité reste. Les gens sages, la postérité surtout, ne jugent que sur des faits. Aussi, qu'est-il arrivé? Déjà le nuage se dissipe, la lumière perce, je gagne tous les jours; *bientôt il n'y aura rien de plus piquant en Europe que de me rendre justice.* (*Correspondance*, XXXII, p. 252.)

Lorsque je serai mort, il y aura partout, même en Angleterre, réaction en ma faveur. (*Correspondance*, XXXII, p. 373.)

Vous ne verrez point le pape trop se plaindre de moi.... Les autres souverains non plus.... Peut-être des déclamations vagues et banales d'ambition et de mauvaise foi; mais rien de positif et de direct, parce que les hommes d'État savent bien que, l'heure des libelles passée, on ne saurait se permettre d'accusation publique sans des preuves à l'appui: or, ils n'auraient rien à produire dans ce genre: *telle sera l'histoire.* (*Correspondance*, XXXII, p. 282.)

En second lieu, il me semble que notre ignorance relative est doublée d'une intransigeance bien absolue. Je suis loin de prétendre que Napoléon ait été le héros sans reproche du droit des gens; mais je sens qu'une accusation si âpre oublie bien des circonstances atténuantes.

Nous, hommes de paix, qui cherchons lentement, au bord des eaux calmes du Nord, les solutions pacifiantes que réclame une humanité désormais constituée en nations, nous oublions bien vite que d'autres problèmes se posaient à cette époque;

que Burke se réjouissait de ce que la France ne fût plus « qu'un vide sur la carte de l'Europe »; à quoi Mirabeau répondait : « Oui, mais ce vide est un volcan [1] »;

que ce volcan fit éruption sur l'Europe [2], « qu'il nous fallait abattre sous peine d'être abattus [3] »;

qu'il fallait, en un jour, décider du sort de peuples conquis en un moment, et d'après quelles lois? En vertu d'un droit qui n'existait pas encore et se faisait dans les camps [4], le droit ancien ayant disparu, suivant les rois [5], et le droit nouveau, celui des peuples, se formant au hasard des victoires [6].

---

1. Wheaton, *Histoire des progrès du Droit des gens en Europe*, 4e édit., t. II, p. 15.

2. *Correspondance*, XXXII, p. 344. « La Révolution française a été une convulsion nationale aussi irrésistible dans ses effets qu'une éruption du Vésuve. Quand les fusions mystérieuses des entrailles de la terre sont arrivées à l'état d'explosion, la lave s'échappe et l'éruption a lieu. »

3. *Correspondance*, XXXII, p. 253.

4. 664. Bologne, 21 juin 1796. Au Directoire : « Aucune de nos lois ne règle la manière dont doivent être gouvernés les pays conquis ».

5. 5375. 14 février 1801. A une députation des membres belges du Corps législatif : « Il est cependant vrai que le droit des gens, tel qu'il était reconnu à cette époque.... »

6. 1703. 8 avril 1797. Au Directoire : « J'espère, quelque parti que je me trouve

Dans ce chaos, un homme seul pensait à tout, décidait tout et prévoyait tout, sous la tente comme dans son palais :

« Talleyrand en dessine à son aise dans sa chancellerie close et confortable de Vienne; Napoléon ressent encore la courbature du rude assaut d'Austerlitz », écrit Sorel[1], tout comme Bonaparte écrivait d'Italie en 1797 : « Je voudrais que ces Messieurs vinssent faire une campagne d'hiver ».

Que, dans cet effort immense et perpétuellement répété, il y ait eu quelque erreur ou quelque défaillance, qui s'en étonnerait? Atlas, lui-même, qui était un dieu, faillit un jour laisser tomber le monde.

Enfin, que dans la mêlée des peuples, un peuple ait été victime de ces conflits où chacun risquait son existence, que même un individu, fût-il innocent personnellement, ait été la victime de ces combinaisons qui embrassaient le monde, ce sont là des faits que l'on regrette peut-être, que la loi morale condamne, mais que le droit des gens prévoit et ne condamne pas.

Or, c'est là précisément ce qui paraît être la cause essentielle du conflit entre l'opinion courante et les faits.

Il me semble que l'erreur générale est de confondre le droit des gens avec le droit des personnes, et de juger les actes concernant les rapports entre nations, d'après les règles qui ne concernent que les rapports entre individus.

Cela est involontaire, cela est instinctif et ce phénomène ne se produit guère que pour Napoléon[2]. On dirait que son ombre gigantesque s'étend sur les faits, comme un écran devant l'histoire : l'Empereur cache l'Empire.

Vainement insistera-t-il sur son caractère d'homme d'État, « personnage complètement excentrique, toujours d'un seul côté avec le monde de l'autre », « sa lunette est celle de la politique », « il y a des principes du droit des gens devant lesquels se taisent les lois particulières des États », et vainement Taine, qui cite ces phrases, reconnaîtra-t-il qu'il est « des manœuvres interdites aux particu-

---

obligé de prendre, mériter votre approbation. Je me suis trouvé, depuis le commencement de la campagne, passer *à chaque pas dans une position neuve* et j'ai toujours eu le bonheur de voir la conduite que j'ai tenue répondre à vos intentions.... »

1. Sorel, *op. cit.*, VII, p. 7.

2. Que l'on rapporte, au soir de Wagram, ce propos cynique du général vainqueur, devant les 20000 morts ou blessés qui couvrent la terre : « Bah! une nuit de Paris réparera tout cela! » et l'auditoire n'aura point assez de mots vengeurs pour le flétrir.... Mais rendez la phrase à son véritable auteur, au prince de Condé, le soir de Sénef, et tout aussitôt un certain air de gentilhommerie lointaine et du grand siècle en effacera l'horreur!

liers, mais permises aux hommes d'État[1] », n'importe. Nulle excuse pour lui, nul essai pour déterminer de quel droit relèvent les actes incriminés, et pour juger si des actes du droit des gens sont coupables au regard du droit des gens.

On le juge au civil; on le juge au criminel; on lui intenterait une action en réintégrande pour avoir occupé l'Illyrie; on le poursuivrait en séquestration des prisonniers de guerre, ou pour recel des bronzes de la Colonne Vendôme. On le condamne au nom de Kant pour sa diplomatie et, de par le Code civil, pour ses actes de guerre.

Bref, sur son nom, tous les droits sont confondus. Or, Napoléon, Empereur, relèverait aujourd'hui d'un Tribunal de la Haye, et je voudrais, le conflit étant élevé, examiner dans cette étude, au point de vue du droit des gens, des actes qui ne peuvent être jugés que d'après les règles du droit des gens.

Mais alors, la difficulté qui semblait résolue se déplace. Il est possible de condamner un homme au nom du droit pénal, parce que c'est un droit connu et codifié; mais où est le code du droit des gens? Au nom de quelles lois, et de quels articles, ou même de quels principes, absoudre ou condamner Napoléon? Des nôtres? Ce serait injuste. De ceux de l'adversaire? Ce serait inique, et c'est ce qu'on a fait depuis cent ans. Au nom de la doctrine qu'il fit sienne? Mais quelle est-elle et qui s'est mis en peine de la connaître? On l'a niée, on a dit que sa conduite était arbitraire, sans règles, sans principes, comme si c'était possible, vraisemblable, et comme si cela pouvait se concilier avec ses propres et constants appels au droit des gens!

Dès l'abord, on sent donc quelle lacune présente l'histoire du droit, en ce qui concerne la période napoléonienne, et, tenter de la combler, est la tâche que je me propose.

La doctrine du droit des gens de Napoléon était-elle celle des rois? Fut-elle celle de la Révolution? Se rattache-t-elle à une doctrine antérieure? Fut-elle transformée par des idées personnelles de domination et de tyrannie, ou bien d'équilibre et de justice? Fut-elle régressive, ramenant l'humanité à de sombres jours, ou bien fut-elle progressive et a-t-il entrevu un idéal meilleur, plus beau que celui de son temps et plus voisin du nôtre? A-t-il voulu mettre le droit au service de la force? A-t-il voulu mettre sa force au service du droit? Est-il plus près de nous que des barbares? —

---

1. Taine, *op. cit.*, p. 103, 132.

Qui donc oserait répondre? Après une longue étude, je n'apporterai encore ici que les premiers éléments d'une conviction, plus qu'une hypothèse, moins qu'une certitude, m'excusant de troubler peut-être la quiétude des opinions assises, comme je me suis senti moi-même inquiet et troublé dans mon opinion ancienne, devant les faits[1].

1. Voici quel était le critérium de Taine : « Il y a une troisième mesure pour évaluer les politiques et tous les hommes d'action pratique : l'homme qu'on examine a-t-il voulu et su diminuer, ou du moins ne pas augmenter la somme totale, actuelle et future, de la souffrance humaine? A mon gré, telle est, à son endroit, la question fondamentale.... » (*Correspondance* de Taine, t. IV. *Lettre à J. Lemaître*, p. 236, 28 mars 1887.)

Le critérium que j'adopte pour cette étude est celui-ci : les actes les plus discutés de l'époque napoléonienne étaient-ils conformes aux règles du droit des gens de ce temps? Cette différence de point de vue introduit un conflit presque inévitable avec l'histoire, qui a généralement adopté les conclusions de Taine.

Droit des gens napoléonien
et droit des gens révolutionnaire.

« Les Jacobins s'y trompèrent, ils me prirent pour un Mahomet de la liberté. »
(*Correspondance*, XXX, p. 232.)

Dans un de ces raccourcis merveilleux où il excelle, Sorel a essayé un jour de donner la formule du droit des gens napoléonien : « Son code du droit des gens, dit-il, ce sera le décret du 15 décembre 1792, coordonné par un légiste des Chambres de Réunion[1] ». Devant cette affirmation si nette, la question se pose : Est-il exact que Napoléon ait fondé sa doctrine sur ce décret montagnard, plus ou moins modifié[2]? La question est intéressante,

---

1. Sorel, *op. cit.*, VI, p. 21.

2. Voir Sorel, *op. cit.*, III, p. 170, 208, 233 à 237.

Il y eut coup sur coup deux théories successives de l'action révolutionnaire à l'étranger. La première, celle des Girondins, fut formulée dans le Décret du 19 novembre 1792 (Sorel, p. 170). Grégoire le commentait ainsi : « Tous les gouvernements sont nos ennemis, tous les peuples sont nos amis, nous serons détruits, ou ils seront libres ». Les peuples nouveaux devaient s'organiser eux-mêmes et la France ne recevait aucune compensation.

Mais les peuples conquis étaient inhabiles à la liberté et la France épuisée ne pouvait se dispenser de leurs contributions. Le Décret du 15 décembre 1792 modifia la politique : la France ne veut pas de conquêtes,... mais toute révolution exige l'organisation d'un pouvoir désorganisateur.... Ce pouvoir doit appartenir aux généraux dans les pays conquis. En conséquence, ils percevront des contributions et remplaceront tout pouvoir aristocratique par un pouvoir démocratique, municipal, analogue à celui de la France. (Voir le résumé de ces deux décrets donné par Lavisse et Rambaud.)

Le commentaire donné par M. Sorel (p. 203-237) explique bien dans quelle mesure Bonaparte suivit cette politique, mais je ne crois pas que ce fut un principe de sa doctrine du droit des gens, ni surtout son *code* du droit des gens : la lettre de Passariano que je commente prouverait le contraire.

En résumé, les Girondins prétendaient s'appuyer sur les révolutionnaires locaux — révolutionner — ne percevoir aucune contribution. Les Montagnards voulaient s'appuyer sur les révolutionnaires locaux — municipaliser — et percevoir des contributions. Bonaparte perçoit des contributions pour la République, s'appuie sur la bourgeoisie et le clergé, maintient l'ordre par la discipline et des exemples de sévérité; enfin, il prétend n'agir suivant aucun principe préétabli et se conduire suivant les circonstances. Malgré des analogies, c'est une politique assez différente de celle

parce que l'Europe prétendit longtemps que le Premier Consul n'était qu'un *Robespierre à cheval*. Cette idée conduisait à douter de la sincérité de ses offres de paix, de sa bonne foi et fut peut-être cause de quinze ans de guerre : elle mérite donc d'être précisée.

Il y a trois choses dans la formule de Sorel :

1° Ce décret de 1792, qui est la théorie montagnarde de l'intervention française à l'étranger ;

2° Une coordination mal définie, mais à la manière de Louis XIV ;

3° Un code du droit des gens qui en résulte.

Et la phrase est si substantielle, si bien frappée, elle se rattache à tant de souvenirs flottant dans les mémoires, que Napoléon, *épée de la Révolution*, appliquant le décret de 1792, ne nous étonne pas, et que l'on entrevoit même l'action des Chambres de Réunion dans l'annexion d'Oldenbourg ou du Piémont. Bref, l'élégante concision de la formule est telle, que le doute ne surgit qu'après une lente réflexion.

Il ne porte guère au début que sur les mots. Qu'est-ce que coordonner un décret? Et, en admettant que Napoléon fût le légiste, reste-t-il trace de cette coordination en un code?

Toutefois, on soupçonne que « coordonner » veut dire : mettre d'accord, concilier des principes contradictoires, comme pouvaient être ceux de 1792 et ceux de Louis XIV. Napoléon, ayant coordonné et acquis une doctrine ferme, dira par exemple : « Je suis entré dans tel pays, comme un général de 1792, parce que les patriotes m'y appelaient, et je l'ai annexé par le droit de la force, ou en interprétant les textes à ma manière, comme un légiste des chambres de réunion ».

Voilà, je crois, le sens de la formule de Sorel et la grande part de vérité qu'elle renferme : le décret sera le moyen d'intervention du général, l'annexion est le but atteint par le légiste.

Je retrouve, même dans cette formule, quelque rapport avec le mot bien connu de Chateaubriand :

> Les sentiments de Bonaparte ne suivaient pas le penchant du siècle, il cédait à contre-cœur aux intérêts nés de la Révolution : de là, les contradictions de ses actes et de ses paroles.

L'on voit bien, en effet, dans la définition de Sorel, ce double élément : des intérêts nés de la Révolution (le général entrant pour

---

des Montagnards, pour qu'on ne les confonde pas absolument, quand la confusion est de conséquence et formellement repoussée par Bonaparte. C'est, dans ces limites, que la *Correspondance* se trouve en opposition avec l'histoire.

libérer) et du légiste qui agit en contradiction de l'idée révolutionnaire (le général entré qui asservit). Dans les deux formules, il apparaît que l'impulsion autoritaire du légiste l'emportera sur l'impulsion libérale du révolutionnaire, pour amener l'annexion. Tout cela devient assez clair, mais il reste à appliquer la formule de Sorel et à prouver que ce fut un principe napoléonien.

On notera peut-être, dès l'abord, qu'elle ne peut guère s'appliquer qu'au droit continental et, dans cette limite même, qu'aux annexions. Or, si l'annexion est un chapitre important du droit des gens, elle n'est pas tout le droit des gens, ni ses principes, un code du droit des gens.

Sous ces réserves, et quant aux annexions, le principe s'applique quelquefois. Un historien pourrait expliquer ainsi la création du royaume d'Italie : Députés italiens, vous m'offrez la couronne, aurait dit Napoléon; c'est le droit des peuples qui me fait roi; mais je l'avais déjà prise : voilà le légiste des chambres de réunion.

Cela est encore plus visible dans les formes de l'annexion de Gênes en 1805.

Toutefois, la règle ne s'applique pas toujours. Bonaparte dira bien aux habitants de Modène en 1797 : « J'entre à Modène, parce que vous m'appelez », mais il ne les annexe pas.

Par contre, il ne dira pas et n'essaiera pas de dire en 1807 : « Peuples du Portugal, vous m'appelez, j'entre et je resterai chez vous ». Il dit tout simplement : « J'entre chez vous, malgré vous, et j'y resterai jusqu'à nouvel ordre, parce que vous êtes les alliés de mes ennemis », autre principe du droit des gens qui légitime la guerre contre ceux qui ne sont pas effectivement neutres [1].

D'autre part, si c'était le principe de Napoléon, il ne manquerait pas de justifier par là ses conquêtes : or, il dira : « Je n'ai jamais fait de conquêtes que pour me défendre... », ou bien : « Je ne veux rien sur le continent, ce sont des vaisseaux, des colonies, du commerce que je veux », toutes choses qui n'étaient peut-être pas vraies, mais il n'invoque guère le principe formulé par Sorel.

Enfin, il y a plus. C'est que Napoléon lui-même s'oppose à l'application de ce principe révolutionnaire :

> Les souverains, dira-t-il à Sainte-Hélène, n'avaient donc rien à craindre de mes armes. Redoutaient-ils que je les inondasse de principes anar-

---

1. Mably, *Le Droit public de l'Europe*, I, p. 28. « Il n'est pas douteux qu'il ne soit permis d'agir hostilement contre les États qui prêtent secours à nos ennemis.... »

chiques? Mais ils connaissaient par expérience mes doctrines sur ce point. Ils m'ont vu tous occuper leurs territoires; combien n'ai-je pas été poussé à révolutionner leurs pays, à municipaliser leurs villes et à soulever leurs sujets[1]....

Et ceci n'est point une « rêverie » de Sainte-Hélène; c'est une « doctrine » pour lui, comme il le dit, d'autant plus ancrée dans son esprit qu'elle date, bien qu'on pense le contraire, de sa première campagne même. En effet, si nous le voyons en Italie appeler des patriotes, les suivre dans leur propre pays, et révolutionner à la mode du décret de 1792, c'est en vertu d'ordres reçus, ou suivant une tradition du Directoire; mais ce n'est pas un principe de Napoléon. Il ne croit pas à la vertu de ce décret.

S'il arrivait, dit-il, que nous adoptassions la politique extérieure que nous avions en 1793 (celle du décret), nous aurions d'autant plus tort que nous nous sommes bien trouvés de la politique contraire.

Je n'ai point eu, depuis que je suis en Italie, pour auxiliaire, l'amour des peuples pour la liberté et l'égalité; ou cela, du moins, a été un auxiliaire très faible. Mais la bonne discipline de notre armée; le grand respect que nous avons tous eu pour la religion, que nous avons porté jusqu'à la cajolerie pour ses ministres; de la justice; surtout une grande activité et promptitude à punir les mal-intentionnés qui se déclaraient contre nous; tel a été le véritable auxiliaire de l'armée d'Italie. Voilà l'historique; tout ce qui est bon à dire dans des proclamations, des discours imprimés sont des romans.... Je vous écris comme je pense, c'est la plus grande marque d'estime que je puisse vous donner[2].

En résumé, dit-il, le décret de 1792 est si mauvais et si peu applicable actuellement, que nous n'avons réussi qu'en suivant une politique contraire. Il serait donc assez difficile d'admettre que la base d'un code du droit des gens napoléonien fût ce décret même. On trouverait d'ailleurs, dans cette lettre de Passariano, et, en opposition avec la politique révolutionnaire, l'indication de ce qui sera son principe :

Le caractère de notre nation, dit-il, est d'être beaucoup trop vive dans la prospérité.... Si l'on prend pour base de toutes les opérations la vraie politique, qui n'est autre chose que le calcul des combinaisons et des chances, nous serons pour longtemps la grande nation et l'arbitre de l'Europe. Je dis plus : nous tenons la balance de l'Europe; nous la ferons pencher comme nous voudrons, et même, si tel est l'ordre du destin, je ne vois pas d'impossibilité à ce qu'on arrive, en peu d'années, à ces grands résultats que l'imagination échauffée et enthousiaste entrevoit, et que l'homme extrêmement froid, constant et raisonné, atteindra seul.

---

1. *Correspondance*, XXXII, p. 254. Cf. 19 389 et 15 683.
2. 2 292. Au Ministre des Relations extérieures, 7 octobre 1797.

Ainsi « la vraie politique, c'est le calcul des combinaisons et des chances ». Cette même idée reparaîtra dix ans plus tard, en 1806, et dans les mêmes termes :

> J'aurais été fort aise de pouvoir attendre Votre Majesté à Mayence, si je n'étais le plus esclave de tous les hommes, obligé d'obéir à un maître qui n'a point de cœur : le calcul des événements et la nature des choses [1].

Or, les combinaisons et les chances varient suivant les temps, les hostilités, les alliances et la situation respective des nations. Le principe politique napoléonien, absolument opposé aux doctrines théoriques ou impératives de la Révolution, serait donc en définitive, non d'appliquer un décret, mais d'adapter aux circonstances changeantes la combinaison que discernera « l'homme froid [2], constant [3] et raisonné [4] » qu'il est, et qui le conduira à ces grands résultats que l'imagination échauffée et enthousiaste entrevoit ».

Des faits et des faits, donnés par des « états », des détails multiples fournis par un merveilleux système d'information, des

---

1. 1 092. Au roi de Wurtemberg, Mayence, 30 septembre 1806.

2. Froid : « Sachez qu'un homme, véritablement homme, ne hait point; sa colère et sa mauvaise humeur ne vont point au delà de la minute, le coup électrique. L'homme fait pour les affaires et l'autorité ne voit point les personnes; il ne voit que les choses, leur poids et leurs conséquences. » (*Correspondance*, XXXII, p. 311.)

3. Constant : 8 847. « Il me semble que vous n'avez pas l'esprit assez exclusif pour une grande opération. C'est un défaut dont il faut vous corriger, car c'est là l'art des grands succès et des grandes affaires. »

11 911. « La fibre gauloise ne s'accoutume pas à ce grand calcul du temps; c'est cependant par cette seule considération que j'ai réussi dans tout ce que j'ai fait. »

11 692. « Si l'on est de mon avis, il n'y a pas besoin d'explication; si l'on n'est pas de mon avis, j'ai besoin que cette question soit bien traitée, afin que cette fantaisie me sorte pour toujours de la tête. »

4. Raisonné : L'Empereur disait un jour, en parlant d'une de ses déterminations : « Je n'en voulais rien faire, je me laissai toucher, je cédai, j'eus tort : le cœur d'un homme d'État doit être dans sa tête ». (*Correspondance*, XXXII, p. 312.)

« La moralité, la bonté, chez moi, ne sont point dans ma bouche; elles se trouvent dans mes nerfs. Ma main de fer n'était pas au bout de mon bras; elle tenait immédiatement à ma tête; la nature ne me l'a pas donnée, le calcul seul la faisait mouvoir. » (*Correspondance*, XXXII, p. 313.)

8 837. « Il ne s'agit pas de « ressorts »; il faut une bonne gendarmerie, de bons préfets, de bons commissaires des classes, de bons sous-préfets et de bons commandants d'armes. »

8 626. « Ne répondez pas métaphysiquement à cette question. »

13 206. « Vos finances sont déplorablement administrées; elles sont tout en métaphysique; l'argent est cependant une chose très physique. »

13 141. « En conséquence, il ne s'agit pas d'aller chercher la métaphysique de la responsabilité, mais le coupable. »

10 495. « Il n'y a pas d'hérésie à tout ce qui est soumis au raisonnement et qui a un but. »

12 530. « Quand on commence à avoir l'habitude des affaires, on méprise toutes les théories et l'on s'en sert comme les géomètres, non pour marcher en ligne droite, mais pour continuer dans la même direction. »

circonstances infimes, mais patiemment rapprochées : c'est bien ce que nous savons, en effet, des méthodes de travail du plus grand laborieux qui fut au monde.

« Dans l'ordre de mon travail, dit-il, je prends toujours en considération un fait, jamais un tableau. » On conçoit qu'un esprit lucide, nourri de faits et de chiffres, ait eu quelque peine à s'entendre avec des intelligences moins précises. C'est là, à mon avis, plus que le sentiment de la force, ce qui donne à sa diplomatie cette allure carrée, parfois altière d'apparence; le grand reproche qu'il formule à chaque instant, c'est que « ces gens-là ne savent pas ce qu'ils veulent ». D'où sa raideur, avec de singuliers retours[1], mais toujours avec un souci de clarté, de dignité et de sincérité[2], car, dit-il, *l'expérience a prouvé que ces ruses vont contre leur but, et qu'en toutes choses, la simplicité et la vérité sont les meilleurs moyens de politique*[3].

Des faits clairement établis, des idées *actuelles* clairement conçues, des observations ou réclamations clairement exposées, mais surtout jamais de *théories* générales philosophiques et absolues, adoptées pour toujours à la manière idéologue et révolutionnaire[4] : voilà bien « l'ordre du travail » politique et diplomatique de Napoléon, tel que le montre la Correspondance et bien différent, en réalité, de la vue qu'en donne l'histoire :

> Au demeurant, j'ai eu plus d'un projet sur cette Illyrie, car j'en changeais souvent; j'avais peu d'idées véritablement arrêtées, et cela parce que je ne m'obstinais pas à maîtriser les circonstances, mais que je leur obéissais bien plutôt, et qu'elles me forçaient de changer à chaque instant; aussi, la plupart du temps, n'avais-je, à bien dire, pas de décisions, mais seulement des projets[5].
>
> On ne cesse de parler de mon amour pour la guerre : mais, n'ai-je pas été constamment occupé à me défendre? Ai-je remporté une seule grande victoire que je n'aie immédiatement proposé la paix? Le vrai est

---

1. 13 045. A Talleyrand : « Dans la rédaction définitive, vous pourriez rendre beaucoup de choses plus coulantes et plus liantes sans les affaiblir ».

2. 12 390. « Je vous envoie la note telle que je désire qu'elle soit remise. Il me semble que je suis parvenu à lui donner un ton de naïveté. Elle est vraie et, dès lors, bonne. »

3. 11 632. 5e *Bulletin*, 14 janvier 1807. Cf. Rayneval, *op. cit.*, p. 584 et 590 :

« La ruse marque un petit esprit, un homme sans moyens; les grands caractères ne la connaissent point, ou plutôt ils la méprisent, ou la déjouent, en feignant de ne point s'en apercevoir, ou en l'imitant. »

« Quant au mensonge, il est également des cas où il est non seulement permis, mais même forcé.... » Voir appendice, p. 149, notes 15 et 16 sur le cardinal d'Ossat, expliquant ses mensonges à la Cour de Rome.

4. Il y eut là une rupture complète avec l'ancien ordre de choses, qui explique bien des erreurs. « Un terrain nouveau, dira Napoléon, demandait des procédés tout nouveaux. » (*Correspondance*, XXXII, p. 402.)

5. *Correspondance*, XXXII, p. 475.

que je n'ai jamais été maître de mes mouvements; je n'ai jamais été réellement tout à fait à moi.

Je puis avoir eu bien des plans; mais je ne fus jamais en liberté d'en exécuter aucun. J'avais beau tenir le gouvernail, quelque forte que fût la main, les lames subites et nombreuses étaient bien plus fortes encore, et j'avais la sagesse d'y céder, plutôt que de sombrer, en voulant y résister obstinément. Je n'ai donc jamais été véritablement mon maître; mais j'ai toujours été gouverné par les circonstances; si bien, qu'au début de mon élévation, sous le Consulat, de vrais amis, mes chauds partisans, me demandaient parfois, dans les meilleures intentions et pour leur gouverne, où je prétendais arriver; et je répondais toujours que je n'en savais rien. Ils demeuraient frappés, peut-être mécontents, et pourtant je leur disais vrai. Plus tard, sous l'Empire, où il y avait moins de familiarité, bien des figures semblaient me faire encore la même demande, et j'eusse pu leur faire la même réponse. C'est que je n'étais pas maître de mes actes, parce que je n'avais pas la folie de vouloir tordre les événements à mon système; mais, au contraire, je pliais mon système sur la contexture imprévue des événements; et c'est ce qui m'a donné souvent des apparences de mobilité, d'inconséquence, et m'en a fait accuser parfois : mais était-ce juste[1]?

20 novembre 1816.

On sait que je ne me butais pas à plier les circonstances à mes idées, mais que je me laissais, en général, conduire par elles : or, qui peut, à l'avance, répondre des circonstances fortuites, des accidents inopinés? Que de fois j'ai donc dû changer essentiellement!

Aussi ai-je vécu de vues générales, bien plus que de plans arrêtés. La masse des intérêts communs, ce que je croyais être le bien du très grand nombre, voilà les ancres auxquelles je demeurais amarré, mais autour desquelles je flottais la plupart du temps au hasard[2].

J'avoue que ces déclarations de Sainte-Hélène me semblaient autrefois une manière de plaidoyer devant les peuples. Depuis, j'en ai retrouvé la confirmation par les faits, dans les détails quotidiens des variations de la politique; et je reconnais qu'elles ne sont que le commentaire éloquent de la première formule sur « la vraie politique », dans un temps où « il pouvait réfléchir en philosophe... depuis que sa tête ne portait plus le lourd fardeau d'une couronne ».

Dans tous les cas, et c'est là qu'il faut en revenir, la politique napoléonienne ne fut pas inspirée par la doctrine révolutionnaire du décret de 1792, pas plus que par aucune autre. Il écarta totalement la théorie girondine formulée dans le décret du 19 novembre; il garda de la théorie montagnarde du 15 décembre l'idée de la nécessité des contributions perçues chez les peuples étrangers; mais au lieu de s'appuyer sur l'élément révolutionnaire local et de

1. *Correspondance*, XXXII, p. 303.
2. *Id.*, p. 313.

« municipaliser », il s'appuya sur la bourgeoisie et sur le clergé, soutenant leur influence naturelle et maintenant l'ordre par la discipline dans son armée et la sévérité des exemples.

Cette notion est importante, car elle explique, d'une part, les déceptions du parti jacobin, d'autre part, l'erreur fatale que l'on commit à l'égard du Premier Consul, en ne voyant en lui qu'un révolutionnaire couronné[1], et nous en trouverons la confirmation dans l'étude des nationalités.

5 422. Note pour le Ministre des Relations extérieures :

1er mars 1801.

Faire mettre dans le *Moniteur* et le *Rédacteur* un article propre à frapper les cabinets étrangers, et qui fera connaître *la différence de la marche diplomatique des Consuls et de l'ancien Directoire*, en appuyant sur l'exécution donnée au traité fait avec le grand maître de Malte; sur la stricte exécution du cartel fait avec les Anglais, en conséquence duquel, les Consuls ont fait mettre en liberté sir Robert Barclay; sur la levée de l'embargo sur les vaisseaux danois, et les deux consuls danois reçus. Dire aussi, quoique plus légèrement, que le caractère des envoyés nouveaux nommés pour les pays étrangers, tels que Bourgoing, Beurnonville, Alquier, etc., est une garantie des instructions qu'ils doivent avoir de suivre toutes les formes reçues dans ces pays, en observant tout ce qui peut dépendre d'eux, pour maintenir l'harmonie et la paix.

On voit que Bonaparte prenait soin de marquer la différence entre sa conduite et celle du Directoire, aussi bien dans sa diplomatie que dans sa politique.

Toutefois, faudrait-il croire que Napoléon vécut de révélations et ne se rattache au passé par aucun lien? Cela serait encore une erreur. « Je n'ai garde, disait-il, de tomber dans la faute des hommes à système moderne, de me croire par moi seul et par mes idées la sagesse des nations. Le génie de l'ouvrier est de savoir se servir des matériaux qu'il a sous la main. » Le « constituant de la France[2] », qui, des coutumes dépareillées, fit le Code civil, ne pouvait négliger la tradition des rapports entre nations. Il semble bien qu'il eut l'intention de les codifier, comme les usages de la vieille France et d'établir ce code des relations extérieures que possède la Belgique[3].

Le bureau de la classe d'histoire et de littérature ancienne de l'Institut national instruit la classe que, dans cette audience (24 février 1804), le Premier Consul a montré le désir qu'elle s'occupât d'organiser un code

---

1. *Orations on the french war to the peace of Amiens* by William Pitt. Published by Dent and C°, London.
2. *Conversation avec Sismondi*, *Correspondance*, XXXI, p. 224.
3. Cours de droit international public; doctorat 1910-1911.

> français de diplomatie,... digne, par la manière dont il serait rédigé, d'être dorénavant un modèle volontairement suivi par toutes les puissances, et capable d'assurer ainsi un nouvel avantage et un nouveau degré de supériorité à la langue française sur toutes les langues de l'Europe [1].

En mai 1804, le plan du travail fut proposé à Bonaparte qui l'approuva.

> J'approuve beaucoup le plan de travail proposé par la classe d'histoire et de littérature ancienne, et je verrai avec plaisir qu'il soit exécuté. Je désire que toutes les mesures nécessaires soient prises, afin que les travaux se poursuivent avec l'activité et le succès dont le zèle que témoigne la classe ne me permet pas de douter [2].

La *Correspondance* publiée ne fait plus aucune allusion à ce travail de diplomatie, qui nous eût sans doute donné, d'ailleurs, les rites plutôt que le dogme, — et, faute d'un guide autorisé, c'est d'après les textes épars que nous devons déterminer ce que fut le droit des gens napoléonien.

Napoléon, qui écrivit tant, n'est point un rhéteur. Ses lettres sont de faits, et l'on n'y trouve que des applications particulières de sa doctrine; mais on sent qu'il a médité ces questions dès le début de sa carrière.

> Le droit des gens, dira-t-il au marquis de Costa dès Cherasco, le droit de la guerre n'autorise peut-être pas à faire à son ennemi tout le mal possible, mais il prescrit de ne négliger aucun moyen pour l'abattre et le garrotter.

Cette idée, qui lui est familière, revient plus tard dans les mêmes termes pour demander au roi d'Angleterre l'arrestation de Georges et de Dutheil, auteurs de l'attentat du 3 nivôse :

> L'état de guerre, qui existe entre les deux peuples, a sans doute brisé une partie des liens qui unissent naturellement les peuples voisins. Mais les Anglais et les Français, pour être en guerre, en sont-ils moins, les uns et les autres, une nation civilisée et européenne? *et le droit des gens qui adoucit les maux de la guerre* ne défend-il pas d'accorder protection à des monstres qui déshonorent la nature humaine [3]?

De ce droit, Portalis donnait, dès 1800, une définition célèbre, où l'on reconnaîtra peut-être l'accent du maître :

> Faire en temps de paix le plus de bien et en temps de guerre le moins de mal possible, voilà le droit des gens.... La politique peut avoir ses plans et ses mystères, mais la raison doit conserver son influence et sa

---

1. Procès-verbal de la séance du 4 ventôse an XII (24 février 1804).
2. 7 741. Décision du 11 mai 1804. Nous devons à l'obligeance de M. Regnier, secrétaire en chef de l'Institut, la communication du rapport présenté au Premier Consul le 11 mai 1804 par la classe d'histoire et de littérature ancienne de l'Institut.
3. 5 524. Au roi d'Angleterre, 12 avril 1801.

dignité.... En inspirant la terreur, on peut momentanément accroître ses forces; mais c'est en inspirant la confiance qu'on les assure à jamais.... L'injustice fut toujours mauvaise ménagère de la puissance[1]!

Si ce fut le *Credo*, à la fois simple et grand, du droit des gens napoléonien, quel en est l'Évangile? Par delà le droit révolutionnaire et Rousseau qu'il dédaigne, qui donc l'inspira? Que lisait-il donc dès Valence pour être dès Chérasco en état de définir le droit des gens? Deux auteurs semblent avoir été ses maîtres, Mably et Montesquieu, et c'est l'*Esprit des lois* qu'il récite à Chérasco ou qu'il dicte à Portalis :

> Le droit des gens est naturellement fondé sur ce principe, que les diverses nations doivent se faire, dans la paix, le plus de bien et, dans la guerre, le moins de mal qu'il est possible, sans nuire à leurs véritables intérêts. (Liv. I, chap. III.)
>
> La réputation de sa puissance pourrait augmenter les forces de son État, mais la réputation de sa justice les augmenterait tout de même. (Liv. X, chap. II.)

Voilà la définition du droit des gens napoléonien et son origine : la forme seule lui appartient[2].

Peut-être, par une rapide intuition, pressentira-t-on que c'est dans le droit des gens pratique et traditionnel du XVIIIe siècle, plutôt que dans le droit des montagnards, qu'il faudra chercher les règles de sa conduite; mais ce fil est encore trop ténu pour supporter de si lourdes conséquences, et que d'influences autres que celles d'un écrivain ont pu déterminer ses actes et diriger sa pensée! Voyons donc les faits. Une seule règle est sûre, celle de Napoléon, qui fut aussi celle de Montesquieu :

> Je juge par mon jugement et par ma raison, et non par l'opinion des autres[3]. — *Je n'ai point tiré mes principes de mes préjugés, mais de la nature des choses*[4].

---

1. Procès-verbal de l'installation du Conseil des prises du 14 floréal an VIII. Cité par Wheaton. *Histoire des progrès du droit des gens*, II, p. 52 à 55. Cf. 5374. « Mais un esprit de vertige s'est emparé de ce Gouvernement, qui ne connaît plus rien de sacré; sa conduite est injuste, non seulement envers le peuple français, mais envers toutes les puissances du continent; et lorsque les gouvernements ne sont pas justes, leur prospérité n'est que passagère. »
2. M. Basdevant, dans sa thèse sur *La Révolution française et le droit des gens révolutionnaire* (p. 6), indique l'origine de la première partie de cette définition.
3. Au prince Cambacérès, 29 juin 1808. Lecestre, I, 310.
4. Préface de l'*Esprit des lois*.

La Stabilité.

... « Qu'il est temps que la Révolution finisse et qu'on vive tranquille en Europe. »
(6 304. A Talleyrand.)

L'homme d'État, disait Bismarck, ressemble au voyageur dans une forêt : il sait la direction de sa marche, mais il ne connaît pas le point exact où il sortira du bois [1].

Faute d'une ligne de conduite nettement tracée au début de sa carrière, comme « abaisser la maison d'Autriche » pour Richelieu, dit-on, ou « acquérir la succession d'Espagne » pour Louis XIV, il s'égare et l'histoire après lui.

En ce qui concerne les premières années de la période impériale, nous sommes fixés, par Napoléon lui-même, sur le but et les moyens de sa politique : conquérir sur le continent la paix maritime et les colonies. Mais, quels furent, dès le début du Consulat, ses idées, ses principes « les ancres autour desquelles il flottera comme au hasard »?

On a dit que le but de Napoléon fut la guerre où triomphait son génie et qui satisfaisait son ambition; mais on a établi, avec non moins de vraisemblance, que la paix fut le but constant et toujours fuyant de sa politique [2].

Bonaparte a beaucoup parlé de paix :

J'ai toujours regardé la paix générale comme la première condition de la régénération de l'Europe [3].

5 658. Il ne dépend pas de moi que les larmes de l'Europe ne tarissent, et que la paix générale et l'ordre succèdent aux révolutions et aux guerres.

---

1. Friedjing, *Der Kampf und die Vorherrschaft in Deutschland*, II, p. 520.
2. Voir, sur ce point et sur le caractère de Napoléon, les divers ouvrages de M. Arthur Lévy, composés presque en entier d'après la *Correspondance*.
3. T. XXXII, p. 348. Notes dictées pour servir de bases à toutes communications écrites ou verbales. Ce texte est accepté comme authentique dans la *Correspondance*.

5860. Proclamation du 18 brumaire an X :
Français, vous l'avez enfin entière, cette paix que vous avez méritée par de si longs et si généreux efforts!... Fidèle à vos vœux et à ses promesses, le Gouvernement n'a cédé, ni à l'ambition des conquêtes, n à l'attrait des entreprises hardies et extraordinaires. Son désir était de rendre le repos à l'humanité et de rapprocher par des liens solides et durables cette grande famille européenne, dont la destinée est de faire les destinées de l'univers.

4914. A Sa Majesté l'Empereur et Roi :
Donnons le repos et la tranquillité à la génération actuelle. Si les générations futures sont assez folles pour se battre, eh bien, elles apprendront, après quelques années de guerre, à devenir sages et à vivre en paix.
Je pouvais faire prisonnière toute l'armée de Votre Majesté. Je me suis contenté d'une suspension d'armes, ayant l'espoir que ce serait un premier pas vers le repos du monde, objet qui me tient d'autant plus à cœur, qu'élevé et nourri par la guerre, on pourrait me soupçonner d'être plus accoutumé aux maux qu'elle entraîne. (Marengo, le 16 juin 1800.)

9532. (La veille d'Austerlitz) :
Monsieur Talleyrand, je désire faire la paix promptement....

9070. A Talleyrand, 13 avril 1805 :
Vous savez qu'il est assez dans mes principes de suivre la marche que tiennent les poètes pour arriver au développement d'une action dramatique, car ce qui est brusque ne porte pas à vrai. Si la note que j'envoie eût d'abord été remise à l'Autriche, elle penserait que je veux la guerre, tandis que je ne la veux que dans une seule alternative. Je préfère à tout que l'Autriche se place dans une situation pacifique.

9134. Au Roi de Bavière :
J'ai deux fois sauvé l'Allemagne, deux fois remis l'Autriche sur son trône ébranlé. (Boulogne, 25 avril 1805.)

8439. Au Roi de Prusse, 16 mars 1805 :
Mon vœu est d'étouffer tout germe de discorde et de convaincre l'Europe que, quand il serait possible d'obtenir plus de territoire que je n'en ai, l'intérêt bien entendu de mes peuples et le mien est de borner mon empire et d'employer tous mes moyens pour le consolider par les bienfaits et les prospérités de la paix.

Mais, sans parler de ce qu'il y a de choquant à faire de l'Imperator, chef des armées, le dieu de la paix européenne, lui-même reconnaîtra qu'il eut parfois besoin de la guerre[1] et conviendra qu'il l'a presque toujours commencée, afin de se ménager les

---

1. *Correspondance*, XXX, p. 493. Note sur la politique de Pitt.... 3° ... A cette époque, la paix eût perdu la République : la guerre lui était nécessaire pour maintenir l'énergie et l'unité dans l'Etat, qui était mal organisé.... 4° Napoléon avait alors besoin de guerre,... un traité de paix qui eût dérogé à celui de Campo-Formio et eût annulé toutes ses créations d'Italie, eût flétri les imaginations et lui eût ôté ce qui lui était nécessaire pour terminer la Révolution, établir un système définitif et *permanent*.

avantages de l'initiative[1]. Enfin, s'il veut la paix, il déclare lui-même que « la paix est un mot vide de sens[2] », que ce qu'il veut, c'est, non pas la paix, mais une paix durable, de sorte que le véritable principe de sa politique n'est pas tant la paix que la stabilité qui doit en être la conséquence[3].

C'est du moins, me semble-t-il, ce qui résulte nettement de la *Correspondance :*

> A l'intérieur, « le temps de la Révolution est fini; il n'y a plus en France qu'un parti » et « que la tête de Méduse ne se montre plus dans nos assemblées ».
>
> Decaen, dit-il, le général Moreau se conduit mal; je serai forcé de le dénoncer à la France. Il a occupé un poste élevé qui lui donne de l'influence; et une mauvaise influence sur l'opinion entrave la marche du gouvernement. La France a besoin de repos[4].

Quant aux nations étrangères, qu'on adopte tel arrangement, ou telle organisation que l'on voudra ou que l'on pourra, mais cela fait, patience!

> On ne change pas la législation tous les jours[5].
>
> La Batavie reprochait à son organisation de n'avoir pas été conçue pour elle. Mais, depuis plusieurs années, cette organisation régissait la Batavie. Le principe du gouvernement est que rien n'est plus funeste aux peuples que l'instabilité de leurs institutions; et quand le directoire batave l'a pressenti sur des changements, il l'a constamment rappelé à ce principe[6].
>
> 6 304. A Talleyrand :
> Je vous prie, Citoyen Ministre, d'envoyer sur-le-champ un courrier extraordinaire à la Haye, au citoyen Sémonville, pour lui faire connaître... qu'il est temps que la Révolution finisse et qu'on vive tranquille en

---

1. « J'aime mieux la guerre plus tôt que plus tard. »

8 282. « La saine politique veut qu'on se mette en garde, dès l'instant qu'une force paraît vous menacer. »

9 117. A Talleyrand, 23 août 1805. « Dans cette situation des choses, j'ai cru devoir vous en informer, pour que vous me prépariez mon manifeste, qui consiste dans les pièces officielles sur les mouvements de l'Autriche, qui feront connaître l'impérieuse nécessité où je me suis trouvé d'agir, sous peine de commettre la plus grande faute militaire qu'on puisse commettre. »

2. 9 575. A Joseph, 15 décembre 1805. « Vous verrez que la paix, toute avantageuse que je pourrai la faire, sera jugée désavantageuse par ces mêmes personnes qui la demandent tant, parce que ce sont des sots et des ignorants qui n'y peuvent rien connaître. Il est bien ridicule qu'ils ne cessent de répéter qu'on désire la paix, comme si la paix voulait dire quelque chose; ce sont les conditions qui font tout. »

3. Les principes sur lesquels reposaient les idées impériales sont : l'égalité civile, d'accord avec le principe démocratique; la hiérarchie, d'accord avec les principes d'ordre et de stabilité. » (*L'Idée napoléonienne*, p. 102.)

4. Mémoires et journaux du général Decaen, lieutenant-colonel Ernest Picard et lieutenant Victor Paulier, Plon, édit., 1910.

5. Décision. 9 234.

6. 5 874. Exposé de la situation de la République, 22 novembre 1801.

Europe. Il déclarera que je ne veux point d'intrigues; que, puisqu'ils ont une constitution acceptée par le peuple, il faut qu'ils vivent tranquilles. (6 octobre 1802.)

6 481. Il faut qu'aucun parti ne triomphe chez vous. Il faut surtout que ce ne soit pas celui qui a été battu : une contre-Révolution ne peut pas avoir lieu.

6 382. A l'Empereur d'Allemagne :
Je conjure donc Votre Majesté de terminer promptement les affaires d'Allemagne. Elle aura, par là, consolidé le repos de toutes les nations. Que Votre Majesté considère que c'est la fin des événements malheureux qui ont agité l'Europe depuis dix ans, et que, désormais, elle n'aura plus à s'occuper que de choses agréables qui feront le bonheur de ses peuples, et le dédommagement des années trop orageuses qui se sont écoulées depuis qu'elle règne.

5 315. Nous établirons en Italie un ordre tel, qu'il ne causera point d'alarmes aux États voisins et que la tranquillité sera assise sur des bases immuables.

6 951. A la reine de Naples :
Dans la conjoncture actuelle, il est de la politique de la France de consolider la tranquillité chez tous ses voisins.

6 596. A Melzi :
Directement ou indirectement, ne souffrez aucune trame contre Naples; le continent a besoin de repos, et tout ce qui tendrait à le troubler serait le jeu des Anglais et non le nôtre.

8 255. Un moment de plus, peut-être, et le monde pacifié et tranquille reprendra sa politique de tous les temps.

5 863. A Talleyrand :
Faites connaître, Citoyen Ministre, au cabinet anglais... que, dans le parti que j'ai pris d'anéantir à Saint-Domingue le gouvernement des noirs, j'ai été moins guidé, par les considérations de commerce et de finances, que par la nécessité d'étouffer dans toutes les parties du monde toute espèce de germe d'inquiétude et de trouble. (13 novembre 1801.)

5 909. Au citoyen Aloys Reding :
La base du droit public de l'Europe est, aujourd'hui, de maintenir dans chaque pays l'ordre existant. Si toutes les puissances ont adopté ce principe, c'est que toutes ont besoin de la paix et du retour des relations diplomatiques et commerciales.

Le peuple français doit donc, autant qu'il est en lui, maintenir dans votre pays ce qui existe. (6 janvier 1802.)

Il ne semble pas qu'il puisse y avoir de doute sur la profondeur d'un sentiment et sur la valeur d'un principe affirmé avec tant de force et dans tant de circonstances. Au reste, cette doctrine n'a point changé dans le cours de la période que j'étudie ici, et Napoléon, en 1807, comme Bonaparte, en 1801, dira :

Qu'il est temps, enfin, qu'on ne se fasse plus un jeu d'inquiéter quarante millions d'habitants et de jeter chez eux le trouble et le désordre (11 167).

11 013. Le continent avait besoin de repos, et il fallait que ce repos existât, dût-il en coûter la chute de quelques trônes.

11 427. Je compte enfin que cette guerre sera la dernière : il est bien temps que toutes les nations jouissent du repos et prennent enfin une assiette définitive.

Sa doctrine n'a point changé. Le repos et la stabilité sont le but. Mais comment l'assurer?

Bonaparte eut, en somme, le choix entre deux systèmes : celui des nationalités, qui maintiendrait les peuples chez eux, tranquilles, parce que satisfaits; ou celui des compensations, qui maintiendrait l'équilibre par l'adjonction successive de divers poids dans la balance.

De nos jours, aucun doute ne serait permis : le principe des nationalités l'emporte et condamne celui des compensations. Avant la Révolution, aucun doute n'était possible et rien ne venait troubler la sérénité de François Ier luttant contre Charles-Quint, de Richelieu abaissant la maison d'Autriche, ni des trois souverains qui se partageaient la Pologne par amour de l'égalité. Mais, sur le confin des deux temps, la doctrine de Napoléon est moins certaine. Il fallait cependant prendre un parti.

Dans la grande cause dont je me voyais le chef et l'arbitre, dit-il, deux systèmes se présentaient à suivre : de faire entendre raison aux rois par les peuples, ou de conduire à bon port les peuples par les rois. Mais on sait s'il est facile d'arrêter les peuples, quand une fois ils sont lancés. Il était plus naturel de compter un peu sur la sagesse et sur l'intelligence des rois; j'ai dû leur supposer toujours assez d'esprit pour de si clairs intérêts, je me suis trompé; ils n'ont tenu compte de rien; et, dans leur aveugle passion, ils ont déchaîné contre moi ce que j'avais retenu contre eux. Ils verront!

Il y a peu de doute que, si la Révolution eût triomphé de l'Europe et jeté bas tous les trônes « roulant comme des feuilles mortes », Napoléon eût été le champion des nations.

2 182. La souveraineté du peuple, la liberté, c'est le code politique de l'Évangile. (Lettre à l'archevêque de Gênes, 10 septembre 1797.)

8 836. Monsieur le Doge et messieurs les Députés du Sénat et du peuple de Gênes, retournez dans votre patrie; sous peu de temps, je m'y rendrai et, là, je scellerai l'union que mon peuple et vous contracterez. Ces barrières, qui vous séparent du continent, seront levées pour l'intérêt commun, et les choses se trouveront placées dans leur état naturel. Les signatures de tous vos citoyens, apposées au bas du vœu que vous me présentez, répondent à toutes les objections que je pourrais me

faire; elles constituent le seul droit que je reconnaisse comme légitime.... (Milan, 4 juin 1805.)

Et à Sainte-Hélène :

> L'Europe marche vers une transformation inévitable : la retarder, c'est s'affaiblir par une lutte inutile; la favoriser, c'est se fortifier des espérances et des volontés de tous. Il y a des désirs de nationalité qu'il faut satisfaire tôt ou tard, et c'est vers ce but qu'on doit marcher [1].

Il eût été le champion des peuples, par conviction peut-être, par nécessité du moins, puisqu'il eût été impossible de traiter avec des peuples libres et souverains sur d'autres bases que celle de leur indépendance nationale.

Mais les faits et les événements en décidèrent autrement. Il eût d'abord fallu retrouver dans la France elle-même les légions, jadis sorties du sol pour la défense de l'indépendance. « Mais, observe-t-il de bonne heure, le caractère distinctif de notre nation est d'être beaucoup trop vive dans la prospérité [2]. »

> La guerre, qui a été nationale et populaire, lorsque l'ennemi était sur nos frontières, semble aujourd'hui étrangère au peuple et n'est devenue qu'une guerre de gouvernement, et, dans l'ordre actuel des choses, nous aurions fini par y succomber [3].

> Nous n'avons plus ces grandes masses, ces moyens de recrutement et cet enthousiasme qui n'a qu'un temps. Nous aurions (donc) tort d'adopter la politique extérieure que nous avions en 1793 [4].

C'est-à-dire de prétendre libérer les peuples, puisque nous n'avons plus les moyens suffisants.

D'autre part, il eût fallu trouver, dans les peuples mêmes, ces auxiliaires dignes de la liberté, que l'imagination révolutionnaire croyait trouver hors de nos frontières.

> Mais, dit-il au Directoire, je n'ai point eu, depuis que je suis en Italie, pour auxiliaire, l'amour des peuples pour la liberté et l'égalité, ou, du moins, cela a été un auxiliaire très faible. Vous connaissez peu ces peuples-ci. Je vois par vos lettres que vous partez toujours d'une fausse hypothèse : vous vous imaginez que la liberté fait faire de grandes choses à un peuple mou.... Ce que vous désireriez que je fisse sont des miracles, et je n'en sais pas faire.... Ces choses sont bonnes à dire dans un café ou dans un discours pour exciter la confiance, mais non au

---

1. *Correspondance*, XXXII, p. 378. Conseils de Napoléon à son fils, 17 avril 1821.
2. 2292. Passariano, 7 octobre 1797.
3. 2307. 18 octobre 1797.
4. 7 octobre 1797.

Gouvernement. C'est lui donner de fausses idées, qui peuvent le mettre dans le cas de prendre un parti différent de celui qui convient et produire des malheurs incalculables.... Le roi de Sardaigne, avec un de ses bataillons et un de ses escadrons, est plus fort que toute la Cisalpine réunie. Si je n'ai jamais écrit au Gouvernement avec cette précision, c'est que je ne pensais pas qu'on pût se former des Italiens l'idée que je vois, par vos différentes lettres, que vous en avez [1]....

De là, l'apostrophe célèbre de la lettre à Villetard, secrétaire de la légation française à Venise :

Les Vénitiens qui voudront quitter Venise, devenue autrichienne, auront délai pour vendre leurs biens et pourront être reçus citoyens de la république cisalpine. Mais je vois que ce sont des lâches; ils ne savent que fuir, eh bien! qu'ils fuient! Je n'ai pas besoin d'eux [2]!

Quant à votre pays, Monsieur de Melzi, il y a encore moins qu'en France d'éléments de républicanisme, et il faut encore moins de façons avec lui qu'avec tout autre [3].

Vous ne devez pas compter sur une révolution en Piémont; cela viendra, mais il s'en faut que l'esprit de ces peuples soit mûr à cet effet [4].

Ainsi, cette politique révolutionnaire des nationalités, qui était peut-être dans son esprit et dans son sang, se trouve condamnée par les circonstances et la raison. « Nous nous sommes bien trouvés de la politique contraire », écrit-il au Directoire [5]; comme la raison ne suffit point, il la reprend avec ironie :

2 295. Le citoyen Botot m'a dit, en conséquence, de votre part, de révolutionner l'Italie. Je lui ai demandé comment cela se devait entendre; si le duc de Parme, par exemple, devait être compris dans cet ordre. Il n'a pu me donner aucune explication. Je vous prie de me faire connaître vos ordres plus clairement [6].

Et, comme enfin, s'il dépend du Directoire, il a cependant les pleins pouvoirs diplomatiques en Italie, il y peut parler en maître et dire nettement sa pensée :

La République Française, écrit-il à Villetard, n'est liée avec la municipalité de Venise par aucun traité, qui nous oblige à sacrifier nos intérêts et nos avantages à celui du Comité de salut public, ou de tout autre individu de Venise.

Jamais la République Française n'a adopté pour principe de faire la guerre pour les autres peuples. Je voudrais connaître quel serait le prin-

1. Passariano, 7 octobre 1797.
2. 2 318. 26 octobre 1797.
3. Mot de Melito cité par Taine, p. 84. Conversation en juin 1797 dans les jardins de Montebello.
4. 257. Au Directoire exécutif, 28 avril 1796.
5. 2 292. Au Ministre des Relations extérieures, 7 octobre 1797.
6. 2 295. Au Directoire exécutif, 10 octobre 1797.

cipe de philosophie ou de morale qui ordonnerait de sacrifier 40 000 Français contre *le vœu bien prononcé de la nation et l'intérêt bien entendu de la République....*

Je sais bien qu'il n'en coûte rien à une poignée de bavards, que je caractériserais bien en les appelant fous, de vouloir la république universelle. Je voudrais que ces messieurs vinssent faire une campagne d'hiver.... Au reste, la République Française ne peut pas donner, comme on paraît le croire, les États vénitiens; ce n'est pas que, dans la réalité, ces États n'appartiennent à la France par droit de conquête; mais, c'est qu'il n'est pas dans les principes du gouvernement français de donner aucun peuple[1]....

Quel était donc alors « l'intérêt bien entendu de la République » et « le vœu bien prononcé de la nation »?

Si je note, qu'à cette époque, le Directoire, accordant à Bonaparte des pouvoirs complets, lui recommandait de ne pas créer trop de républiques difficiles à échanger plus tard, de contenir les peuples dans une dépendance réelle, car il sera demandé des dédommagements en Italie pour la rive gauche du Rhin, il me semble qu'il ne faudra pas chercher dans des conceptions plus vastes, mais nées plus tard, le *vœu de la nation*, qui était alors la paix, et l'*intérêt bien entendu de la République*, qui était alors la sécurité dans les frontières naturelles.

Prenons donc les choses comme elles étaient et ne compliquons point de nos propres désirs les exigences politiques du temps. Il fallait la paix. Nationaliser l'Europe, c'était la guerre sans fin et sans succès, faute de moyens. C'était le contraire de « la vraie politique, qui n'est autre chose que le calcul des combinaisons et des chances ».

Il y eut évidemment là un flottement, une oscillation d'idées, analogue à celle que l'on observe chez presque tous les Français, dans leur premier contact avec l'étranger, puis, finalement, un conflit entre l'idée révolutionnaire et l'idée napoléonienne.

Napoléon le constate lui-même. A la doctrine que lui prête Sorel : « Le Français, champion des droits de l'humanité, interprète de la raison universelle, est appelé par la Révolution à régenter l'univers; il ne faut point que l'univers s'y refuse; qui résiste est rebelle[2] », il répond :

Je sais bien que le régime des cantons démocratiques est accompagné de beaucoup d'inconvénients, et qu'il ne soutient pas l'examen aux yeux

---

1. 2318. Trévise, 26 octobre 1797. Cf. 16 115, 8 janvier 1810 : « Je ne puis donner la souveraineté du Hanovre au Roi de Westphalie, parce que je n'ai point cette souveraineté; mais je puis lui céder le Hanovre et mes droits sur cette province : c'est tout ce que je puis faire. »

2. *L'Europe et la Révolution française*, VI, p. 21.

de la raison; mais enfin, il est établi depuis des siècles; il a son origine dans le climat, la nature, les besoins et les habitudes primitives des habitants; il est conforme au génie des lieux, et il ne faut pas avoir raison en dépit de la nécessité. Les constitutions des petits cantons ne sont sûrement pas raisonnables; mais c'est l'usage qui les a établies. Quand l'usage et la raison se trouvent en opposition c'est le premier qui l'emporte [1].

Et quinze ans plus tard il ajoute : « Les Jacobins s'y trompèrent; ils me prirent pour un Mahomet de la liberté [2] ».

Voilà le grand malentendu qui se produisit entre les Jacobins et Bonaparte, comme entre les souverains et le Premier Consul, que personne, peut-être, ne pouvait prévoir, dont personne, peut-être, ne doit porter la responsabilité, mais qui pesa d'un poids si lourd sur les destinées du monde, et que nous devons déplorer, parce qu'il fut la cause de quinze ans de guerre et retarda d'un siècle le progrès des idées du droit.

Ainsi, par une simple application du « calcul des combinaisons et des chances », la doctrine des Jacobins était condamnée, non comme idéal de raison pure, mais comme objet de politique immédiate, par la raison pratique.

Et puisque, faute de moyens, l'entreprise gigantesque de la Révolution devait rester inachevée et que, faute de puissance, l'Europe ne pouvait être assise dans les cadres définitifs de ses nations [3], il fallut donc bien la maintenir tranquille et en repos, par une série de pesées, variables suivant les temps et les circonstances de la guerre. La stabilité par l'équilibre, telle fut donc la formule qui s'imposait dès le début du Consulat et l'image de la balance européenne est sans cesse présente à l'esprit de Bonaparte.

« Nous tenons la balance de l'Europe », écrit-il d'Italie au Ministre des Relations extérieures (2 292, 7 octobre 1797).

Votre neutralité est plus assurée que jamais, dira-t-il aux députés suisses. La France a le Simplon, l'Autriche a le Tyrol. Vous êtes en sûreté entre ces puissances qui sont en équilibre; vous êtes tranquilles, même dans les moments d'oscillations, parce que vous tenez le milieu entre les bras de la balance (6 483, 11 décembre 1802).

---

1. 6 560. Conférence du 29 janvier 1803.

2. *Correspondance*, XXX, p. 232. Ce mot est peut-être une allusion au discours de Burke du 12 décembre 1792 : « Mais la France! la France! elle ne prendra pas de repos, qu'elle n'ait fait de l'univers entier une république. C'est le sabre à la main, comme Mahomet convertissait au Coran, qu'elle essaye de convertir de force toutes les nations à la *Déclaration des droits de l'homme*. » Le mot de Napoléon répond à la fois aux Jacobins et à Burke.

3. 5 655. Au Directoire exécutif de la République batave : « Les nombreuses armées, que le Gouvernement français est obligé de tenir sur pied, jusqu'à ce que l'Europe soit entièrement assise, font porter au peuple français un fardeau, plus pesant encore, qu'à votre peuple ».

Il cherchera pour lui les positions défensives ou offensives, les défilés, les passages, les frontières naturelles les plus sûres; mais, négociant avec les rois, il tiendra le plus grand compte de leurs exigences, quant à leur fortune en hommes, en âmes ou en kilomètres carrés.

6 381. Des conférences ont été ouvertes avec M. de Cobenzl, auquel on a fait connaître les intentions de Votre Majesté. On lui a proposé l'évêché d'Eichstaedt, ce qui ferait une diminution de lot pour l'électeur de Bavière et un accroissement de plus de 80 000 âmes pour l'archiduc Ferdinand.

5 874. Si la République prend encore part aux discussions de Ratisbonne, ce n'est que... comme garante des stipulations contenues dans l'article 7 du traité de Lunéville, et pour maintenir un juste *équilibre* dans la Germanie. (Exposé, 22 novembre 1801.)

5 449. Je demande aux Suisses le Valais, jusqu'à une limite connue au delà de Brigg, de manière que, de Genève, on puisse aller, par le lac ou la rive méridionale, à Villeneuve et de là, au Simplon, en restant toujours sur le territoire français. En compensation, nous donnerons à la Suisse le Frickthal. (7 mars 1801, à Talleyrand.)

5 966. Si l'Égypte doit, par le traité d'Amiens, rester à la France, l'Angleterre doit conserver une partie de ses possessions. Si, au contraire, l'Égypte est restituée à la Porte, il paraît naturel que l'Angleterre conserve un moindre nombre d'établissements; et cela, afin de remettre autant que possible l'équilibre dans les différentes parties. (19 février 1802, à Talleyrand.)

Il suffit d'ouvrir la *Correspondance* aux époques de négociations, pour trouver les exemples multiples de ce souci de l'équilibre et des compensations.

Il nous reste à étudier quelles furent les conséquences pratiques de ce principe de la stabilité et, sous quelles formes politiques, il se traduisit en faits dans le gouvernement et l'Empire de 1800 à 1807.

* * *

« C'est ce qui m'a fait prêcher un code civil et m'a porté à l'établir. »
(10 314. Au roi de Naples, 5 juin 1806.)

Les historiens ont tous noté ce qu'il y eut d'inachevé dans la bâtisse napoléonienne, et cette impression de provisoire qu'elle donne. Les uns expliquent ce fait par l'idée de domination universelle, qui rendait, en effet, inutile toute autre construction que celle de royaumes provisoires. D'autres expliquent cette négligence par l'idée que Napoléon avait de sa chute prochaine, ou par quelque lacune mentale bien naturelle dans l'esprit d'un condottiere.

Explications ingénieuses, sans doute, mais que contredisent les faits et, en particulier, tout l'effort, après 1804, pour organiser et assimiler les pays conquis.

Entre ces deux opinions extrêmes et contradictoires, se glissera sans doute la vérité, du moins celle que dit Napoléon : c'est que les conquêtes étaient destinées à des échanges, que ces échanges devaient être du continent contre des colonies, pour réaliser l'équilibre mondial[1], que l'échange ne fut plus jugé possible après la rupture d'Amiens et que, dès lors, il fallut organiser ce qui était resté dans une sorte de provisoire. Cette explication a, sur les autres, l'avantage d'être celle de Napoléon, de s'adapter aux faits, et de rendre compte de cette évolution qu'on remarque dans la situation des pays conquis.

De 1800 à 1803, la consigne est absolument formelle : ne rien changer jusqu'à la paix générale. De 1804 à 1807, au contraire, c'est une rage d'organisation qui fait éclater d'un seul jet les règlements et les institutions, aussi bien pour la troupe de Mlle Raucourt que pour l'île d'Elbe, pour la Westphalie que pour la maison de Saint-Denis, et qui aboutira à ce système de l'Empire fédératif, où le Code civil répandu[2] assure la stabilité, cependant

---

1. Le terme mondial, qui paraît un anachronisme, était bien dans la pensée de Napoléon. Le 28 mai 1801, par exemple, il écrit au citoyen Talleyrand la lettre 5 589, impossible à citer en entier, à cause des vivacités d'expression où il s'emporte, mais où cette idée est nettement marquée : « Je désire, Citoyen Ministre, que vous envoyiez sur-le-champ un courrier extraordinaire à Londres au citoyen Otto.... Qu'il dise bien à ce Lord Hawkesbury que le cabinet est *un*, veut la paix sans doute, mais une paix honorable et fondée *sur l'équilibre des mers et des différentes parties du monde.* » La note 5 649, remise à Lord Hawkesbury (23 juillet 1801), « récapitulant l'état de la question avec la franchise et la précision que méritent des affaires de cette importance, la divise en trois points : la Méditerranée, les Indes, l'Amérique ». Les lettres 5 604 et 5 605 précisent la politique des échanges : « Le Premier Consul ne se désistera jamais de la déclaration faite à Lorient à M. d'Aranjo, de ne jamais faire la paix avec le Portugal qu'en occupant trois provinces qui puissent servir de compensation pour les colonies des alliés.... Le Premier Consul devait à l'impuissance et à la faiblesse du gouvernement portugais de suspendre les hostilités jusqu'à ce que la cour de Londres ait répondu aux dernières propositions, savoir : si elle voulait dans les négociations admettre le *statu quo ante bellum* pour le Portugal, comme servant d'équivalent au *statu quo ant bellum* pour l'Amérique. »

En limitant l'horizon de Napoléon à la conquête de quelques provinces d'Allemagne ou d'Italie, on rend incompréhensible sa politique. Cette notion de l'équilibre des mers et des différentes parties du monde domine la *Correspondance* et me semble tellement importante et, peut-être, par certains côtés, si neuve, que je crois devoir lui consacrer un volume spécial qui sera le second de cette série.

2. 13 311. A M. de Champagny, 31 octobre 1807 : « M. de Champagny, écrivez au Sieur Bourrienne à Hambourg que mon intention est que les villes hanséatiques adoptent le Code Napoléon et, qu'à compter du 1er janvier, ces villes soient régies par ce code. Écrivez la même chose au général Rapp à Dantzig. Qu'ils fassent faire cette ordonnance par les magistrats du pays. Je désire que vous écriviez également à M. Otto à Munich, à mes chargés d'affaires pour le Prince Primat et les grands-ducs de Hesse-Darmstadt et de Bade, pour leur prescrire de faire des insinuations légères et non écrites, pour que le Code Napoléon soit adopté comme loi civile de leurs États, en

que la conception des rois fonctionnaires assure la mobilité nécessaire à toute évolution, soit que Napoléon liquide les royaumes comme une monnaie de paix, soit qu'il les ramène sous sa puissante main pour multiplier par là ses soldats, ses ressources et la portée lointaine de ses armes de guerre.

La plus grande difficulté pour Napoléon, dit l'auteur des *Idées napoléoniennes*[1], n'a pas été de vaincre, mais de disposer de ses conquêtes. Comme souverain de la France, il doit en user dans un intérêt français ; comme grand homme, dans un intérêt européen. C'est-à-dire qu'il faut que l'emploi de ses conquêtes satisfasse l'intérêt momentané de la guerre, tout en lui fournissant les moyens de fonder un système de paix générale. Les provinces qu'il incorpore à la France ne sont donc qu'autant de moyens d'échange qu'il tient en réserve, jusqu'à une pacification définitive.

Mais, comme ces incorporations font supposer une volonté d'établir une monarchie universelle, il fonde des royaumes qui ont une apparence d'indépendance, et il élève ses frères sur des trônes, pour qu'ils soient dans les divers pays les piliers d'un nouvel édifice, et qu'ils concilient avec les chances d'un établissement transitoire l'apparence de la stabilité.

Eux seuls, en effet, pouvaient, quoique rois, être soumis à sa volonté, et se résoudre, suivant les décrets de sa politique, à quitter un trône pour redevenir princes français; ils alliaient l'indépendance apparente de la royauté avec la dépendance de la famille[2].

---

supprimant toutes les coutumes, et se bornant au seul Code Napoléon. » (13 357. A Louis, 13 novembre 1807.)

Cela resserre les liens des nations d'avoir les mêmes lois civiles et les mêmes monnaies.

Cf. XXXII, p. 305. « Quant aux quinze millions d'Italiens, chaque jour mûrissait chez eux l'unité de principes et de législation, celle de penser et de sentir, ce ciment assuré, infaillible, des agglomérations humaines. La réunion du Piémont à la France, celle de Parme, de la Toscane, de Rome, n'avaient été que temporaires dans ma pensée, et n'avaient d'autre but que de surveiller, garantir et avancer l'éducation nationale des Italiens. Et voyez si je jugeais bien et quel est l'empire des lois communes! Les parties qui nous avaient été remises, bien que cette réunion pût paraître de notre part l'injure de l'envahissement, et en dépit de tout leur patriotisme italien, ces mêmes parties ont été précisément celles qui, de beaucoup, nous sont demeurées le plus attachées. Aujourd'hui qu'elles sont rendues à elles-mêmes, elles se croient envahies, déshéritées, et elles le sont! » (11 novembre 1816.)

1. *Œuvres de Napoléon III : L'Idée napoléonienne,* t. I, p. 134. Cet ouvrage fut écrit dans un but politique, en 1840, avec l'épigraphe : « Ce ne sont pas seulement les cendres, mais les idées de l'Empereur qu'il faut ramener ». L'auteur ne peut donc être un guide très sûr, ni impartial; mais du moins était-il assez voisin du temps pour que son opinion ne soit pas négligeable. Je ne me permets de le citer que sur les points où il est entièrement confirmé par la *Correspondance.*

2. Le conflit d'un dessein immuable et de formes changeantes, de l'indépendance des rois avec la dépendance familiale, deviendra une sorte de guerre civile et une cause de ruine de l'Empire dans la période 1807 à 1815.

« Il ne m'a pourtant pas fait roi pour obéir », dit Murat.

A quoi Napoléon répond : « Je veux avant tout qu'on fasse ce qui convient à la France.... Si j'ai conquis des royaumes, c'est pour que la France en retire des avantages et si je n'obtiens pas ce que je désire, alors je serai obligé de réunir ces royaumes à la France. » (Caroline à Murat, 5 août 1810.)

Cf. 10 316.... « Que la Hollande vous doive donc des rois qui protègent ses libertés, ses lois et sa religion; mais ne cessez jamais d'être Français. (A Louis, Réponse de l'Empereur aux ambassadeurs extraordinaires de leurs Hautes Puissances des Etats de Hollande, 5 juin 1806.)

8444. Je la garderai, cette couronne (d'Italie), mais seulement le temps que vos intérêts l'exigent; et je verrai avec plaisir arriver le moment où je pourrai la placer sur une plus jeune tête qui, animée de mon esprit, continue mon ouvrage et soit toujours prête à sacrifier sa personne et ses intérêts à la sûreté et au bonheur du peuple sur lequel la Providence, les institutions du Royaume et ma volonté l'auraient appelée à régner. (7 mars 1805.)

Voilà bien, en effet, la part de provisoire que contient l'édifice napoléonien, imposée par les circonstances; mais, sous cette apparente immobilité, se cache un ferme et inébranlable dessein que les circonstances imposaient également :

Où en serais-je vis-à-vis de l'Europe entière, avec un gouvernement que je bâtis au milieu des décombres, dont les fondements ne sont pas encore assis, et dont, à tout instant, je dois combiner les formes avec des circonstances nouvelles qui naissent de la variation même de la politique extérieure, si je ne soumettais quelques-unes de ces combinaisons à des méthodes absolues qui n'admettent pas de modifications et qui ne sont efficaces que parce qu'elles sont immuables[1]?

Le grand dessein, pour la France, fut de constituer un ordre civil.

Je veux instituer en France l'ordre civil, disait-il au Conseil d'État. Il n'y a eu jusqu'à présent dans le monde que deux pouvoirs, le militaire et l'ecclésiastique. Les barbares qui ont envahi l'empire romain n'ont pu former d'établissement solide, parce qu'ils manquaient, à la fois, d'un corps de prêtres et d'un ordre civil.

Le premier dessein, pour les pays conquis, fut de leur imposer ce même code civil, qui supplantait en France les coutumes, faisait oublier les provinces, et de l'utiliser pour fonder un ordre stable. Toute l'année 1806 est occupée de ce projet, que justifie l'apaisement du continent et qui inspire toutes les lettres à Joseph.

9944. Au Prince Joseph, Paris, 8 mars 1806 :

Le nouveau cabinet anglais paraît avoir des principes plus raisonnables que l'ancien, si j'en dois juger par une lettre de Mr. Fox, qui donne avis à la police d'un projet formé pour m'assassiner... et il fait connaître qu'il écrit par ordre exprès du Roi. La Prusse, par le traité que je viens de faire, vous a déjà reconnu....

... Ne vous engagez pas à maintenir les fiefs, ni les différentes aliénations qui ont été faites aux impositions, car il est nécessaire d'établir à Naples un système d'imposition foncière et d'imposition d'enregistrement comme en France; et enfin, s'il faut donner des fiefs, il faut les donner à des Français qui soutiennent la couronne....

... Il faut établir dans le royaume de Naples un certain nombre de familles françaises qui seront investies des fiefs, soit provenant de l'aliénation qui serait faite de quelques domaines de la couronne, soit de la

---

1. *Idées Napoléoniennes*, p. 100.

dépossession de ceux qui ont des fiefs, soit des biens des moines en diminuant le nombre des couvents.

Dans mon sentiment, votre couronne n'aurait aucune solidité, si vous n'aviez autour de vous une centaine de généraux, de colonels et autres, et des officiers attachés à votre maison, possesseurs de gros fiefs dans les royaumes de Naples et de Sicile.... Ce moyen, je le prends pour le Piémont, pour l'Italie, pour Parme; il faut qu'entre ces pays et Naples, il ressorte la fortune de 3 ou 400 officiers français, tous jouissant de domaines qui seraient dévolus à leurs descendants par droit de primogéniture. Dans peu d'années, cela se mariera dans les principales maisons et le trône se trouvera consolidé de manière à pouvoir se passer d'une armée française, point auquel il faut arriver....

... Appuyez-vous si vous voulez d'un ordre de moi.... Envoyez-moi tous les matériaux sur les mesures odieuses dérivant du droit de conquête qu'il serait nécessaire de prendre, en faisant cependant le moins de tort possible au pays.

Le droit de primogéniture, c'est le droit d'aînesse rétabli par les majorats, et ce principe, si contraire à l'égalité révolutionnaire, était la conséquence d'une volonté parfaitement arrêtée de Napoléon, dès le temps même qu'il ordonna la rédaction du Code civil.

10 314. Au roi de Naples, Saint-Cloud, 5 juin 1806 :

Dites-moi les titres que vous voudriez donner aux duchés qui sont dans votre royaume.... J'ai exigé que les titulaires aient une maison à Paris, parce que c'est là le centre de tout le système; et je veux avoir à Paris cent fortunes, toutes s'étant élevées avec le trône et restant seules considérables, *puisque ce sont des fidéi-commis et que, ce qui ne sera pas elles, va se disséminer par l'effet du Code civil.*

Établissez le Code civil à Naples; tout ce qui ne vous est pas attaché va se détruire alors en peu d'années et ce que vous voudrez conserver se consolidera. *Voilà le grand avantage du Code civil.*

Si le divorce vous gêne pour Naples, je ne vois pas d'inconvénient à cartonner cet article.... Pour les actes de l'état civil, vous pouvez les laisser aux curés.

Au moyen de ces modifications, il faut établir le Code civil chez vous; il consolide votre puissance, puisque, par lui, tout ce qui n'est pas fidéi-commis tombe, et qu'il ne reste plus de grandes maisons que celles que vous érigez en fiefs.

C'est ce qui m'a fait prêcher un Code civil et m'a porté à l'établir.

Cette idée profonde n'enlève rien au mérite intrinsèque de l'œuvre; elle ne surprendra que ceux qui ont cru d'après les libelles « qu'au delà de sa courte vie physique, ses yeux ne s'attachent pas sur la nation qui lui survivra[1] », « que vainement les années s'écoulent, jamais il ne songe à mettre la France en état de subsister sans lui[2] », et qui ont adopté les yeux fermés ce singulier « jugement d'ensemble » de Metternich : « Il est remarquable que

1. Taine, *op. cit.*, p. 132.
2. *Id.*, p. 133.

Napoléon, tourmentant, modifiant continuellement les relations de l'Europe entière, n'ait pas encore fait un seul pas qui tende à assurer l'existence de ses successeurs[1] ».

Si je lui donne ici quelque relief, c'est pour montrer que les formes changeantes « nées de la variation même de la politique extérieure » ne doivent pas nous faire illusion; — que la *Correspondance* minutieusement interrogée nous renseigne mieux que cent Mémoires, même de Metternich, — et que si l'on cherche patiemment le ressort secret des décisions les plus diverses en apparence, on y trouvera bien souvent la trace de ce conflit entre les nécessités actuelles et ce principe d'ordre, de système, de continuité de vues que je résume dans l'idée napoléonienne de la stabilité.

> Lorsque la Providence me fit monter sur ce premier trône du monde, je dus, en fixant à jamais les destinées de la France, régler le sort de tous les peuples qui faisaient partie de l'Empire, *faire éprouver à tous les bienfaits de la stabilité et de l'ordre* et faire disparaître chez tous les maux de l'anarchie[2].

---

1. Lettre de Metternich à Stadion, 20 juillet 1807, citée par Taine, p. 133. La date même de cette lettre de Metternich, rapprochée de celle des deux lettres à Joseph, est en soi un commentaire ironique du texte.

2. 16 798. Allocution aux députés de la Hollande, 15 août 1810.

L'Honneur.

« ... Les principes du droit des gens qui sont aussi ceux de la justice et de l'honneur. »
(Décret de Milan.)

Monsieur mon frère, je veux la paix, mais je ne peux souscrire à ce que mon peuple soit déshérité du commerce du monde[1].

Voilà le côté utilitaire de la politique de Napoléon et dans quelle mesure il veut la paix; mais, si développée que soit cette idée du but pratique de la diplomatie ou de la guerre, elle cède le pas à un sentiment qui domine tous les autres et tous les actes, c'est celui de l'honneur :

Car l'honneur pour un peuple aussi puissant que le nôtre est le premier des biens; la fortune et le commerce ne sont que le second[2].

Qu'est-ce donc au juste que ce sentiment de l'honneur napoléonien, si profond qu'il s'associera dans une même devise avec la patrie, si intense que le culte de l'honneur devient à la fois une religion et un sentiment dynastique; — si universel et si puissant qu'il inspire toutes les actions dignes de récompense[3], — et si précieux, en un mot, qu'il est le premier des biens, même pour un peuple? De plus, à quel titre trouve-t-il sa place dans une étude du droit des gens?

On a dit que l'honneur c'est la gloire et, pour Napoléon, la gloire militaire. A coup sûr, la gloire militaire fait partie de l'honneur. « L'honneur de nos armes », « l'honneur de mes

---

1. 8 705. Au roi de Prusse, 9 mai 1805.
2. 5 869. A Villaret-Joyeuse, 19 novembre 1801.
3. Le mérite était *un* à ses yeux et récompensé de même; aussi voyait-on les mêmes titres, les mêmes décorations, atteindre également l'ecclésiastique, le militaire, l'artiste, le savant, l'homme de lettres; et il est vrai de dire que jamais nulle part, chez aucun peuple, à aucune époque, le mérite ne fut plus honoré, ni le talent plus magnifiquement récompensé. Ses intentions là-dessus étaient sans bornes. (XXXII, p. 311.)

drapeaux », « l'honneur de mes aigles » sont des formules bien connues.

La mort n'est rien, mais vivre vaincu et sans gloire c'est mourir tous les jours.

Je prends le plus grand intérêt à votre prospérité et surtout à votre gloire; c'est dans votre position le premier besoin; sans elle, la vie ne peut avoir aucune douceur [1].

La gloire, premier besoin, comme l'honneur, premier des biens !

C'est de la gloire qu'il lui faut et non des honneurs [2].

L'évêque, comme un autre homme, devait savoir mourir plutôt que de commettre une bassesse [3].

Quand, après plusieurs mois de campagne, on a toujours pour pis aller de s'enfermer dans une ville forte et abondamment approvisionnée, on a, plus que de la sûreté de la vie, la sûreté de l'honneur [4].

Monsieur, un émigré est un fils parricide qu'aucun caractère ne peut rendre sacré; ceux qui sont dans votre armée la déshonorent par leur présence [5]....

Ce n'est pas que nous voulions dire que les troupes russes ne soient braves; Dieu nous garde de parler légèrement de ce qui importe tant à l'honneur de plusieurs milliers d'hommes! mais nous voulons seulement dire que les Russes n'ont point le droit de se croire supérieurs, ni aux Autrichiens, ni aux Prussiens, ni aux Français et d'essayer de flétrir l'honneur de braves gens victimes des vicissitudes de la guerre [6].

Il arrive même un temps où ce sentiment de l'honneur des armes s'exalte jusqu'à devenir une véritable religion :

L'Empereur a fait présent à l'hôtel des Invalides de Paris de l'épée de Frédéric, de son cordon de l'Aigle Noir, de sa ceinture de général, ainsi que des drapeaux que portait sa garde dans la guerre de Sept Ans. Les vieux invalides de l'armée de Hanovre accueilleront avec un respect *religieux* tout ce qui a appartenu à un des premiers capitaines dont l'histoire conservera le souvenir [7].

---

1. 9 773. A Joseph, 7 février 1806.
2. Lecestre, Lettres inédites, 100, à propos de Jérôme.
Cf. 11 800 : « Quand le cœur parle, la gloire même n'a plus d'illusions ».
3. 10 712. A M. Portalis, 31 août 1806.
4. 10 726. Instructions au général Dejean, 3 septembre 1806.
5. 127. Au général Colli, 8 avril 1796.
6. 10 032. Observations sur la relation russe de la bataille d'Austerlitz. Cf. 1457 : « Soldats, je ne suis pas content de vous.... La seule gloire que vous ayez à acquérir dans l'expédition que vous faites aujourd'hui, c'est celle qui résulte d'une bonne conduite. En conséquence, j'ordonne les dispositions suivantes : Article premier. — Tout soldat qui sera convaincu d'avoir frappé ou attenté de quelque manière que ce soit à la personne ou aux propriétés du peuple vaincu, ou qui aurait dans son sac des objets pillés, sera fusillé à la tête de son bataillon.... »
Quant à l'effet produit, voir les détails d'une de ces exécutions. (*Victoires et Conquêtes*, t. V, p. 214.)
7. 11 094. *Dix-huitième bulletin*, Potsdam, 26 octobre 1806.

« Méconnaître le respect dû à mes drapeaux! » écrira-t-il à Junot. « ma volonté est qu'ils soient révérés avec des sentiments religieux[1]. »

Mais, s'en tenir à cette vue incomplète serait bien superficiel. Le premier caractère de l'honneur, dans le sens de gloire, c'est d'être le ressort des grandes actions. Ce n'est pas un sentiment passif, c'est un sentiment actif qui doit stimuler tous les hommes et se confond avec le besoin de vivre dans leur mémoire :

George reçut la permission de se rendre à Paris; Napoléon chercha inutilement à faire sur lui l'impression qu'il avait faite sur un grand nombre de Vendéens, à faire parler la fibre française, l'*honneur* national, l'amour de la patrie; aucune de ces cordes ne vibra[2].

Au capitaine général Leclerc, commandant en chef l'armée de Saint-Domingue :

Je suis très content de la conduite qu'a tenue Paulette. Elle ne doit point craindre la mort puisqu'elle mourrait avec gloire en mourant dans une armée et en étant utile à son mari. Tout passe promptement sur la terre, hormis l'opinion que nous laissons empreinte dans l'histoire[3].

La mission du capitaine général est d'abord une mission d'observation.... Mais le Premier Consul, bien instruit par lui et par l'exécution ponctuelle des instructions qui précèdent, pourra peut-être le mettre à même d'acquérir, un jour, la grande gloire qui prolonge la mémoire des hommes au delà de la durée des siècles[4].

A M. Cretet, ministre de l'Intérieur :

« J'ai fait consister la gloire de mon règne à changer la face du territoire de mon empire. L'exécution de ces grands travaux est aussi nécessaire à l'intérêt de mes peuples qu'à ma propre satisfaction. J'attache également une grande importance et une grande idée de gloire à détruire la mendicité[5]. Les fonds ne manquent pas; mais il me semble que tout cela marche lentement et cependant les années passent. Il ne faut point passer sur cette terre sans y laisser des traces qui recommandent notre mémoire à la postérité.... Les soirées d'hiver sont longues, remplissez vos portefeuilles, afin que nous puissions, dans les soirées de ces trois mois, discuter les moyens d'arriver à de grands résultats[6]. »

Les exemples surabondent. Aussi, lorsque je lis que Bonaparte avait pour théorie de nier « les motifs beaux et purs[7] », « qu'il

---

1. 9772. A Junot, gouverneur militaire du pays de Parme, 7 février 1806.
2. T. XXX, p. 340.
3. 6456. A Leclerc, 27 novembre 1802.
4. 6544. Au contre-amiral Decrès, 15 janvier 1803.
5. Mably, *op. cit.*, II, p. 281 : « Ce qui avilit véritablement les hommes, c'est la mendicité ».
6. 13358. A Cretet, 14 novembre 1807.
7. Taine, *op. cit.*, p. 90.

n'a jamais éprouvé un sentiment généreux[1] », « qu'il était persuadé que nul homme appelé à paraître sur la scène publique ne se conduisait et ne pouvait être conduit que par l'intérêt[2] », qu'il fut « assommateur de toute vertu[3] », je crois que l'on méconnaît les principes autant que les actes, car, dit-il au contraire :

« Je substituai l'honneur et l'émulation à la crainte et au fouet. » (*Correspondance*, XXXII, p. 319.)

« Il n'est pas étonnant que M. Miot... ne sache pas que c'est avec l'honneur qu'on fait tout des hommes[4]. »

L'honneur doit être le seul guide, ainsi que le désir de servir l'État; l'argent n'est qu'un accessoire de peu de considération près des autres motifs[5].

Décision :

Au maréchal Lannes : « Il est possible que vos soldats aient trouvé qu'on n'ait pas parlé d'eux aussi dignement qu'ils l'auraient mérité; ils ont raison d'être exigeants, car ils sont aussi braves que bons. A la prochaine bataille, ils se comporteront comme à Austerlitz et à Iéna *et on aura soin de mettre quelques mots de plus*[6]. »

« On ne paie pas la bravoure avec de l'argent[7]. »

De même que le sentiment de l'honneur stimule les hommes, il doit soulever les peuples et les masses; et c'est là peut-être qu'il faudrait voir la raison profonde de ce culte de la gloire et de l'honneur inculqué à la nation comme à l'armée, des Saint Napoléon, qu'il juge ridicules[8], quant à lui, mais utiles à ses des-

---

1. Chaptal, *id.*, en note.
2. Metternich, cité par Taine, p. 91.
3. Mme de Rémusat, *id.*, p. 91.
4. 8 375. Note pour le ministre de la police, 1er mars 1805. La phrase complète paraît très dure pour l'honneur de M. Miot. Les deux Miot furent fonctionnaires et leurs mémoires, peu sympathiques, on le conçoit, à Bonaparte, furent, avec ceux de Mme de Rémusat, une des sources favorites des historiens. Ce sont de « ces vertus assommées » qui mordent le talon. Napoléon à Sainte-Hélène parlera de ce « polisson de Miot ».
5. 8 272. A M. Fouché, 14 janvier 1805.
6. 11 257. A Lannes, 14 novembre 1806.
7. 9 235. Décision, 18 septembre 1805.
8. 13 348.— Décision.

Fontainebleau, 11 novembre 1807.

La princesse de Lucques soumet à l'Empereur des types et dessins de monnaies pour sa principauté, avec cette légende : *Napoleone protegge l'Italia.*	Ce type n'est pas convenable; ce qu'on veut mettre en place de *Dieu protège la France* est indécent. NAPOLÉON.

Cf. 13 960. A Decrès, 22 mai 1808 : « Je ne puis pas donner des ordres à un ministre comme à un factionnaire; puis, quand je lui donne un ordre, c'est à lui à chercher

seins[1]; car, à mesure que son empire s'étend, il lui faut plus de soldats; et, pour arriver par la guerre à cette paix qui le hante, il ne saurait plus faire appel aux légions républicaines qu'enfanta la Révolution!

Il le dit dès sa première campagne : « Nous n'avons plus cet enthousiasme qui nous donna quatorze armées. A mesure que le danger s'est éloigné des frontières, la fibre patriotique surexcitée s'est détendue.... Et c'est le sentiment nouveau de la gloire et de l'honneur qui soulèvera les masses. »

Dès 1800, bien que les Français aient été chassés d'Italie, que Masséna soit acculé dans Gênes et que la frontière soit menacée, la France sommeille et c'est un appel à l'honneur qui va la réveiller :

> Si nous sommes toujours cette nation qui a étonné l'Europe de son audace et de ses succès, si une juste confiance ranime nos forces et nos moyens, nous n'avons qu'à nous montrer et le continent aura la paix. C'est là ce qu'il faut faire sentir aux Français, c'est à un généreux et dernier effort qu'il faut appeler tous ceux qui ont une patrie et l'*honneur national* à défendre.... Réveillez dans les jeunes citoyens cet enthousiasme qui a toujours caractérisé les Français, qu'ils entendent *la voix de l'honneur* et *la voix plus puissante de la patrie*, qu'ils se remontrent ce qu'ils étaient aux premiers jours de la Révolution, et qu'ils n'ont pu cesser d'être que quand ils avaient à combattre pour des factions.... Ce ne sont plus les accents de la terreur qu'il faut faire entendre aux Français. Ils aiment l'honneur, ils aiment la patrie : ils aimeront un gouvernement qui ne veut exister que pour l'un et pour l'autre[2].
>
> Que les jeunes citoyens se lèvent. Ce n'est plus pour des factions, ce n'est plus pour le choix des tyrans qu'ils vont s'armer : c'est pour la garantie de ce qu'ils ont de plus cher, c'est pour l'honneur de la France, c'est pour les intérêts sacrés de l'humanité[3].

---

les moyens de l'exécuter. Au reste, je vous dispense de rien expédier pour l'Amérique. Je vous dispense également de me comparer à Dieu. Il y a tant de singularité et d'irrespect pour moi dans cette phrase que je veux croire que vous n'avez pas réfléchi à ce que vous écriviez. Je plains votre jugement,... mais je m'arrête!... S'il y avait un ministre de sens à la tête de ma marine, depuis que j'ai parlé, il y aurait quarante bâtiments de partis... et si ces quarante bâtiments avaient été pris, du moins le ministre aurait fait son devoir.... Les trois seuls bâtiments qui soient encore partis, c'est moi qui les ai expédiés. Il faut être bien ridicule après cela pour croire qu'il n'y a au-dessus de sa raison que les miracles et la raison de Dieu.

On ne devrait pas laisser non plus les colonies françaises si longtemps sans nouvelles.... Il y a cependant mille moyens de leur donner des nouvelles.... Il n'y a pas besoin d'être Dieu pour cela.... Vous pouviez avec quelque envie secourir nos colonies, faire partir de plusieurs ports des bâtiments chargés de farine, etc. Il ne faut pas être Dieu pour cela. Si je n'avais à m'occuper que de la marine, j'aurais voulu faire partir suffisamment d'expéditions pour assurer les subsistances des colonies. »

1. 7 818. A Ganteaume : « L'âme de toutes les armées, et surtout des armées navales, c'est le franc attachement de toutes les parties au chef ». (23 juin 1804.)

2. 4 648. Aux Préfets des départements. (8 mars 1800.)

3. 4 649. Proclamation 8 mars 1800.

J'entends bien que ce n'est là que du style de proclamation; mais, je ne saurais dédaigner un sentiment si puissant qu'il créa les armées de l'Empire, réunit dans un même cœur des soldats de toutes races, de toutes langues et de toutes religions, parmi lesquels le sentiment seul de l'honneur était commun, rappela sous les aigles ceux que les lys auraient employés contre la France, et inspira jusqu'aux plus humbles dans cette foule cet héroïsme des continuels dévouements obscurs qui magnifia d'une dernière gloire l'aigle sanglante tombée dans les combats [1].

Si donc on ne voulait considérer l'honneur napoléonien que comme un sentiment personnel et militaire, j'estimerais qu'il doit à ce seul titre compter comme un facteur important dans l'histoire et que, l'avilir, le dégrader ou le nier, c'est commettre une injustice envers des hommes dont il fut la seule récompense.

Mais il y a plus. Nier ou méconnaître son importance dans le droit des gens napoléonien, c'est aller de parti pris à une méconnaissance complète de ses principes et de son évolution.

C'est que là, comme sur bien d'autres points, nous devons tenir compte de l'évolution du sens des mots. A mesure que les nations s'apaisent, que leurs conflits s'atténuent et que leurs rapports réciproques se précisent dans des traités ratifiés, — peut-être pourrait-on dire, à mesure que le sentiment de l'honneur international se fortifie, au point que l'on n'oserait plus croire qu'un peuple manque à sa foi jurée, — nous oublions qu'il fut un temps où les rapports entre nations n'étaient guère que des rapports entre souverains, et où la garantie de l'honneur chez les hommes d'État était la seule garantie de la sécurité pour leurs peuples.

L'honneur était alors plus qu'un sentiment de gloire, il était à la base du droit des gens. C'est dans ce sens qu'il faut comprendre l'honneur napoléonien, c'est le sens qu'on lui donnait en 1800 et c'est à ce titre qu'il trouve place dans cette étude.

Montesquieu dit que la vertu est la base des gouvernements républicains et que l'honneur la remplace dans les monarchies.

J'avoue que je ne comprends pas ce que c'est qu'honneur sans vertu; car il me semble, comme à la plupart des moralistes, que sans l'honnêteté, c'est-à-dire sans toutes les vertus morales, tant civiques que privées, il ne saurait y avoir de véritable honneur; car la vertu et

1. Lorsque Pelleport, bon soldat, accomplit le dernier devoir militaire de cette époque, qui était de rédiger ses mémoires, il rappela soigneusement cette proclamation de Bonaparte : « Les légions romaines que vous avez quelquefois imitées, mais pas encore égalées », etc. « L'armée, dit-il, débarqua tristement à Alexandrie. Cependant, aucun murmure ne se fit entendre; nous voulions égaler les Romains », et il conclut, après la retraite de Russie : « Je crois, tout amour-propre de côté, que nous avons, dans cette circonstance, laissé bien loin de nous les Romains dont l'empereur nous parlait tant, en Italie et en Égypte. »

l'honneur ont essentiellement le même but; ils ne diffèrent qu'en ce que l'honneur considère la fin des actions tandis que la vertu en considère le principe.

Ainsi nous dirons que si *vertu*, *honnêteté*, *honneur* ne sont pas une seule et même chose, il est du moins certain que l'un ne saurait subsister sans l'autre [1].

C'est ainsi que Rayneval définissait l'honneur dans son traité du droit des gens, et l'honneur ainsi compris rentre bien dans le cadre de cette étude.

Faute de lui avoir donné le sens juridique qu'il comporte en droit international, les libellistes n'ont vu dans l'honneur napoléonien qu'une sorte de vanité jalouse et taquine, qui jette l'Empereur contre les rois et la France contre les peuples, dans des colères d'enfant pour la vengeance de mesquines offenses d'amour-propre [2]. Pour Napoléon, l'honneur est une tout autre chose : c'est cette vertu, analogue au sentiment de la fidélité dans le système féodal, qui rend intangibles et sacrés les liens établis par la famille ou par les alliances, les serments entre les peuples, et qui trouve son expression précise dans le respect des lois internationales admises entre les peuples civilisés, et dans l'observation stricte, régulière et minutieuse des traités.

Se conformer à la loi admise du droit des gens : c'est la vertu; observer et exécuter les clauses d'un traité : c'est l'honnêteté des gouvernements; s'écarter de la loi comme des conventions : c'est manquer à l'honneur.

C'est au nom de l'honneur ainsi compris qu'il tance les rois et gronde sur l'Europe.

Il s'y mêle sans doute et toujours une idée autre qui est ce que nous appelons aujourd'hui la dignité nationale, qui implique une certaine limite que l'on ne peut dépasser sans l'amoindrir :

5 749. Le citoyen Otto doit dire que ce n'est pas Tabago que je ne céderai point, mais une simple île comme les Saintes. Il doit revenir

---

1. *Institutions du Droit de la nature et des gens*, par le comte Gérard de Rayneval. (2e édition, Paris, an XII, 1803.)

« L'ouvrage que je hasarde de publier, dit l'auteur, n'est pas un système nouveau.... C'est un abrégé des théories courantes. » A ce titre, il m'a été fort utile pour déterminer les idées et le sens des termes de Droit international au temps du Consulat. Napoléon connut Rayneval et en faisait cas. Premier secrétaire de Caulaincourt, Rayneval fut plus tard ambassadeur en Espagne. (De Broglie, *Souvenirs*, I, p. 231.)

Sur les rapports de l'honnêteté et de l'honneur, cf. 318. Lecestre à Jérôme, roi de Wesphalie, 16 juillet 1808... : « Vous avez laissé protester vos billets; ce n'est pas d'un homme d'honneur.... Vendez vos meubles, vos chevaux, vos bijoux, et payez vos dettes. L'honneur passe avant tout. »

2. Ainsi on s'exclame sur ce que Napoléon appelle des injures. Or, Rayneval dit, p. 201 : « Dans le droit des gens, on comprend généralement sous le mot *Injure* tout acte d'injustice ».

sur cette idée primordiale que lorsqu'on a fait ce que l'honneur permettait, le déshonneur vient après....

La base de la conduite du Premier Consul est que, dans ce traité, il a cédé à l'Angleterre jusqu'à la dernière limite de l'honneur et que, plus loin, il y aurait pour la nation française déshonneur.... Jamais le Premier Consul ne consentira à adopter une autre rédaction... quand les flottes anglaises seraient mouillées devant Chaillot.

9 421. A M. Otto. Augsbourg, 24 octobre 1805 :
Je ne pense pas que les Prussiens aient l'audace de se porter en Hanovre pour arracher mes aigles : cela ne pourrait se faire sans du sang. Les drapeaux français n'ont jamais souffert d'affront. Je ne tiens point au Hanovre, mais je tiens à l'honneur plus qu'à la vie.

7 745. C'est bien assez d'avaler sur mer toutes les avanies de l'Angleterre, sans être obligé d'avaler encore les impertinences de la Russie. (13 mai 1804.)

8 905. A Talleyrand :
Écrivez à M. de la Rochefoucauld.... que si, depuis un an, j'ai augmenté le nombre des troupes en Italie, c'est qu'on a aussi augmenté les troupes dans le Tyrol, l'Istrie et la Carniole; que des deux côtés ce qu'il y a de mieux à faire, c'est de ne faire aucune augmentation, et que, pour quiconque a des yeux, mon système continental est bien déterminé; que je ne veux passer l'Adige ni le Rhin, que je veux vivre tranquille, mais que je ne souffrirai point de mauvaise querelle. (Mantoue, 19 juin 1805.)

10 990. Au Roi de Prusse, 12 octobre 1806 (2 jours avant Iéna) :
Sire, j'ai été votre ami depuis dix ans.... Je ne veux point profiter de cette espèce de vertige qui anime ses conseils.... Si Votre Majesté m'eût demandé des choses possibles par sa note, je les lui eusse accordées; elle a demandé mon déshonneur, elle devait être certaine de ma réponse [1].

9 044. Ne souffrez aucune avance sur l'Adige et que les représailles soient rendues constamment.

6 836. Aurait-on l'intention, par un armement, d'effrayer le peuple français? On peut le tuer, mais l'intimider, jamais.

5 863. Vouloir que l'on désarme tous les vaisseaux français jusqu'à la concurrence de 8, aujourd'hui qu'ils sont prêts à partir, serait un affront aux yeux de l'Europe et tout peut arriver à la République, hormis le déshonneur.

Mais, en deçà de cette limite, la dignité nationale, et l'honneur même, consistent pour un gouvernement à respecter sa parole.

---

1. Voir toute cette lettre, d'ailleurs célèbre par la proposition de paix à la veille d'une bataille : « Pourquoi répandre tant de sang? A quel but? Je tiendrai à Votre Majesté le même langage que j'ai tenu à l'Empereur Alexandre, deux jours avant la bataille d'Austerlitz.... Sire, je n'ai rien à gagner contre Votre Majesté. Je ne veux rien et n'ai rien voulu d'elle. La guerre actuelle est une guerre impolitique.... Si Votre Majesté ne retrouve plus jamais en moi un allié, elle trouvera un homme désireux de ne faire que des guerres indispensables à la politique de mes peuples et de ne point répandre le sang de mes peuples dans une lutte avec des souverains qui n'ont avec moi aucune opposition d'industrie, de commerce et de politique.

Napoléon ne l'engagera qu'à bon escient. Avant que de rédiger le parchemin qui le lie, sa diplomatie épuisera les arguments, les feintes, les communications indirectes, les menaces ou la flatterie. Il est passé maître dans l'art de tendre l'appât, d'amorcer par des concessions longuement refusées, comme au pape, ou lancées à pleine main, comme le renvoi des prisonniers russes, « un coup diplomatique qui retentit à Londres, comme à Saint Pétersbourg », dira-t-il plus tard.

Il dissimule ou il intimide, il temporise et patiente, ou bien il « ferre » son adversaire d'un coup brusque; c'est là son métier de roi, c'est là son *devoir* de diplomate et de chef d'Etat; il en connaît et définit la limite : « La politique peut avoir ses plans et ses mystères, mais la raison doit conserver son influence et sa dignité[1] ».

Lorsque la base des négociations est assise, rien n'est fait encore. C'est mot à mot, ligne par ligne, phrase par phrase, qu'il faut éplucher le texte soumis ou admis par ses plénipotentiaires.

46 (Lecestre). Au citoyen Lucien Bonaparte, Ambassadeur à Madrid, 17 juin 1801 :

Je reçois votre courrier du 19 prairial. Je ne vous ai pas dit ce que je pensais de votre traité de paix, parce que je n'aime pas dire des choses désagréables.... Vous marchez beaucoup trop vite en négociations...: Ce traité n'a d'ailleurs ni le style, ni la forme diplomatique. Il est contre l'usage de dire que les hostilités ne cesseront que lors de l'échange des ratifications. Il est contre l'usage de mettre dans un traité définitif que, si quelque chose a été stipulé autre part, le traité sera nul.... La rédaction en est souvent fautive. Je me suis convaincu par toutes vos lettres que vous êtes bien loin de sentir toute la force, toute l'obstination même, qu'il faut mettre dans une négociation. Vous serez convaincu combien j'attache de prix à la bonne rédaction d'un traité, lorsque je vous dirai que, quand même les trois provinces eussent été accordées, il est tel article, celui, par exemple, qui nous fait garantir aux Portugais leurs possessions, qui m'eût empêché de le ratifier.

5 615. Notes pour le Ministre des Relations extérieures — 23 juin 1801, — trois pages consacrées à la critique littérale de l'article 9 du traité de Lunéville.... « Le Ministre des relations extérieures est invité par le Premier Consul à revoir le rapport qu'il a présenté sur cette matière et à prendre en considération, dans un nouveau travail, les notes qu'il vient de lire. »

---

1. 10 624. A Talleyrand : « Je vous envoie une lettre qui, enfin, vous fera connaître tout entier ce coquin de Lucchesini. Il y a longtemps que mon opinion est faite sur ce misérable. Il vous a constamment trompé, parce que j'ai reconnu depuis longtemps que rien n'est plus facile que de vous tromper.... Je crois qu'il est difficile, en effet, de donner une plus grande preuve de l'imbécillité de ce Pantalon; parce qu'il est faux et bas, il n'y a pas de bassesse ni de fausseté dont il ne me suppose capable, jusqu'à me lier avec la Russie et la Suède pour ôter la Poméranie prussienne à la Prusse. En vérité, il y a là de quoi mettre un ministre aux petites maisons.... » (8 août 1806.)

Ici, il faut déplacer une virgule et changer un mot qui donnerait lieu, plus tard, à quelque malentendu :

9 977. A M. de Talleyrand :
Je lis la proclamation que vous a remise M. de Haugwitz. Je ne perds pas un moment pour vous déclarer que je la trouve extrêmement mauvaise; elle blesse la vérité et ma dignité.... Déclarez qu'elle est contraire à ma dignité et aux engagements que j'ai pris. Je n'ai point forcé la Prusse à prendre le Hanovre, puisque je lui ai laissé l'alternative de laisser les choses comme elles étaient avant la guerre. En vérité, je ne puis concevoir votre manière de faire les affaires : vous voulez faire de votre chef et ne vous donnez pas la peine de lire les pièces et de peser les mots. Je serai vraiment très fâché, la Prusse ayant des égards pour moi, en me communiquant cette proclamation, de me trouver obligé d'avoir de grandes discussions avec elle pour cela.... (15 mars 1806.)

Surtout, il faut bien se garder des engagements contradictoires ou que l'on ne saurait tenir :

L'article 2 est inadmissible : jamais la France ne garantirait rien qu'autant que le succès permettrait de l'obtenir [1].

L'Angleterre abandonnera peut-être Malte en échange du Hanovre occupé par la Prusse : « Ce serait alors une question à arranger avec la Prusse. Jamais je ne pourrais m'engager à autre chose qu'à interposer mon influence. La remise de Malte devrait avoir lieu le jour de celle du Hanovre. Mon influence dans la négociation ferait le reste [2]. »

L'article 1er paraît vague.... Article 3 : évidemment ridicule.... D'ailleurs il n'y a pas assez de franchise dans cette rédaction [3].

Mais, l'accord fait, le texte convenu et scellé entre les deux gouvernements est comme une loi stricte et obligatoire. Qui manque au traité manque à la loi. Napoléon connaît la loi nouvelle mieux que tous les souverains pour l'avoir voulue et faite, lui-même, non ses ministres, telle qu'elle est. Il en connaît l'esprit et les mots; ce qu'il a signé, il a voulu le signer, et c'est sa règle :

On me dit que je ne suis plus sur l'air de Tilsitt : je ne connais que 'air noté, c'est-à-dire le texte du traité.

Je n'ai point à me reprocher d'avoir rompu la paix d'Amiens, ni aucun des traités que j'ai signés.

J'ai la conscience de n'avoir jamais trahi la foi jurée à Tilsitt et à Erfurt [4].

---

1. 1 115. A Poussielgue, 25 octobre 1796.
2. 10 448. Note à Talleyrand, 4 juillet 1806 (cf. *la Question de Pologne en 1810*).
3. 10 604. A M. de Talleyrand. Observations sur le projet de traité de paix avec l'Angleterre (6 août 1806).
4. *Correspondance*, XXXII, p 348.

En revanche, que personne ne manque à sa parole : la loi est stricte.

5 586. On m'a dit que l'on voulait revenir à Madrid sur la cession de la Louisiane. La France n'a manqué à aucun traité fait avec elle et elle ne souffrira pas qu'aucune puissance lui manque sur ce point.

4 597. A Talleyrand :
Ne faites à l'ambassadeur batave qu'une réponse excessivement froide et courte : « Le Premier Consul exécutera littéralement le traité de La Haye et la convention de Charles Delacroix, puisque ce sont les seuls traités qui aient remplacé le droit de conquête; mais il entend que, de votre côté, vous les exécutiez avec la plus stricte exactitude. Il sait tenir ses engagements et est accoutumé à obliger les autres à les tenir. Les ordres sont partis hier pour mettre en marche 25 000 hommes pour la Batavie. » — Je vous prie de m'envoyer le traité de La Haye et la convention de Charles Delacroix.

6 636. Il ne fallait pas signer des traités, quand on ne voulait pas les exécuter.

6 630. Mme Dorset a passé la mauvaise saison à Paris; je fais des vœux bien ardents pour qu'elle y passe la bonne. Mais, si tant il est vrai que nous dussions faire la guerre, la responsabilité en sera tout entière, aux yeux de Dieu et des hommes, à ceux qui nient leur propre signature et refusent d'exécuter les traités.

215, 318, 410. De Lecestre à Jérôme :
« Les affaires se font comme doivent se faire les affaires.... Je ne souffre point qu'on me manque.... Tenez vos engagements avec moi et songez qu'on n'en a jamais pris qu'on ne les ait remplis. »

15 588. Des conventions ont été faites avec des princes de la maison d'Espagne;... s'ils en observent les conditions, elles doivent être sacrées.

16 212. Monsieur le duc de Cadore, je désire que vous me présentiez un projet de note à envoyer toute faite à M. de Saint-Marsan. Cette note doit être rédigée sur les principes suivants :
« Que les engagements des rois sont sacrés;... il est temps que la Prusse prenne des mesures pour tenir ces engagements envers Sa Majesté Impériale, avec laquelle on n'a jamais pris d'engagements en vain.... On s'occupe dans le cabinet de Berlin à mettre en discussion ce qui ne doit pas être discuté. Le traité fait avec la France n'est point un traité éventuel, mais bien un traité positif; son inexécution est un manque de bonne foi qui étonne et qui met de l'incertitude dans tous les mouvements.... Sa Majesté Impériale et Royale ne forme point de nouvelles prétentions, elle ne désire rien et ne veut que l'exécution des traités.... Je prendrai au besoin tous les moyens nécessaires pour forcer à ne plus violer les conditions du traité. »

16 242. Sa Majesté vous charge de lui répondre que le roi de Prusse a pris un engagement qu'il doit tenir... et si l'on veut se jouer des traités comme on s'est joué du traité de Vienne, fait avec le comte de Haugwitz, et si l'on croit que, selon la coutume de Berlin, on peut manquer aux engagements quand on les a signés, vous êtes itérativement chargé de déclarer que je ne saurais y consentir;... qu'enfin, ceux qui, dans le Conseil, traitent cela de plaisanterie et de chimères, se persuadent bien

que jamais engagement pris avec l'Empereur n'a été violé, et que tout peut arriver, hormis qu'il soit le jouet de quelques intrigants.

13 349. Vous ferez connaître par votre note que je n'approuve pas que le sieur Reinhard ait transgressé le traité ratifié par moi.

16 392. Il a été fait à ce sujet une capitulation, elle doit être suivie.

16 475. J'ai fait un concordat avec le pape, et je m'y tiendrai.

16 529. A Fouché :

« Une négociation a été ouverte avec l'Angleterre; des conférences ont eu lieu avec Lord Wellesley; le ministre a su que c'était de votre part qu'on parlait; il a dû croire que c'était de la mienne : de là un bouleversement total dans toutes mes relations politiques et, si je le souffrais, une tache pour mon caractère que je ne puis ni ne veux souffrir. »

16 474. Il faut être de bonne foi et marcher droit.

16 395. Je ne veux que la stricte exécution du traité. Quand un traité existe, ce sont les termes de ce traité qui servent seuls de loi, et mon intervention n'est plus nécessaire en rien.

16 674. Je n'entends plus rien, une fois que j'ai signé.

Il serait facile d'accumuler les preuves de cet attachement servile à la parole écrite et il n'est aucun caractère du droit des gens napoléonien qui soit plus constant que cette fidélité d'honneur à l'observation du traité. Quelles en furent les conséquences?

Une d'elles se révèle immédiatement : c'est l'acuité inévitable des conflits, sitôt qu'il y aura lieu d'interpréter un traité.

Deux écoles sont en présence, l'une, celle du droit et de l'interprétation stricte à laquelle appartient Napoléon, l'autre, celle de l'intérêt, qui admet la dénonciation unilatérale d'un traité pour des raisons nationales ou en vertu de la clause *Rebus sic stantibus*.

Aujourd'hui et même malgré des faits récents, on peut dire que la seconde école a vécu. L'idée de Heffter, d'après laquelle « un traité deviendrait nul dès qu'il serait en contradiction avec le bien-être du peuple », ou celle de Bluntschli « admettant qu'un État aurait le droit de se délier à lui seul d'une obligation qui empêche son libre développement[1] », les pernicieuses subtilités, relatives à l'interprétation nationale d'un texte et à sa dénonciation unilatérale, ont été formellement condamnées, sur l'initiative même de l'Angleterre, par le protocole de Londres en 1871 :

> Les plénipotentiaires de l'Allemagne, de l'Angleterre, de l'Autriche, de l'Italie, de la Russie et de la Turquie, réunis, reconnaissent que c'est un principe essentiel du Droit des gens qu'aucune puissance ne puisse se libérer des engagements d'un traité, ni en modifier les stipulations, qu'à la suite de l'assentiment des parties contractantes, au moyen d'une entente amicale.

Si Napoléon revenait aujourd'hui, il trouverait donc sur ce point le droit international conforme à son droit, et la cause principale de ses guerres aurait disparu, la doctrine de ses adversaires étant condamnée par la raison et la conscience modernes. C'est pourquoi en lisant la *Correspondance*, on a l'impression de trouver en lui un homme de notre temps, en conflit avec le sien, sur des points où nous devons aujourd'hui lui donner raison. Si l'histoire en général ne donne pas la même idée, c'est que les historiens admettent la dénonciation unilatérale des traités par la clause *Rebus sic stantibus*. Il y a eu évolution de doctrine pendant le XIXe siècle et, pendant l'Empire, un conflit de doctrines dont il faudrait tenir compte, non pour absoudre ou condamner les tenants de l'une ou l'autre théorie, mais pour préciser que le conflit des peuples fut à l'origine un conflit de droit, où la Russie, l'Angleterre, l'Autriche et l'Allemagne d'aujourd'hui soutiendraient la formule stricte que Napoléon soutint seul il y a cent ans. On a appelé

1. Bonfils, *op. cit.*, p. 473.

l'interprétation stricte : ambition. Il a appelé la dénonciation unilatérale : mauvaise foi. Si, à ces formules philosophiques, nous pouvons substituer des formules juridiques, nous en comprendrons mieux les faits.

Du reste, dans ces heurts de prétentions adverses, Napoléon épuise les procédés diplomatiques suggérés par l'expérience ou la raison pour éviter une rupture, proposant tour à tour, soit une dénonciation concertée, soit une négociation nouvelle, soit un recours aux garants, soit le retour au *statu quo ante pacem*[1]. Mais, si ces tentatives de conciliation échouent, nulle considération ne saurait fléchir sa résistance :

> 6 629. Comment penser que, dans le siècle où nous vivons, deux nations civilisées puissent avoir besoin de ce moyen d'otages pour exécuter des conventions stipulées....
>
> 6 625. ... C'était déjà ajouter une clause au traité.... Un manquement de foi si extraordinaire m'a fort étonné et je crois qu'il est sans exemple dans l'histoire. Comment pourra-t-on traiter désormais, si l'on peut violer l'esprit et la lettre des traités? Je suis bien loin, pour mon compte, de jamais consentir à un tel déshonneur, et je suis résolu à tout pour l'empêcher.
>
> 6755. Ils voulaient, disaient-ils, des garanties nouvelles, et ils méconnaissaient la *sainteté des traités* dont l'exécution est la première des garanties que puissent se donner les nations.
>
> En vain, la France a invoqué la foi jurée, en vain, elle a rappelé les formes reçues parmi les nations.... Il n'était pas dans les principes du gouvernement de fléchir sous les menaces.... S'il l'eût fait, *il aurait consenti le droit d'annuler par une seule volonté toutes les stipulations....* Le Gouvernement s'est arrêté à la ligne que lui ont tracée ses principes et ses devoirs. Les négociations sont interrompues et nous sommes prêts à combattre, si nous sommes attaqués. Du moins, nous combattrons pour maintenir la foi des traités et l'honneur du nom français.

Pourquoi ce dogme et cette rigidité de droit strict?

On remarquera d'abord combien étroitement cette religion politique de l'honneur s'associe à l'idéal pratique de la stabilité et que les deux principes ont ce point commun, que la moindre atteinte les ruine. Une tache à l'honneur, c'est le déshonneur; une pierre qui s'effrite, c'est l'éboulement; un lien qui se relâche, et, dans ce sens, un traité qu'on n'observe pas, c'est la ruine.

Or, vouloir faire la guerre sans défaite, la politique sans éclaboussure, vouloir bâtir sur le sable mouvant des passions et des intérêts surexcités par le plus prodigieux gâchis que le monde ait vu, c'est une tâche surhumaine[2].

---

1. Voir les lettres 6 725-6 739-6 740 pour exemples de négociation nouvelle, appel aux garants ou retour au *statu quo*.

2. 6 636. A Hédouville, 16 mars 1803 : « Le Premier Consul a été profondément

D'où une surveillance constante, une méfiance sans cesse en éveil, une ronde perpétuelle autour des fondations :

9 046. Les lois mortes sont bien peu de chose : je m'en aperçois tous les jours. Les objets sur lesquels je ne porte pas moi-même mon attention ne marchent pas ou marchent mal.

9 670. A Fouché, Munich, 15 janvier 1806 :
J'ai longtemps calculé et veillé pour parvenir à rétablir l'édifice social; aujourd'hui, je suis obligé de veiller pour maintenir la liberté publique. Je n'entends pas que les Français deviennent des serfs. En France, tout ce qui n'est pas défendu est permis et rien ne peut être défendu que par les lois, par les tribunaux ou par des mesures de haute police, lorsqu'il s'agit des mœurs et de l'ordre public.... Je ne veux pas qu'un commis tyrannise l'esprit et mutile le génie[1].

D'où cette sévérité d'extérieur et le principe d'exemplarité :

12 530. Je suis fort content de Jérôme.... Vous pouvez croire cependant qu'il ne s'en doute guère, car toutes mes lettres ne sont que des querelles.

8 551. Je ne crierai plus, je punirai enfin.

13 043. Il ferait mieux de ne pas se mettre dans la tourbe des gens qui veulent me contrarier.

12 942. Me prend-il pour Louis le Débonnaire?

8 667. Il y a des gens qui me croient sans bile et sans griffes. Écrivez-leur, pardieu, qu'ils ne s'y fient pas.

8 672. Ces hommes abusent de ma clémence et paraissent toujours prêts à recommencer la guerre civile.

8 682. Un homme puni sévèrement et à propos épargne la vie de bien du monde.

8 520. Enfin, rétablissez le bon ordre et faites des exemples.

9 678. Souvenez-vous de Binasco : il m'a valu la tranquillité dont a toujours joui depuis l'Italie; on a épargné le sang de bien des milliers d'hommes. Rien n'est plus salutaire que des exemples terribles donnés à propos.... Quand on a de grands États, on ne les maintient que par la sévérité.

10 600. Il ne faut point perdre de vue que la force et une justice sévère sont la bonté des rois. Vous confondez trop la bonté des rois avec la bonté des particuliers.

---

affecté de voir qu'à la face de l'Europe on ait cherché à jeter des doutes sur sa bonne foi. »

6 483. Aux cinq députés suisses : « Enfin il faut faire quelque chose qui dure. Si ce qui va se faire venait à tomber, l'Europe croirait, ou que je l'ai voulu ainsi, ou que je n'ai pas su faire mieux. Je ne veux pas plus laisser le droit de douter de ma bonne foi que de mon savoir. »

1. Cf. 19 270. Au comte de Montalivet, Moscou, 11 octobre 1812.

10 042. Ne donner une bonne opinion de sa bonté qu'après s'être montré sévère pour les méchants.

D'où cette diplomatie militaire qu'il inaugure, où des aides de camp remplacent les courriers, les attachés, les ambassadeurs[1], portant à toute bride jusqu'aux capitales lointaines l'expression du mécontentement de celui qui veille, — d'où enfin ce grondement perpétuel qui roule sur l'Europe, sitôt qu'un peuple s'écarte de la place où il est tombé dans le hasard des révolutions, et qui éclate comme un coup de tonnerre lorsqu'il prétend à ce crime inqualifiable : de manquer à la foi d'un traité.

9 988. Monsieur de Talleyrand, vous ferez venir dans la journée M. de Vincent, et vous lui porterez plainte sur ce que l'on a refusé le passage au 8e régiment d'infanterie légère, pour aller prendre possession de la Dalmatie, avec des formes extrêmement malhonnêtes.... Vous direz à M. de Vincent que je ne le recevrai que lorsque je saurai si la cour de Vienne veut ou non exécuter le traité.

51. (Lecestre.) Au citoyen Lucien Bonaparte, ambassadeur à Madrid. 1er décembre 1801.

On m'a dit que l'on voulait à Madrid revenir sur la cession de la Louisiane. La France n'a manqué à aucun traité fait avec elle, et elle ne souffrira pas qu'aucune puissance lui manque à ce point. Le roi de Toscane est sur son trône et en possession de ses États, et Sa Majesté Catholique connaît trop la foi qu'elle doit à ses engagements pour refuser plus longtemps de nous mettre en possession de la Louisiane.

Je désire que vous fassiez connaître à Leurs Majestés mon extrême mécontentement de la conduite injuste et inconséquente du Prince de la Paix. Dans ces six derniers mois, ce ministre n'a épargné ni notes insultantes, ni démarches hasardées; tout ce qu'il a pu faire contre la France, il l'a fait. Si l'on continue dans ce système, dites hardiment à la reine et au prince de la Paix que cela finira par un coup de tonnerre.

Enfin, ayant rapproché ce principe de la stricte observation des traités, d'abord de la doctrine moderne, puis de l'idée napoléonienne de la stabilité, si nous essayons maintenant de ramener cette politique aux doctrines antérieures du droit des gens, nous verrons que Bonaparte, en conflit avec les rois de son temps, agit cependant en disciple et non en novateur.

La tranquillité des nations, dit Rayneval, dépend de la fidèle observation des traités de paix[2].

---

1. Instructions à Sebastiani. 9 juin 1806. ...3° Je veux être traité comme la nation la plus favorisée. Mais je veux regagner l'influence que j'ai perdue par l'adresse, l'insinuation, la confiance, et non par l'arrogance, la force ou les menaces.

2. Rayneval, *Institutions du droit de la nature et des gens*, p. 293.

Plus la foi des traités est sacrée, dit Mably, plus il faut écarter avec soin tout ce qui peut y donner quelque atteinte.... Il n'y a plus rien de *stable* entre les nations si l'on admet dans leurs conventions des conditions tacites[1].

Tous les liens de la société générale sont rompus, si un Prince peut renoncer à ses engagements sans le consentement de la puissance avec laquelle il les a contractés....

Il n'y a plus de foi des traités et le droit des gens n'est plus qu'un mot vuide de sens....

Si je me suis arrêté sur des vérités aussi triviales, c'est qu'il me semble qu'elles ont été ignorées de plusieurs ministres[2]....

Voilà donc le conflit d'interprétation, d'où naîtront les guerres impériales, posé dès 1748 dans le droit public de l'Europe fondé sur les traités et Napoléon accepte pleinement les conclusions de l'école positive. Il en adopte aussi le vocabulaire et les distinctions fondamentales en admettant un *droit naturel*, ou *loi naturelle*, ou *droit de la nature*, ou *droit originaire*, qui s'oppose au *droit des gens* (Grotius), ou *droit public* (Mably), ou *droit positif* (Martens), ou *droit conventionnel* (Rayneval[3]).

Il dira que telle nation « ne reconnait aucun *droit des gens* et même viole le *droit naturel* » (8 170);

que tel peuple « bouleverse le *droit public* aussi bien que le *droit de la nature* » (7 655);

que Lord Castleragh, « se trouvant sans caractère public, demeurait en dehors du *droit des gens* » (*Correspondance*, XXXII, p. 309);

ou que la France agira ainsi jusqu'à ce que son adversaire « soit rentré dans les bornes du *droit des gens* » (7 799).

Les termes, droit des gens, droit public, droit positif sont synonymes pour Napoléon et s'opposent à droit naturel.

Pour le droit positif, il en indique les principes : « la justice et l'honneur[4] » ; la base : « des traités librement consentis »[5], un droit ne pouvant être admis que si les puissances l'ont reconnu par des traités[6].

Quant au droit naturel, c'est, d'après Rayneval, celui qui s'applique entre deux nations *indépendantes*, c'est-à-dire qui ne sont liées par aucun engagement. Il est fondé, dit Rayneval, sur le droit de conservation qui « établit entre elles, comme entre les individus dans l'ordre naturel, une égalité parfaite de droits, *une*

---

1. Mably, *Le droit public de l'Europe fondé sur les traités*, 2e édit., I, p. 71.
2. Mably, *op. cit.*, I, p. 27.
3. Cf. Pillet, *Les droits fondamentaux des États*, p. 3.
4. Décret de Milan.
5. *Correspondance*, XXX, p. 460.
6. *Id.*, XXX, p. 477. Cf. Mably : *les Conventions dont l'assemblage forme le droit public*, I, p. 89.

parfaite réciprocité [1] ». C'est si bien le sens que lui donne Napoléon qu'il le dit en propres termes : « Entre gouvernements indépendants, écrit-il à Champagny, il n'y a d'autre justice qu'une stricte réciprocité » (14 999).

Napoléon distingue donc bien, avec l'école positive, deux formes théoriques du droit international : le *droit des gens* (public, positif ou conventionnel), fondé sur les traités et s'établissant par leur stricte observation, — et le *droit naturel*, fondé sur le droit de conservation et s'établissant par une stricte réciprocité [2].

La question qui se pose maintenant est de savoir comment les rapports réguliers du droit des gens seront intervertis, comment une nation, qui était entrée dans le concert des peuples civilisés par l'adoption de traités, pourra sortir « des bornes du droit des gens », et si Napoléon accepte sur ce point les conséquences logiques qui sont celles de l'école positive :

S'il y a dénonciation unilatérale d'un traité, « s'il n'y a plus de foi des traités », « si un prince viole un article d'un traité », dit Mably, — « il n'y a plus de droit des gens », « le droit des gens n'est plus qu'un mot vuide de sens », « la puissance avec qui il a contracté n'est plus tenue de son côté à aucun de ses engagements [3] » : les rapports entre les deux puissances ne sont plus réglés que par le droit naturel.

Telle serait la conséquence logique du système et nous aurons à chercher si les faits la confirment. Mais, dès à présent, suivant encore plus loin la logique de la conception napoléonienne jusqu'au point où elle confine à la chimère, il nous est possible de concevoir deux états divers ou successifs de la société :

L'un est d'ordre idéal, entrevu cependant comme possible, où tous les rapports, réglés par des traités librement consentis, seraient fixés pour assurer la paix stable du monde, — où l'unité acceptée du droit serait garantie par une force supérieure temporelle ou spirituelle qui rendrait inutiles les armées ; — où la fraternité des peuples ne serait plus une rêverie sentimentale, mais une union fondée sur la justice et sur l'honneur; c'est l'ordre de la civilisa-

---

1. Rayneval, *op. cit.*, p. 130.

2. Napoléon ne donne donc pas tout à fait au mot « droit naturel » le sens qu'on lui prête ordinairement. Au sens ancien ou physiocrate, le droit naturel est celui de l'ordre naturel, idéal et parfaitement bon. Pour Napoléon, le droit idéal c'est le droit positif; le droit naturel est le droit barbare de l'état de nature, le droit de réciprocité; il écrira que la loi naturelle l'autorisait à répondre à l'assassinat par l'assassinat. En cela, il se rapproche de ce que Talleyrand appelle le droit de légitime défense. C'est le sens du mot dans la *Correspondance* et celui que je lui donne dans cette étude.

3. Mably, *op. cit.*, t. I, p. 27 et 207.

tion qui sera réalisé lorsque le droit des gens originaire ou coutumier aura été remplacé par un droit des gens positif ou conventionnel, et que toutes les nations, ayant accepté l'unité du droit, respecteront les traités.

L'autre est cette période intermédiaire entre notre semi-barbarie et la civilisation, où le progrès doit être assuré par la force ou par la raison [1], peut-être époque de régression temporaire du droit, les nations qui l'ont violé n'étant plus régies que par la dure réciprocité.

D'une part, raison sans frein comme dans le rêve; d'autre part, raison sans pitié comme dans les guerres de doctrine [2]. Entre ces deux états du monde, pas de moyen terme pour un esprit « froid, constant et raisonné », car tout le système se ramène à une formule simple : droit positif idéal ou droit naturel nécessaire. Les armées doivent conquérir l'absolu, ce rêve qui plane sur les camps de l'Empire.

Si, parfois, cette rigueur s'atténue pour des raisons politiques, personnelles ou humanitaires que révèlent la *Correspondance* et l'étude du droit de la guerre [3], telle fut cependant, autant que j'aie pu la saisir, la pensée napoléonienne et son évolution. Il faudra la suivre lentement dans ses vicissitudes, étudier ses moyens, et chercher dans quelle mesure cette immuable stabilité et cette cristallisation des lois pouvaient se concilier avec la vie des peuples.

---

1. *Correspondance*, XXXII, p. 263 : « Une seule flotte, une seule armée,... nous aurions fixé chez tous le repos et la prospérité, ou par la force, ou par la raison.... Que de mal nous avons fait! que de bien nous pouvions faire! »

2. La paix perpétuelle implique la destruction de toutes les traditions nationales et la conversion complète des peuples à un dogme politique nouveau. Ces résultats ne peuvent être atteints que par des guerres implacables comme l'ont toujours été les guerres nationales et les guerres de religion. » (Funck Brentano et Sorel, *Précis*, p. 442.)

3. Voir, par exemple, la lettre 18878 écrite de Vilna à l'Empereur de Russie le 1er juillet 1812 : proposition de considérer les hommes des hôpitaux comme non prisonniers, de renvoyer tous les quinze jours les prisonniers de guerre faits de part et d'autre, etc. La lettre entière est intéressante au point de vue de la doctrine et de ces idées nouvelles dans le droit de la guerre que nous réalisons lentement aujourd'hui.

Les deux droits.

> Les choses sont réglées par deux droits différents... comme s'il y avait deux justices et deux raisons !
>
> (Napoléon.)

Entraînés par le courant des idées nationales qui domine le XIXe siècle, ou, plus simplement, attirés vers le côté le plus brillant et le plus pittoresque de cette prodigieuse époque, nous gardons souvent une idée incomplète de la politique napoléonienne. Hypnotisés par les victoires, nous négligeons volontiers les défaites ; ayant tant à dire sur la vie des nations, nous n'étudions guère que l'action de Napoléon sur leur développement et, d'une façon plus générale, parlant du continent, nous oublions les mers, si bien que l'idée courante est à peu près celle-ci : les grands conflits de cette époque ont eu pour cause l'ambition démesurée de Napoléon et sa mainmise sur l'Europe.

Cette idée peut être exacte, surtout pour la fin de l'Empire, mais cette théorie *exclusive* se heurterait pour le Consulat à de multiples arguments de fait et de textes. S'il est vrai, toujours d'après la *Correspondance*, que l'idée d'une sorte de domination universelle entra dans la pensée de Napoléon, je crois aussi qu'elle n'y vint que par degrés, dans la dernière période de sa vie, vers le temps de sa rupture avec la Russie et par une évolution logique de sa doctrine :

> La suite prouvera que ce n'est point une ambition insatiable, ni la soif des conquêtes qui a porté le cabinet des Tuileries à prendre ce parti, mais bien la nécessité de terminer enfin cette lutte et de faire succéder une longue paix à cette guerre insensée [1]....

---

1. 11 167. Berlin, 4 novembre 1806. Cf. XXXII, p. 254 : « ... Ma Monarchie universelle ? Mais je n'ai jamais fait preuve de démence ; or, ce qui caractérise surtout la démence, c'est la disproportion entre les vues et les moyens. Si j'ai été sur le point d'accomplir cette monarchie universelle, c'est sans calcul, et parce qu'on m'y a amené pas à pas. Les derniers efforts pour y parvenir semblaient coûter si peu ; était-il si déraisonnable de les tenter ? »

Dire que Bonaparte, consul, a voulu conquérir le continent, ce serait se mettre en contradiction avec les paroles et les actes de cette période.

Gardez, dira-t-il aux Suisses, vos usages locaux : c'est votre meilleure défense contre la France.

Votre dernier gouvernement est un gouvernement central. Vous avez vu qu'il ne pouvait se soutenir sans l'appui des troupes françaises. Quand il m'a demandé de retirer les troupes françaises, j'ai reconnu dans cette demande des citoyens attachés à la liberté de leur pays; mais j'ai été aussi étonné de leur imprévoyance, et j'ai vu leur inhabileté. Si j'avais voulu leur tendre un piège, je leur aurais dit : « Voulez-vous ou ne voulez-vous pas que je retire mes troupes? » S'ils m'avaient dit non, j'aurais dit : « Vous n'avez donc pas la confiance du pays? » S'ils m'avaient dit oui, je les livrais au danger qu'ils n'ont pas prévu et auquel ils ont succombé. Mais je n'ai pas voulu tendre de piège, quoique convaincu qu'il était impossible à ce gouvernement de réussir. Je l'ai attendu et vous voyez ce qui est arrivé.

Au fond, il y aura plus de sûreté pour vous au rétablissement de constitutions cantonales qu'à la formation d'un gouvernement central. Que je veuille quelque chose de la Suisse avec votre gouvernement central, je n'ai qu'à séduire ou intimider quelques personnes, je n'ai qu'à dire au landamman : « Voilà ce qu'il me faut : si dans vingt-quatre heures je n'ai pas de réponse, j'entre dans le pays ». Au contraire, avec des gouvernements de canton, si je demande quelque chose, on me répond : « Je ne suis pas compétent; entrez et dévorez nos montagnes si vous le voulez, mais il faut convoquer la Diète ». On convoque la Diète, cela prend deux mois, l'orage se dissipe et le délai a sauvé le pays [1]....

Songez bien à l'importance d'avoir des traits caractéristiques; ce sont eux qui éloignent l'idée de toute ressemblance avec les autres États, écartent celle de vous confondre avec eux ou de vous y incorporer.... C'est moi qui ai fait reconnaître la République helvétique à Lunéville; l'Autriche ne s'en souciait nullement [2].

Croire que Napoléon *voulait* conquérir le continent, ce serait prétendre qu'il a *voulu* former contre lui des coalitions et refuser la paix. Or, fait-il dire par Champigny :

La première coalition a eu pour résultat favorable à la France l'acquisition de la Belgique.... La seconde lui a donné le Piémont, et la troisième met dans son système fédératif Parme et Naples. Que l'Angleterre n'essaie pas une quatrième coalition...

... L'Empereur offrait la paix à l'Autriche après chaque victoire [3]....

Comme Consul, ma première pensée a été d'ouvrir des négociations pour la paix. Comme Empereur, toutes mes victoires ont été l'occasion du renouvellement de mes intentions pacifiques. Après Austerlitz, après

1. 6 483. 11 décembre 1802.
2. 6 560. Conférence du 29 janvier 1803.
3. 9 929. Exposé de Champagny, 5 mars 1806.

Friedland, après Wagram, enfin, avant de franchir le Niemen, j'ai offert la paix au roi d'Angleterre.

Toutes mes conquêtes, je les destinais à des arrangements conciliateurs entre tant d'intérêts rivaux, lors de la négociation pour la paix générale. Mes dépêches ne peuvent laisser aucun doute à cet égard : il est facile de se les procurer.

Je n'ai jamais fait de guerre par esprit de conquête [1].

Et jusqu'en 1807 du moins, la veille de chaque bataille et le soir de chaque victoire, on le voit, en effet, proposer la paix. Vainqueur à Marengo, il écrit aussitôt à l'Empereur d'Allemagne pour lui proposer la signature immédiate d'un traité sur les bases de Campo-Formio, en offrant même des garanties aux petits États; pratiquement, il n'exige qu'une chose de l'Autriche, c'est qu'elle traite isolément.

Cinq ans après, cet étrange vainqueur laisse partir les Russes et Alexandre, cernés à Holitz [2], signe la paix et quitte Vienne sur ce propos suggestif : « Et maintenant, messieurs, allons faire l'amiral! » propos anecdotique, sans doute, mais confirmé par sa lettre à Talleyrand.

En dernière analyse, signez la paix demain, si vous pouvez, ou bien le premier de l'an. Du reste, vous pouvez assurer ces messieurs qu'il ne tiendra qu'à leur maître que je sois bien avec lui, que je n'ai d'autre intérêt que celui de faire fleurir mon commerce et de réorganiser ma marine et, après avoir été général de terre, d'être amiral, que cela dépend d'eux [3]!

Deux années encore, c'est Iéna, Auerstædt, Eylau, Friedland, la Russie ouverte. Nulle occasion meilleure pour garder l'Allemagne, la Pologne et marcher sur Moscou : cependant la paix signée à Tilsitt laisse subsister la Prusse et n'aboutit qu'à des occupations de côtes ou des mesures maritimes :

Qu'y a-t-il à faire? écrit-il à Louis. Préparez pour quatre ans d'ici votre marine, parce que, à cette époque, les puissances combinées pourront réunir des escadres nombreuses si, comme il y a lieu de le penser, on jouit dans cet intervalle d'un moment de paix [4].

De ces faits bien connus qui sont les grands actes de cette

---

1. *Instructions dictées pour servir de bases à toutes communications verbales ou écrites*, *Correspondance*, XXXII, p. 348.

2. « L'Empereur Alexandre entouré dans Holitz aurait été fait prisonnier s'il n'avait donné sa parole d'évacuer la Hongrie par telles routes et à telles journées qui lui furent désignées. » (*Correspondance*, XXXI, p. 232.) Cf. Masson, *Autour de Sainte-Hélène*. Le calcul diplomatique était habile, mais Napoléon aurait pu poursuivre ses avantages militaires et il voulut faire la paix.

3. 9 613. A Talleyrand. Schœnbrunn (25 décembre 1805).

4. 11 317. A Louis, 5 décembre 1806. Cf. 18 878.

période, je ne crois pas qu'on puisse tirer cette conclusion, que Napoléon avait entrepris de dominer l'Europe ou de détruire les nations; mais au contraire que, dans cette période du moins, sa politique continentale fut dirigée contre l'Angleterre[1]. Or, que possédait l'Angleterre, que Napoléon lui voulût disputer, ou qu'elle voulût garder en retenant Napoléon sur le continent? Il y a peu de doute, c'est la maîtrise de la mer.

D'ailleurs, en ce qui concerne l'Angleterre même, les péripéties de la lutte ne sont pas moins suggestives : les unes ont été étudiées dans tous leurs détails; d'autres, précisées par la *Correspondance*, sont restées plus obscures, négligées par les historiens de faits, parce qu'elles n'ont pas eu de conséquences pratiques.

Au temps de Lunéville et d'Amiens, Bonaparte occupe et fortifie Tarente : est-ce une conquête continentale? Non, dit-il, ce n'est qu'un point stratégique maritime, route maritime d'Égypte et compensation de Malte[2].

En 1802, Bonaparte obtient cette paix qu'il avait sollicitée dès son arrivée au pouvoir. Sur quoi fut-elle rompue? Sur la question de Malte[3]. Un territoire important pour la domination du continent? Non, essentiel pour la domination de la Méditerranée. Si donc Napoléon reprit la guerre pour cette pointe de rocher, comme il avait déclaré qu'il la ferait, comme il l'aurait faite pour Lampédusa même[4], on ne peut dire que ce fut pour une question continentale, mais bien pour une question maritime.

La guerre reprise, il envahit le Portugal et Naples.

Quelles sont les instructions de Junot? Conquérir le pays, sans doute, mais surtout, et avant tout, occuper les positions stratégiques maritimes et s'emparer des vaisseaux[5].

---

1. 9 929. L'Italie est une conquête faite sur l'Angleterre.

11 350. Les Anglais n'ont pas voulu faire la paix; mais la France aura plus d'États et de côtes dans son système fédératif.

12 091. ... Mais vous ne voyez que la Hollande, et vous ne réfléchissez pas que, sans les efforts immenses que fait la France, la Hollande ne serait qu'une province anglaise.

2. 5 399. A Berthier. Armistice avec Naples. 10 février 1801. « ... 4° Il ne pourra être démoli aucune place, vu que cette occupation n'est que pour rendre plus facile la communication de l'armée d'Égypte avec la France. »

7 035. « Le Premier Consul a déclaré que les positions de Tarente et de la presqu'île d'Otrante qu'il avait occupées n'étaient qu'un équivalent à la possession de Malte et des autres positions que l'Angleterre peut occuper dans la Méditerranée, hormis Gibraltar. »

3. *The political history of England*, XI, p. 19.

4. 7 033. « Les Anglais occupent Lampedouse; c'est un point de déshonneur pour la France, comme l'occupation de Gibraltar en est un pour l'Espagne; jamais la France n'y consentira. »

5. 13 287. Projet de convention du 23 octobre 1807 :

ARTICLE PREMIER. Le Portugal sera divisé en trois parties : la partie septentrionale

Vers Naples, il a Joseph. Que lui ordonne-t-il avant tout? De prendre Gaëte et d'occuper la Sicile, essentielle pour lui, parce qu'elle fait compensation à Malte[1]. La *Correspondance* rapporte avec détails la curieuse négociation de Lord Yarmouth qui eût amené la paix tant rêvée sur cette base : Malte à l'Angleterre et Sicile à la France. La lenteur de Joseph la fit échouer et, à sa place, fut nommé l'homme d'avant-garde et des victoires rapides, Murat, avec cette consigne : conquérir la Sicile.

---

sera donnée au roi d'Étrurie, la partie méridionale au prince de la Paix; la troisième partie, formant la partie intermédiaire, dont la population sera de deux millions d'âmes et qui comprendra la ville de Lisbonne, sera gardée en réserve, soit pour être rendue à la paix en compensation des colonies enlevées par les Anglais et spécialement des colonies espagnoles, soit pour toute autre disposition qui aura été concertée entre les deux puissances.

188 (Lecestre). A Junot, 31 octobre 1807 : « Je vous ai déjà fait connaitre qu'en vous autorisant à entrer comme auxiliaire, c'était pour que vous puissiez vous rendre maître de la flotte, mais que mon parti était décidément pris de m'emparer du Portugal.. .... Lisbonne est tout. »

13 351. A Junot, 12 novembre 1807 : « Du moment que vous aurez pris possession de la flotte et des places fortes.... Vous ferez sur-le-champ armer les vaisseaux qui seront en état de l'être, vous ferez tenir l'équipage de force à bord et y mettrez des vivres, afin que j'aie là sept à huit vaisseaux de ligne qui puissent se porter partout.... Vous ferez arborer à Lisbonne le pavillon français et vous vous tiendrez dans cette situation. »

On comprendra mieux toute l'importance de ces vues en les retrouvant exposées dans les mêmes termes à Lucien, ambassadeur à Madrid, dès 1801.

« Vous devez dire et redire au plénipotentiaire portugais qu'on ne fait point la guerre au Portugal, mais qu'on *les* traite comme une province anglaise.... L'Angleterre ne fera pas la guerre au Portugal, parce qu'elle nous obligerait par là à prendre Lisbonne... et le port de Lisbonne, sous l'influence de l'Angleterre, est tout pour cette puissance. » (46. Lettres inédites de Lecestre, 17 juin 1801.)

Enfin, plus tôt encore, du Caire, le 8 septembre 1798, Bonaparte écrivait au Directoire :

3 529. « Une escadre portugaise de quatre vaisseaux de guerre et de deux frégates est arrivée le 12 devant Alexandrie et s'est réunie à l'escadre que les Anglais ont laissée en croisière.... Faites-nous raison, Citoyens Directeurs, de cette impertinence.... Pour aller à Lisbonne, il n'y a pas d'océan à traverser.... Si on pouvait fermer le port de Lisbonne aux Anglais, il faudrait qu'ils vinssent de Londres à Alexandrie sans relâcher. D'ailleurs, cela ne laisserait pas que de les occuper beaucoup. Nous pourrons trouver à Lisbonne de quoi nous aider à remonter notre marine. »

Ce sont les mêmes idées qu'en 1807 et dans un temps où le mobile d'une ambition personnelle ou d'une conquête continentale ne peut pas être invoqué.

1. 10 396. Au roi de Naples, 21 juin 1806 : « L'Empereur de Russie veut faire sa paix.... Elle serait même faite avec l'Angleterre si vous étiez maître de la Sicile. »

10 395. *Id.*, même date : « Lord Yarmouth est arrivé à Paris avec les pouvoirs du roi d'Angleterre pour signer la paix. Nous serions assez d'accord sans la Sicile.... Ils ont laissé entrevoir que, prévoyant que la Sicile serait une difficulté, ils avaient passé six semaines sans la secourir, pensant que vous vous en empareriez dans cet intervalle, mais qu'enfin il avait bien fallu, par pudeur, finir par y envoyer du monde. »

10 448. Note à Talleyrand, 4 juillet 1806 : « Par l'acquisition du Cap de Bonne-Espérance, l'Angleterre sera sûre à jamais de la souveraineté des Indes, mais une possession éloignée, de plus ou de moins, ne peut être la pierre d'achoppement d'une négociation de cette nature. Mais, si l'Angleterre avait Malte et la Sicile, elle aurait comme une barrière infranchissable qui s'opposerait à la communication avec l'Adriatique et Constantinople.... Il faudrait donc que l'Angleterre renonçât à exiger la

Enfin, plus loin encore, la question qui se pose n'est point celle de la conquête de Constantinople :

> Je ne veux point partager l'Empire de Constantinople; voulût-on m'en offrir les trois quarts, je n'en veux point[1].
>
> Mais « le but de toutes les négociations doit être la fermeture du Bosphore aux Russes et l'interdiction du passage de la Méditerranée dans la mer Noire à tous leurs bâtiments armés ou non armés[2] ».

Là sera l'origine véritable du conflit avec la Russie, non point tant, peut-être, Constantinople que les Dardanelles, parce que garder les Dardanelles, c'est réserver la mer, écarter la Russie de la Méditerranée, et lui soustraire une position stratégique maritime.

Que l'on examine à ce point de vue les conquêtes jusqu'en 1807 : Corfou, Gênes, Tarente, l'Illyrie, la Sicile, Lisbonne, les points sur lesquels il porte tout son effort : Boulogne, Anvers, Hambourg[3], ceux qu'il occupe et ceux qu'il convoite, des Dardanelles à Dantzig, les territoires qu'il acquiert à l'intérieur et qui sont surtout des frontières ou des passages, tels que le Simplon et le Tyrol, il apparaîtra peut-être que son attention dans cette période

---

garantie de la Sicile à l'ancienne maison de Naples, ou qu'elle renonçât à Malte.... Ainsi donc, un grand amour de la paix pourrait porter à garantir le prince royal de Naples roi de Sicile, si l'Angleterre voulait ne pas conserver Malte.... Je serais, par ce système, conséquent dans mon dire de tous les temps, de ne point laisser Malte à l'Angleterre. »

10529. Au roi de Naples, 21 juillet 1806 : « On négocie toujours avec les Anglais. La Sicile est toujours la pierre d'achoppement. »

10536. *Id.*, même date, 10 heures du soir : « Un courrier qui vient de Londres me fait penser que... les Anglais ne sont pas éloignés de lâcher la Sicile, qui est jusqu'ici le point d'achoppement. Si ces premières données se confirment, vous avez le plus beau royaume du monde et j'espère que par la vigueur que vous mettrez à avoir un bon corps d'armée et une escadre, vous m'aiderez puissamment à être *maître de la Méditerranée, but principal de ma politique*. Gardez cependant ces notions secrètes, car il serait possible que cela manquât et je préférerais volontiers 10 ans de guerre que de laisser votre royaume incomplet et la possession de la Sicile en contestation. »

10499. Au même, 15 juillet 1806 : « Je crois que les négociations avec l'Angleterre n'iront pas à bien. Elle s'est mis dans la tête de conserver la Sicile à l'ancien roi de Naples. Cette clause ne peut pas me convenir. C'est la Sicile qu'il faut prendre.

1. 10339. A Talleyrand, 9 juin 1806, § 8. Cf. 15683 : « On doit tenir et ouvrir un protocole, parce que nous avons à craindre qu'on ne nous fasse dire bien des choses qui n'ont pas été dites. La preuve en est dans le manifeste de la maison d'Autriche où l'on nous fait proposer le partage de l'Empire de Constantinople, ce qui n'est point vrai. » (19 août 1808, à Champagny.)

2. *Id.*, § 7 : Cf. 10448. Note pour le Ministre des Relations extérieures, 4 juillet 1806 : « Je verrais avec peine que la Russie gardât Corfou; mais enfin, s'il fallait y consentir, il faudrait stipuler qu'elle n'aura aucune communication par le Bosphore. » Cf. 268, Lecestre. A Caulaincourt, 31 mai 1808 : « La Russie, ayant les débouchés des Dardanelles, serait aux portes de Toulon, de Naples, de Corfou.... Qui aura Constantinople? »

3. 11476. A Talleyrand, 15 décembre 1806 : « L'occupation de Hambourg et des ports du Nord est l'opération qui influera le plus sur la paix maritime et obligera le plus les Anglais à renoncer à leur système et à nous restituer nos colonies ». Ceci était écrit de Posen, après l'occupation de toute l'Allemagne.

se portait bien moins sur la terre que vers la mer[1], et que peu lui importait, en somme, le pays intermédiaire d'Europe, pourvu qu'il eût l'objet essentiel de sa politique : les positions stratégiques maritimes.

Il suffit, d'ailleurs, pour s'en convaincre, de chercher dans l'avenir quel sera le plan effectif de Napoléon, ce qu'il entreprendra, sitôt que Tilsitt aura donné quelque paix au continent. Voici la lettre du 28 mai 1808 qui est tout un plan d'action :

> Si nous allions avoir 19 vaisseaux dans la Méditerranée; dans l'Adriatique, à Ancône, 3; à Flessingue, 20 ; à Brest, Lorient, Rochefort, 25; à Bordeaux, 2; à Cadix et à Lisbonne, 8; total, 77 vaisseaux français; plus 10 vaisseaux que le roi de Hollande a dans ses ports, 1 vaisseau du Danemark, 12 que l'Empereur a dans la Baltique, 11 que l'Empereur a à Lisbonne et à Toulon, 20 que les Espagnols ont ou auront; total 54 vaisseaux étrangers; cela formera une masse de 131 vaisseaux; et si l'on en excepte les 12 vaisseaux russes qui sont dans la Baltique, cela fera 119 vaisseaux de guerre qui seront sous ma direction immédiate et appuyés par des camps, de 7 000 hommes au *Texel*, de 25 000 à *Anvers*, de 80 000 à *Boulogne*, de 30 000 à *Brest*, de 10 000 à *Lorient* et à *Rochefort*, de 6 000 Espagnols au *Ferrol*, de 30 000 hommes à *Lisbonne*, de 30 000 à *Cadix*, de 20 000 à *Carthagène*, de 25 000 à *Toulon*, de 15 000 à *Reggio* et de 15 000 à *Tarente*. Il me semble que ce serait là un damier qui, sans trop exiger de la fortune, sans exiger même une habileté extraordinaire dans nos marins, doit nous conduire à de grands résultats[2].

Certes, je comprends parfaitement que l'Angleterre se soit émue de ces projets gigantesques et ait mis tout en œuvre contre eux; mais, du moins, ne peut-on pas dire que le plan formidable que fit échouer Baylen fût dirigé contre le continent.

Rapprochons maintenant de ces faits les déclarations qui abondent dans la *Correspondance*; prenons-les de bonne foi quand elles cadrent avec les faits : « Je ne voulais pas de conquêtes.... J'ai dû conquérir la mer par la terre.... Être maître de la Méditerranée, but constant de ma politique... », et je crois que, sans être partial et prévenu, on pourra dire que la politique napoléonienne, au moins dans une grande partie de son histoire, fut une politique continentale ayant un but maritime[3].

---

1. « La réunion de ces États ne nous donne que les moyens nécessaires pour être redoutables sur nos frontières et sur nos côtes. »

9 929. Exposé de Champagny, 5 mars 1806.

2. 14 005. A Decrès, 28 mai 1808.

3. 11 028. A Talleyrand. Ostende, 14 mars 1807 : « ... L'évacuation de l'Allemagne est une chose toute simple et qui ne fera d'obstacle à rien, hormis toutefois celle des côtes qui sont relatives à ma guerre avec l'Angleterre. »

Lecestre, 134, à Louis, Posen, 15 décembre 1806 : « Tous mes efforts sont sur la terre, c'est par mes armées de terre que je veux conquérir le Cap et Surinam ».

9e *Bulletin*, Elchingen, 21 octobre 1805, aux Autrichiens : « Je ne veux rien sur le

Mais, où la difficulté commence, c'est lorsqu'il s'agit de préciser l'objet véritable de cette politique maritime. Il peut avoir été économique : le commerce des colonies, — ou politique : la possession des mers, — ou juridique : la liberté des mers. Il peut avoir été l'un et l'autre, il fut probablement l'un après l'autre, et c'est là ce qui explique, je pense, la complexité des problèmes napoléoniens et les divergences d'opinions, suivant les hommes, les peuples et les temps. Il peut avoir été réel, c'est-à-dire que Napoléon eut effectivement pour but la liberté, le commerce ou la possession des mers; il peut également avoir été fictif, c'est-à-dire que ce fut un simple prétexte à des conquêtes continentales.

Mme de Staël, qui était une femme d'esprit, n'hésite pas :

> Il lui fallait, dit-elle, un prétexte pour avancer toujours, et ce prétexte, ce fut la liberté des mers. Il est inouï combien il est facile de faire prendre une bêtise pour étendard au peuple le plus spirituel de la terre [1].

Le peuple spirituel a bien pris sa revanche et prétendre aujourd'hui que Napoléon fit réellement de la liberté des mers un principe fondamental de sa doctrine [2], serait soulever un tel paradoxe qu'on n'oserait l'aborder sans avoir entassé une montagne de faits historiques.

C'est là pourtant une idée de grande conséquence, et qui modifierait, peut-être, certaines conclusions de l'histoire. A ce point de vue même, l'histoire moderne anglaise est plus suggestive que la française, parce que, combattant volontiers Napoléon sur son propre terrain de la politique maritime, elle discute les problèmes sans les éluder. Il en résulte que, si les idées anglaises sur le droit

---

continent : ce sont des vaisseaux, des colonies, du commerce que je veux et cela vous est avantageux comme à nous. »

129 (Lecestre), à Louis, 16 novembre 1806 : « ... Je ne puis que vous recommander de ne pas tant vous en laisser accroire sur la prétendue misère des Hollandais : ils ont tout l'argent de l'Europe. Faites-leur sentir que les colonies ne peuvent se reconquérir que par de grands succès sur le continent; qu'il faut s'y maintenir. »

Posen, 2 décembre 1806 : « Nous ne déposerons point les armes, que la paix générale n'ait affermi et assuré la puissance de nos alliés, n'ait restitué à notre commerce sa liberté et ses colonies. Nous avons conquis vers l'Elbe et l'Oder, Pondichéry, nos établissements des Indes, le Cap de Bonne-Espérance et les colonies espagnoles. »

11 476. A Talleyrand, 11 décembre 1806 : « L'Espagne et la France ne peuvent rester dans cette situation. Il faut renoncer à tenter des aventures sur mer, où nous sommes les plus faibles, pour suivre nos avantages sur terre. Si l'Espagne déploie la même énergie que je montre, nous viendrons à bout de nos projets. »

11 479. A Decrès, 15 décembre 1806 : « Mon parti est pris, je veux reconquérir nos colonies par terre. »

1. *Dix années d'exil*, 1re partie, chap. XVIII.

2. « La postérité me saura gré de ce que j'ai voulu rendre libres les mers » (8 836, 4 juin 1805).

« En effet, la mer étant le domaine de toutes les nations, aucune n'a le droit de régler la législation de ce qui s'y passe » (*Mémoires sur les Neutres*, XXX, p. 461.)

maritime évoluent, comme cela s'est produit en 1856 par exemple, les jugements de l'histoire varient également dans l'ensemble. Et comme les idées de Napoléon sont devenues, sur bien des points, des idées du droit moderne anglais, un changement d'opinion se produit en sa faveur dans le public instruit. La preuve que ces idées ont largement gagné en Angleterre, c'est le nombre de motions dont elles y furent l'objet de la part des chambres de commerce, soutenues par Cobden dès 1860. Le curieux revirement actuel de l'opinion, prévu par Napoléon à Sainte-Hélène, est donc assez logique.

Vu dans l'histoire française, le droit des gens napoléonien est surtout continental, et vu dans la *Correspondance*, il est surtout maritime. La préoccupation des conquêtes est au premier plan dans l'histoire et, par là, le caractère de Napoléon s'avilit. La préoccupation du droit est au premier plan dans la *Correspondance* et, par là, le caractère se relève et s'ennoblit. Il en résulte que la politique napoléonienne, dans l'histoire, paraît souvent violente, parce qu'elle est incohérente, comme si l'axe d'un rouage important était décentré, tandis qu'elle s'éclaire et s'explique dans la *Correspondance* par l'adjonction d'un principe essentiel, comme si ce rouage fondamental imprimait désormais au mécanisme entier ce mouvement sûr, constant et régulier qui est l'effet d'une machine bien ordonnée.

Quel que fût donc l'objet véritable de sa politique maritime, il est certain que Napoléon en eut une, et son attention, se portant également vers la terre et vers la mer, nous sommes amenés à distinguer soigneusement avec lui deux formes pratiques du droit des gens : continental ou maritime, et à chercher peut-être dans l'action de l'un sur l'autre un nouveau caractère du droit des gens napoléonien et de son évolution.

Nombreuses sont, dans la *Correspondance*, les allusions aux deux droits. Mais, comme les lettres ne se rapportent guère qu'à des faits sans discussions théoriques, il nous faut, pour trouver un exposé serré des principes, arriver jusqu'au temps où Napoléon « méditait en philosophe sur les grands événements de sa vie », écrivait l'Art de la guerre, ses campagnes et la lutte diplomatique, particulièrement belle et émouvante, qu'il soutint pour les Neutres dans la première année de son règne[1].

Je ne sais rien de plus lucide ni de plus remarquable dans son œuvre, par la fermeté des idées et l'élévation même de la pensée, que les trente pages de son Mémoire sur les Neutres. Il traite des événements concernant la neutralité maritime de 1648 à 1801, en insistant spécialement sur la guerre de 1780, les doctrines anglaises de 1793 à 1800, l'opposition des puissances du Nord, le traité de Paris, entre la France et les États-Unis, qui proclame les principes français du droit maritime des Neutres, l'adhésion de la Russie, de la Suède, du Danemark et de la Prusse à ces principes marqués par la Convention de Quadruple Alliance du 16 décembre 1800. Puis vient la réaction : Copenhague, l'assassinat de Paul Ier, enfin le traité du 17 juin 1801 qui consacre la défaite du droit des Neutres.

Il y eut là une lutte décisive dont Bonaparte sortit meurtri : et toute l'amertume généreuse du vaincu s'exprime, quinze ans après le combat, avec une dignité telle, que l'on ne peut douter, ni de sa sincérité, ni de l'effet que cette lutte prématurée exerça sur les idées du Consul et de l'Empereur. Les faits sont connus; les principes le sont moins et méritent cependant de l'être pour l'influence qu'ils eurent, je crois, sur l'ensemble de la doctrine napoléonienne du droit des gens.

---

1. *Correspondance*, XXX, pp. 457 à 489. On ne sait quelle censure a supprimé divers passages politiques, et l'ouvrage ne paraît pas avoir été publié en entier.

Le premier point est la distinction absolument formelle entre les deux droits et leur évolution dissemblable :

> Le droit des gens dans les siècles de barbarie était le même sur terre que sur mer. Les individus des nations ennemies étaient faits prisonniers, soit qu'ils eussent été pris les armes à la main, soit qu'ils fussent de simples habitants.... Les propriétés mobilières, même foncières, étaient confisquées en tout ou en partie.
>
> La civilisation s'est fait sentir rapidement et a entièrement changé le droit des gens dans la guerre de terre, sans avoir le même effet dans celle de mer : de sorte que, comme s'il y avait deux raisons et deux justices, les choses sont réglées par deux droits différents.

Pour qui connaît l'esprit profondément logique de l'Empereur, cette déclaration est saisissante, en raison des conséquences qu'elle comporte.

Il n'y a qu'une raison et qu'une justice. Donc, il ne doit y avoir qu'un droit. Or, il y en a deux. Toute la question qui se pose est de savoir lequel des deux imposera ses règles à l'autre. Dans un sens, c'est l'adoucissement des mœurs de la guerre, le progrès magnifique vers lequel nous marchons aujourd'hui; dans l'autre, c'est la régression du droit et le recul vers la barbarie.

Je dis que le problème de l'évolution de la doctrine napoléonienne est dans ces lignes et que, nous seuls et non lui, avons méconnu la grandeur de ses desseins.

Par suite du lent progrès de la civilisation, nous avons donc deux droits. Voyons maintenant le détail de cette comparaison importante pour préciser les idées de Napoléon.

> Le droit des gens dans la guerre de terre n'entraîne plus le dépouillement des particuliers, ni un changement dans l'état des personnes. La guerre n'a d'action que sur le gouvernement. Ainsi, les propriétés ne changent pas de main, les magasins de marchandises restent intacts, les personnes restent libres. Sont seulement considérés comme prisonniers de guerre, les individus pris les armes à la main et faisant partie de corps militaires. Ce changement a beaucoup diminué les maux de la guerre; il a rendu la conquête d'une nation beaucoup plus facile, la guerre moins sanglante et moins désastreuse.
>
> Les contributions se perçoivent au profit du vainqueur qui, s'il le juge nécessaire, établit une contribution extraordinaire imposée sur l'universalité de l'État, de sorte qu'elle n'entraîne jamais la ruine d'aucun particulier. Des propriétés, même territoriales, que possèdent des étrangers, ne sont point soumises à la confiscation; elles le sont tout au plus au séquestre.

> Par contre, « ... le droit des gens qui régit la guerre maritime est resté dans toute sa barbarie : les propriétés des particuliers sont confisquées, les individus non-combattants sont faits prisonniers. Lorsque deux nations sont en guerre, tous les bâtiments de l'une ou de l'autre naviguant sur les mers, ou existant dans les ports, sont susceptibles

d'être confisqués, et les individus non-combattants sont faits prisonniers de guerre. »

Ainsi, par une contradiction évidente, un bâtiment anglais dans l'hypothèse d'une guerre entre la France et l'Angleterre, qui se trouvera dans le port de Nantes, par exemple, au moment de la déclaration de guerre, sera confisqué. Les hommes à bord seront prisonniers de guerre, quoique non-combattants et simples citoyens, — tandis qu'un magasin de marchandises anglaises appartenant à des Anglais, existant dans la même ville, ne sera ni séquestré ni confisqué, et que les négociants anglais voyageant en France ne seront point prisonniers de guerre et recevront leur itinéraire et les passeports nécessaires pour quitter le territoire. Un bâtiment anglais naviguant et saisi par un bateau français sera confisqué quoique sa cargaison appartînt à des particuliers; les individus trouvés à bord seront prisonniers de guerre quoique non-combattants, et un envoi de cent charrettes de marchandises appartenant à des Anglais et traversant la France, au moment de la rupture entre les deux puissances, ne sera pas saisi [1].

On voit avec quel soin l'opposition est faite et sur quels points essentiels elle porte : propriété des particuliers et sort des non-combattants. Tout cela est bien connu, en théorie, mais il nous reste à indiquer la conclusion de cette comparaison. S'il ne doit y avoir qu'un droit, dans le cas de conflit, de quel côté penchera la balance? Dans quel plateau le « condottière » de Taine, le « moderne Attila » des pamphlets, voudra-t-il jeter le poids de sa lourde épée? Que dira « le petit tigre », « le superbe fauve subitement lâché dans un troupeau apprivoisé qui rumine [2] »? Il répond :

Les lois qui régissent la guerre de terre sont donc plus conformes à la civilisation et au bien-être des particuliers, et *il est à désirer qu'un temps vienne où les mêmes idées libérales s'étendent sur la guerre de mer*, et que les armées navales de deux puissances puissent se battre sans donner lieu à la confiscation des navires marchands, et sans faire constituer prisonniers de guerre les simples matelots du commerce ou les passagers non militaires. Le commerce se ferait alors sur mer, entre les nations belligérantes, comme il se fait sur terre, au milieu des batailles que se livrent les armées [3].

« *Il est à désirer qu'un temps vienne où les mêmes idées libérales s'étendent sur la guerre de mer!* » Il me semble que cela peut se dire dans une formule juridique : l'idéal pratique du droit des gens, c'est que les règles de la guerre de terre s'appliquent à la guerre de mer; le but idéal de l'évolution du droit des gens, c'est l'unification des droits!

---

1. T. XXX, p. 458.
2. Taine, *op. cit.*, p. 20. Il ajoute : « Le mot n'est pas trop fort... » « Petit tigre » est de Cacault et pris en bonne part.
3. T. XXX, p. 459.

Or, les Congrès de la Haye, ou de la Paix, ou de l'Institut de Droit international, ne demandent pas autre chose, et cent ans après Napoléon nous discutons encore!

Voici le vœu inséré dans l'acte final signé à la Haye le 18 octobre 1907 :

> 4e vœu : La Conférence émet le vœu que l'élaboration d'un règlement relatif aux lois et coutumes de la guerre maritime figure au programme de la prochaine conférence et que, dans tous les cas, les Puissances appliquent, autant que possible, à la guerre sur mer, les principes de la Convention relative aux lois et coutumes de la guerre sur terre.

Ce sont, après cent ans, les mêmes termes, et c'est le même esprit qui inspire les conventions adoptées :

> IX. Convention concernant le bombardement des forces navales en temps de guerre : ... Considérant qu'il importe de soumettre les bombardements par des forces navales à des dispositions générales qui garantissent les droits des habitants et assurent la conservation des principaux édifices, en étendant à cette opération de guerre, dans la mesure du possible, les principes du Règlement de 1899 sur les lois et coutumes de la guerre sur terre, — s'inspirant ainsi du désir de servir les intérêts de l'humanité et de diminuer les rigueurs et les désastres de la guerre....
>
> X. Convention pour l'adaptation à la guerre maritime des principes de la Convention de Genève : ... Également animés du désir de diminuer autant qu'il dépend d'eux les maux inséparables de la guerre....

Diminuer les rigueurs, les désastres et les maux *inséparables* de la guerre, disons-nous aujourd'hui; « faire en temps de guerre le moins de mal possible, voilà le droit des gens », disait Bonaparte. Sans doute, sa formule n'est pas précise, mais elle est féconde, et de même que nous pensons aujourd'hui « servir les intérêts de l'humanité », de même, Napoléon disait à Sainte-Hélène : « La masse des intérêts communs, ce que je croyais être le bien du très grand nombre, voilà les ancres auxquelles je demeurais amarré, mais autour desquelles je flottais la plupart du temps au hasard. »

D'où vient donc ce retard dans l'évolution d'une idée grande et généreuse, et pourquoi Napoléon, qui l'avait conçue, ne l'a-t-il point appliquée? — Les faits encore et la crise de 1800 l'expliquent.

Les péripéties de cette lutte sont d'ordre historique et il serait inutile de résumer ici les faits. On sait que le conflit porta sur les principes du droit des neutres :

> Nous avons dit dans ce chapitre que les principes du droit des neutres sont : 1° que le pavillon couvre la marchandise; 2° que le droit de visite ne consiste qu'à s'assurer du pavillon et qu'il n'y a point d'objets

de contrebande; 3° que les objets de contrebande sont les seules munitions de guerre; 4° que tout bâtiment marchand convoyé par un bâtiment de guerre ne peut être visité; 5° que le droit de blocus ne peut s'entendre que des ports réellement bloqués [1].

Ces principes forment le droit maritime des neutres, parce que les différents gouvernements se sont librement et, par des traités, engagés à les observer [2].

On sait, d'autre part, que la Quadruple Alliance ayant été vaincue, la Russie, la Suède et le Danemark durent renoncer à ces principes par le traité du 17 juin 1801 et que les doctrines opposées triomphèrent momentanément avec quelques aggravations : un bâtiment neutre n'a pas le droit de faire le commerce de la colonie avec la métropole, il ne peut pas aller d'un port ennemi à un autre port ennemi [3].

Tout principe est discutable, mais je voudrais surtout ramener l'attention sur cette conception napoléonienne du droit maritime formellement fondé sur des traités librement consentis; nous avons déjà signalé l'importance de cette notion du droit positif ou conventionnel et nous en trouvons là une application indiscutable. — Or, cette idée est relativement moderne.

Holtzendorf, qui occupait la chaire de droit des gens à Munich et a publié des éléments de droit international, écrit : « Les traités n'occupent qu'une place secondaire parmi les sources du droit des gens, c'est la coutume qui est la source la plus importante. Il y a plus de trente ans, M. Renault indiquait que les traités forment la source la plus importante du droit positif : on l'a vivement critiqué [4].

Par des codifications partielles sous forme de traités, les États civilisés peuvent arriver à l'acceptation d'un certain nombre de principes, nombre qui ira en augmentant, à mesure que la civilisation se perfectionnera. La pratique est entrée dans cette voie par la création de diverses Unions [5]....

Aujourd'hui, cette doctrine triomphe et nous avons vu, par le protocole de Londres en 1871, que le respect des traités est devenu un des principes fondamentaux du droit public.

Nous pouvons donc dire que la doctrine napoléonienne se trouve d'accord avec la doctrine moderne sur des points essentiels : quant à la base du droit positif fondé sur des traités librement consentis, — quant aux principes du droit des neutres,

---

1. *Correspondance*, XXX, p. 489. — Le chapitre sur les Neutres n'est qu'une partie des Mémoires pour servir à l'histoire de France sous le règne de Napoléon Ier.
2. *Id.*, XXX, p, 460.
3. *Id.*, XXX, p. 464.
4. M. Renault à son cours. Doctorat 1910-1911.
5. Bonfils, *op. cit.*, p. 893.

puisque les idées que Napoléon défendait en 1800 sont devenues, par un retour triomphant, celles du monde civilisé, — quant à l'évolution idéale du droit de la guerre ayant pour but une amélioration des lois de la guerre maritime par la transposition progressive des règles de la guerre continentale.

Voilà l'idéal. Dans l'application, nous avons déjà été amenés à constater que, si le droit positif est violé, le droit naturel reprend son empire. Nous pouvons donc prévoir que, si le droit positif maritime des traités est violé, le droit naturel, fondé sur la réciprocité, s'exercera dans le domaine maritime comme dans le domaine continental. En conséquence, si en vertu de traités non signés par la France, les droits des neutres qu'elle a admis cessent d'être reconnus, la France, partie belligérante, ne reconnaîtra plus de neutres : et, dès à présent, nous pouvons prévoir le Décret de Milan.

Enfin, en ce qui concerne le droit de la guerre, une question nouvelle et imprévue se pose. L'idéal est l'unité de droit, les lois de la guerre continentale s'appliquant à la guerre maritime. Dans le cas où le droit positif serait suspendu, où la loi naturelle de la réciprocité s'exercerait seule, et peut-être dans des circonstances historiques à déterminer, la logique pourrait-elle exiger que le droit de la guerre maritime fût appliqué à la guerre continentale, c'est-à-dire que les non-combattants fussent faits prisonniers et les marchandises des particuliers confisquées sur terre comme sur mer? Napoléon appellerait cela de la barbarie, de l'injustice par opposition à son idéal qu'il appelle la civilisation : serait-ce le Décret de Berlin?

Il est bien entendu que nous sortons là du droit commun napoléonien qui est fondé sur l'observation stricte et volontiers littérale des traités, et que nous entrons dans un droit d'exception, limité à des faits extraordinaires ou à des circonstances exceptionnelles, qui sont précisément les points discutés de cette histoire.

Examinons donc si ces faits nous montrent un *Retour au droit naturel* et une *Transposition des droits* dans un sens ou dans l'autre. Si ces conséquences logiques des principes tels qu'ils sont donnés dans la *Correspondance* sont confirmées par les faits, nous aurons déterminé et vérifié deux idées directrices de la politique napoléonienne dans ses rapports avec les nations, trouvé une règle, juste ou non, légale ou non, justifiée ou non, de ce que l'on appelle son caprice ou son arbitraire. Nous aurons ramené des faits litigieux à des formules de droit que nous pourrons discuter plus tard, ayant précisé le point exact, la rupture du droit conventionnel positif, où les doctrines peuvent diverger et s'éloigner du droit commun sans s'écarter peut-être, ni l'une ni l'autre, des principes du droit des gens « qui sont aussi ceux de la justice et de l'honneur ». Le conflit de faits ou d'intérêts se résoudra en un conflit de droit international, où deux plaideurs peuvent soutenir de bonne foi deux théories ou deux interprétations différentes.

LE DROIT NATUREL

La situation sur la frontière. — Complexité des problèmes de droit international qu'elle soulève.

... Qu'en tout pays du monde, un armement non motivé sur les frontières de son voisin équivaut à une déclaration de guerre.
(9 038. A Talleyrand, 3 août 1805.)

Tout en étudiant la question de la liberté des mers, j'ai fait quelques allusions aux projets et idées de la politique continentale : occupation des passages, positions offensives, points stratégiques maritimes, Dardanelles et Turquie, « ce marais qui devait empêcher de tourner la droite française », dira Napoléon à Sainte-Hélène. Mais, dans l'ensemble, ces plans de vaste envergure appartiennent à la seconde partie de l'Empire (1807 à 1815), sont relatifs à la grande lutte continentale et ne sont point du Consulat.

Lorsque Bonaparte prit la France des mains débiles du Directoire, son unique ou principale pensée fut d'assurer la paix, de laisser les choses en l'état provisoire et, ayant reçu les républiques fédératives, de les conserver comme une barrière protectrice contre l'Europe. Cette idée est formellement exprimée dès son premier message après Lunéville.

5 367. Message au Sénat, au Corps législatif et au Tribunat, 13 février 1801 : « La paix du continent a été signée à Lunéville, elle est

---

1. Je rappelle que dans le vocabulaire napoléonien, le terme de droit naturel implique réciprocité à l'égard des nations qui ont violé le droit positif ou coutumier. — La violation du territoire de Bade, le guet-apens d'Ettenheim, l'assassinat du duc d'Enghien sont les faits les plus discutés de cette époque. Loin de prétendre les excuser par un paradoxe juridique, je ne cherche ici que l'opinion de Napoléon qui mérite d'être exposée dans un pareil débat.

telle que la voulait le peuple français. Son premier vœu fut la limite du Rhin....

« L'Autriche, *et c'est là qu'est le gage de la paix*, l'Autriche, séparée désormais de la France par de vastes régions, ne connaîtra plus cette rivalité, ces ombrages qui, depuis tant de siècles, ont fait le tourment de ces deux puissances et les calamités de l'Europe. ».

Cette idée des « vastes régions séparatrices » fut l'une des formules constantes de la politique continentale napoléonienne. En 1807, la frontière du Rhin sera reportée à l'Elbe : l'ennemi possible étant la Russie, la formule sera qu'il faut séparer la Russie de l'Elbe par un État-tampon : la Prusse[1]. De même, en 1811, il faudra faire de la Pologne un État-barrière qui isole de l'Occident la Russie asiatique, en même temps que les Dardanelles, soustraites à son empire, l'isoleront de la Méditerranée[2].

Il arrivera que ces positions défensives, telles que Corfou et l'Illyrie, serviront aussi de positions offensives, car c'est le propre de l'armée napoléonienne que d'être placée, dès le temps de paix, pour être prête à la guerre. Il arrivera sans doute aussi que les puissances, coupées de leurs routes naturelles d'expansion, protesteront justement par des guerres contre cette politique qui les isole. Il n'en est pas moins vrai que l'idée de ces cloisons étanches

---

1. 12 849. Note à l'Empereur de Russie, Tilsitt, 4 juillet 1807 : « Une alliance est solide entre les grands Etats, lorsqu'elle est fondée sur les rapports politiques qui dérivent des relations de commerce et des relations géographiques. Les relations de commerce, heureusement, sont toutes à l'avantage de la Russie et de la France..... Les relations géographiques, dans la situation actuelle des choses, sont tout aussi favorables, tellement que, même en état de guerre, les deux puissances ne savent où se rencontrer pour se battre..... Appeler le prince Jérôme au trône de Saxe et de Varsovie, c'est presque dans un seul instant bouleverser tous nos rapports.

Il n'y aura pas une querelle de douane sur le Niémen, une altercation de commerce, une discussion de police qui n'aille sur-le-champ et directement au cœur de l'empereur Napoléon, et, par cette seule faute politique, nous aurons déchiré le traité d'alliance et d'amitié et préparé des sujets plus réels de mésintelligence que ceux qui ont existé jusqu'ici.

En réfléchissant donc sur cette question, l'empereur Napoléon est plutôt prêt à déclarer. dans un article secret, que ce mariage qu'on a cru être dans sa pensée n'est point dans sa politique, et que, quand il y eût été, il y aurait renoncé du moment que la conséquence immédiate serait de placer le trône de Varsovie presque dans ses mains. La politique de l'empereur Napoléon est que son influence immédiate ne dépasse pas l'Elbe; et cette politique, il l'a adoptée, parce que c'est la seule qui puisse se concilier avec le système d'amitié sincère et constant qu'il veut contracter avec le grand empire du Nord.

Ainsi, les pays situés entre le Niémen et l'Elbe seront *la barrière* qui séparera les grands empires et amortira les coups d'épingle qui, entre les nations, comme il a été exposé ci-dessus, précèdent les coups de canon.

2. *Correspondance*, XXXII, p. 349 : « Ni la question polonaise, ni la question de Constantinople n'étaient insolubles, du moment que je ne voulais pas en faire des annexes de mon empire et que tout ce que je désirais était d'en faire simplement des *barrières de sécurité réciproques*, comme le Congrès de Vienne lorsqu'il a créé le royaume Hollande-Belge. »

entre les peuples fut une idée de Napoléon, et qu'il y voyait un gage de paix, une garantie de sécurité et de stabilité.

Toutefois, c'est en ce qui concerne les frontières immédiates de la France, que cette question de la barrière eut des conséquences particulièrement intéressantes au point de vue du droit des gens.

Il faut, en effet, bien considérer que, si Napoléon eut cette idée d'isoler les peuples, son désir, non moins net et plus immédiat encore, fut d'assurer la paix nationale. Si l'on peut dire qu'il entreprit de conquérir l'Europe sur la guerre comme les Hollandais conquièrent un polder sur la mer en coupant de digues la partie inondée, il est non moins certain qu'il entreprit de conquérir sur l'esprit révolutionnaire chacun des compartiments soumis à son autorité propre et en premier lieu la France « qui avait besoin de repos ». Or, la France était inquiétée, non seulement par la guerre étrangère, mais par la guerre civile, et même l'élément de trouble n'était pas tant l'armée russe ou autrichienne que cette armée flottante et insaisissable des émigrés qui assiégeait les frontières pendant que la flotte anglaise assiégeait les côtes.

De tout son effort, Bonaparte dame et affermit le sol français conquis sur la Révolution; mais ce travail sera vain, si de multiples infiltrations se produisent sur la frontière, venant sourdement détremper le terrain qu'il a consolidé[1].

---

1. Cette idée est de très grande conséquence dans les rapports avec les États voisins. — Voir, par exemple, 6 480 et 6 483, deux discours aux députés suisses lors de l'acte de Médiation.

6 480. 10 décembre 1802 : « Après vous avoir tenu le langage qui conviendrait à un citoyen suisse, je dois vous parler comme magistrat de deux grands pays, et ne pas vous déguiser que jamais la France et la République italienne ne pourront souffrir qu'il s'établisse chez vous un système de nature à favoriser leurs ennemis. Le repos et la tranquillité de 40 millions d'hommes, vos voisins, sans qui vous ne pourriez, ni vivre comme individus, ni exister comme États, sont aussi pour beaucoup dans la balance de la justice générale. »

6 483. 11 décembre 1802. « Dans ce que je viens de dire, j'ai marché comme un homme de votre assemblée. Maintenant, comme citoyen français, je vous dirai qu'il faut que la Suisse, toute-puissante chez elle pour tout ce qui la regarde, ne le soit pas pour ce qui regarde la France. Soyez indépendants pour vos affaires; vous ne pouvez pas l'être pour les nôtres. »

Voici ce que dit à ce sujet *Victoires et Conquêtes en 1819*, XV, p. 203 :

« Les moteurs et les partisans des révolutions opérées en Suisse, en Hollande et en Lombardie avaient conservé les anciennes allures de la république mère et, sous le prétexte de conserver la liberté, ils étaient devenus presque tous les oppresseurs de leurs concitoyens. Leurs intrigues et leurs excès réagissaient sur la France et entretenaient parmi les révolutionnaires déchus l'espérance de ressaisir tôt ou tard leur influence et d'exploiter encore l'autorité à leur profit. Bonaparte ne pouvait pas ignorer ces menées et ces associations secrètes, et c'est pour y mettre fin et pour abattre toutes les têtes de l'hydre démocratique qu'il s'appliqua, aussitôt qu'il en eut le loisir, à favoriser les changements qu'un parti plus nombreux et moins tumultueux que les autres sollicitait dans les trois pays ci-dessus désignés. »

Vers les côtes, aucune difficulté ne se présente; il crée des circonscriptions militaires; il a, dès 1800, une armée de l'Ouest avec Brune qui poursuit Cadoudal, Frotté, et ferme hermétiquement les issues de la côte; il a enfin son droit de police sur les eaux territoriales à portée de canon. Bientôt l'Ouest est pacifié.

Mais, sur le continent, la situation est tout autre, plus grave et bien plus complexe.

Sans doute, il cloisonnera les pays conquis jusqu'au Rhin par ses divisions militaires, et une armée de douaniers veillera aux issues; mais les institutions et les hommes sont imparfaits; la douane ne peut clore les routes sans nuire au commerce, et l'exemple de Pichegru, puis du général Fririon nous montre que la fidélité des chefs militaires eux-mêmes était fort incertaine.

Il est évident, qu'en fait, être maître de sa frontière ne suffit pas et qu'il n'y aura, ni sécurité pour Bonaparte, ni repos pour la France, ni consolidation possible de ses institutions, tant que la frontière sera assiégée du dehors par les émigrés. Quand Bonaparte en aura fait rentrer en France la plus grande partie, le danger sera moindre, mais il restera toujours la menace des irréductibles, bannis par la loi, ou volontairement exilés par leur refus de reconnaître le gouvernement nouveau. Toutefois, ils ne constituèrent plus une armée, mais une bande. Et c'est là précisément que le problème se complique.

Tant que les émigrés constituent une armée, le droit international donne, si l'on peut dire, une action contre les États voisins. Mais, s'ils ne sont plus qu'une bande sans organisation militaire visible[1], s'ils figurent dans le pays voisin à titre de particuliers. en déplacement de chasse, par exemple, comme le duc d'Enghien à Ettenheim, et qu'ils s'associent de près ou de loin, comme instigateurs ou comme acteurs, à des complots politiques ou à une guerre, quelle action sera possible contre eux au delà des frontières du Rhin? Un traité d'extradition ne peut servir, une action militaire ne peut se justifier en temps de paix; un droit de police hors frontière, la seule mesure efficace, est inconciliable avec la souveraineté et l'indépendance de l'État voisin; l'annexer serait inutile, puisque la difficulté serait simplement reculée vers une autre frontière; comment concilier, car c'est en somme le problème qui se pose, le droit de conservation de la France avec le droit d'indé-

1. Welschinger, *Le duc d'Enghien*, p. 248. Quand l'armée de Condé fut licenciée, cinq ou six cents gentilshommes, seulement qui ne voulaient pas rentrer en France, se disséminèrent. Jamais on ne vit plus de vingt-cinq gentilshommes à la fois.

pendance des petits États qui l'entourent? Mais ce n'est encore là que la moindre difficulté au point de vue du droit des gens.

En temps de guerre, la situation est parfaitement nette. A mesure que les armées s'avanceront, Bonaparte chassera de Vérone le comte de Lille, Napoléon l'écartera de Mittau, et, dans les pays occupés par ses troupes, il exercera la police.

En temps de paix, la situation est également claire. Le droit de police appartient au souverain de l'État voisin qui l'exerce suivant ses moyens propres. Bonaparte en convient et ne réclame rien que la sécurité sur la frontière. Il garantira l'indépendance des Suisses, les mettra en garde contre lui-même, mais à une condition, c'est que Willet, d'Entraigues, Vernègues, ou d'autres ne seront point des agents tolérés de trouble. De même, vers le Rhin, il se fera le protecteur de Bade, s'attendant à ce qu'un prince « auquel il s'est plu à faire ressentir les effets les plus précieux de l'amitié de la France » « ne donnera point refuge à ses plus cruels ennemis » et ne leur laissera point « tramer paisiblement des conspirations », suivant les termes mêmes d'une lettre de Talleyrand au baron d'Edelsheim [1]. Il n'y a rien que de très normal dans ces rapports internationaux, ordinaires entre États voisins et amis.

Maintenant, si au lieu d'une situation nette, ou de paix ou de guerre, nous avons une situation mixte de paix officielle et de guerre effective, la solution du conflit paraît déjà moins certaine. Sans prétendre la résoudre, on peut indiquer comme solution pacifique, une pression de l'État menacé sur son voisin; disons, par exemple, que Bonaparte demandera l'arrestation par Bade du comité d'émigrés français résidant à Offenbourg, et c'est ce qu'il a fait. Pas de complications internationales.

Supposons maintenant que le comité d'Offenbourg soit composé de particuliers russes. Bonaparte peut-il demander leur arrestation ou leur extradition? Non, je pense; il n'a aucun droit sur ces étrangers [2] et la Russie protesterait justement contre cet abus de pouvoir. Peut-il réclamer leur extradition, leur renvoi en Angleterre? Ce serait pire encore, attenter à l'indépendance de Bade, ou jeter Bade dans une « guerre » avec l'Angleterre. Les difficultés internationales commencent.

Pour compliquer la situation, tout en nous rapprochant de la réalité, supposons maintenant, ce qui était vrai, que ce comité fût composé, non d'Anglais à proprement parler, mais d'émigrés à la

---

1. Welschinger, *op. cit.*, p. 270.
2. Bonaparte lui-même refuse ce droit à la Russie qui intervient en faveur de Vernègues, émigré.

solde régulière et mensuelle de l'Angleterre[1]? Quel sera le moyen d'action contre eux?

Allons toujours plus près de la réalité. Supposons que des agents diplomatiques accrédités officiellement près des cours de Munich et de Stuttgart, précisément dans ces « vastes espaces gages de paix », soient associés à ces intrigues et que Bonaparte reçoive, de leurs mains, des lettres disant : « Il faut vous débarrasser de Bonaparte. Peu importe par qui l'animal soit terrassé, pourvu qu'on soit tous prêts à joindre la chasse »; n'aurons-nous pas une situation absolument anormale au point de vue du droit des gens, que Bonaparte n'avait point créée, et à laquelle il devait d'autant plus prêter attention qu'elle menaçait son œuvre nationale?

Telle est pourtant, dans ses grandes lignes, la situation que montre la *Correspondance* comme étant celle de la zone frontière pendant les années 1803 et 1804. D'une part, l'empereur d'Allemagne refuse de recevoir à Vienne aucun prince français et de leur donner aucun appui; en cela, fidèle aux relations amicales qu'il entretient avec la France; mais, pour les États de l'Empire, la situation est beaucoup moins nette; ils ne sont plus sous le régime absolu de la constitution gothique impériale, mais ils ne sont pas encore sous le régime qui se prépare de la Confédération du Rhin, et des accords particuliers s'élaborent, qui y conduisent. D'autre part, dans la zone frontière de France et pendant une période de guerre, il y a évidente complication internationale résultant de la qualité des adversaires, de l'attitude des souverains qui se disent amis de la France et souffrent cependant les trames dirigées de chez eux contre elle, ou les armées qui s'y organisent, de la nature même de la guerre qui, tendant à l'assassinat, cesse d'être conforme aux règles admises du droit des gens.

Il en résulte pour l'historien une confusion de noms, de dates et de faits qui ne s'éclaircit que par l'établissement d'une chronologie quotidienne, — et, au point de vue juridique international, une situation si complexe qu'aucune loi connue on reconnue ne peut régler tous les rapports entre ces hommes et ces nations. Comme en raison des nécessités pratiques avec lesquelles on ne peut transiger, telles que la sécurité des personnes, des souverains et des frontières, il fallait décider; ce nœud gordien qui ne pouvait être dénoué, il fallut bien le trancher et procéder par des mesures particulières. Contre les émigrés, ce fut leur arrestation, contre les

1. Welschinger, *op. cit.*, p. 248. Lettre du secrétaire Jacques « informant chaque émigré de l'augmentation de sa pension ». (15 janvier 1804.)

souverains voisins, ce fut ce qu'on appelle la violation du territoire de Bade, contre les tentatives d'assassinat, ce fut l'exécution du duc d'Enghien.

Enfin, les intrigues ayant continué jusqu'à la quatrième coalition, la conséquence fut Iéna, la création du royaume de Westphalie et la destruction des foyers d'incendie sur la frontière.

> Le prince de Hesse-Cassel paiera cette frénésie de la perte de ses États. Il n'y a pas en Allemagne une maison qui ait été plus constamment ennemie de la France.... C'est au trafic de ses troupes que le prince doit les trésors qu'il a amassés. Cette avarice sordide a entraîné la catastrophe de sa Maison dont l'existence *sur nos frontières* est incompatible avec la sûreté de la France. Il est temps enfin qu'on ne se fasse plus un jeu d'inquiéter 40 millions d'habitants et de porter chez eux le trouble et le désordre.... Si les Français avaient été battus, on aurait envahi et distribué nos provinces. Il est juste que la guerre ait aussi des chances sérieuses pour les souverains qui la font, afin qu'ils réfléchissent plus mûrement avant de la commencer. *Dans ce terrible jeu, les chances doivent être égales* [1]....

---

1. 11 167. 27e *bulletin*, Berlin, 4 novembre 1806.

La violation du territoire de Bade.

Les faits.

> ... Présentez une note au Ministre de l'Électeur dans laquelle vous lui direz que, son territoire ayant été violé par les Autrichiens, mes troupes y sont entrées ayant devant elles les patrouilles ennemies.
> (9 310. A M. Didelot, 2 octobre 1805.)

Dans la nuit du 14 mars, les généraux Ordener et Fririon arrivèrent à Rhinau où se trouvaient déjà, depuis neuf heures du soir, les trois cents dragons venus de Schlestadt par Benfelden, les quinze pontonniers avec leurs bateaux et trois brigades de gendarmerie. « Nous passâmes le Rhin, le général Ordener et moi, rapporte le général Fririon, à la tête de trois cents hommes et de quelques gendarmes sous les ordres du commandant Charlot, et nous nous dirigeâmes sur Ettenheim par le territoire de Bade. Le général Ordener, commandant les grenadiers à cheval de la garde consulaire, dirigeait cette expédition. Ce brave général paraissait aussi affecté que moi de la mission que nous avions à remplir, car il ne prononça pas une parole pendant tout le trajet. » Triste mission, en vérité, pour des soldats français. C'est dans les ténèbres de la nuit qu'ils vont à une expédition sans honneur, eux qui avaient l'habitude de marcher droit à l'ennemi, en pleine lumière, sous le crépitement des balles, à travers le choc des épées et le sifflement des boulets [1].

En général, les commentaires sur cette affaire ne sont guère juridiques et n'éclaircissent pas la question au point de vue du droit. Je crois même qu'ils la compliquent. Or, elle est déjà assez difficile en soi. Aussi me permettrai-je de distinguer ce que l'on peut appeler l'élément dramatique de cette affaire, pour l'écarter de l'élément juridique, qui nous importe seul.

Par exemple, il est indifférent, en droit international, que Caulaincourt ait passé le Rhin pendant la nuit. La violation de territoire serait la même si Caulaincourt avait passé le Rhin pendant le jour, en se cachant des agents du gouvernement de

---

1. Welschinger, *Le duc d'Enghien*, p. 275.

Bade. La nuit ajoute à l'effet dramatique, mais non à l'effet juridique. Elle peut être une circonstance aggravante en droit criminel, mais je ne crois pas qu'elle soit aggravante en droit international. Or, une violation de territoire est bien un délit de droit international et non du droit criminel.

Pour la même raison, j'écarterai l'expression de « guet-apens », devenue traditionnelle.

> « La force et la puissance du gouvernement français devraient être au-dessus d'un semblable guet-apens », dit Fririon dans ses *Mémoires* [1].
>
> Nous verrons cependant Talleyrand traiter plus tard d'atroce calomnie sa participation indéniable au guet-apens d'Ettenheim [2].

C'est un terme consacré, mais qui n'est justifié dans cette affaire, ni en droit, ni en fait; il donne même une impression fausse. « Guet-apens » a un sens précis en droit; il indique une embuscade et implique préméditation d'un acte criminel. Or, ici, il n'y a pas eu guet furtif de deux, ou trois, ou dix brigands. Il y a eu expédition militaire directe.

Voici, extraits de la lettre 7668 (10 mars 1804), les ordres authentiques, conçus et rédigés militairement, que le chef de l'État et de l'armée, Bonaparte, a dictés au général Berthier, ministre de la Guerre, pour être transmis et exécutés militairement.

> 1° Vous ordonnerez au général Ordener (que je mets à votre disposition) de faire partir de Schlestadt 300 hommes du 26e dragons qui se rendront à Rheinau, où ils arriveront à huit heures du soir.
>
> Le commandant de la division enverra quinze pontonniers à Rheinau qui y arriveront également à huit heures du soir, et qui, à cet effet, partiront en poste ou sur les chevaux de l'artillerie légère. Indépendamment du bac, il se sera assuré qu'il y ait là quatre ou cinq grands bateaux, de manière à pouvoir passer d'un seul voyage les 300 chevaux.
>
> Les troupes prendront du pain pour quatre jours et se muniront de cartouches. Le général de la division y joindra un officier de gendarmerie et une trentaine de gendarmes.
>
> Dès que le général Ordener aura passé le Rhin, il se dirigera droit sur Ettenheim, marchera *droit* à la maison du duc et à celle de Dumouriez. Après cette expédition terminée, il fera son retour à Strasbourg.
>
> En passant à Lunéville, le général Ordener donnera l'ordre que l'officier de carabiniers qui a commandé le dépôt à Ettenheim se rende à Strasbourg en poste pour y attendre ses ordres.

Le ton, les ordres et les moyens sont ceux d'une expédition militaire.

---

1. Welschinger, *op. cit.*, p. 273.
2. *Id.*, p. 271.

2° Vous donnerez ordre que, le même jour et à la même heure, 200 hommes du 26e de dragons, sous les ordres du général Caulaincourt, auquel vous donnerez des ordres en conséquence, se rendent à Offenbourg pour y cerner la ville et arrêter la baronne de Reich, si elle n'a pas été prise à Strasbourg, et autres agents du gouvernement anglais dont le préfet et le citoyen Méhée, actuellement à Strasbourg, lui donneront les renseignements.... Le général Caulaincourt aura avec lui une trentaine de gendarmes [1].

D'Offenbourg, le général Caulaincourt dirigera des patrouilles sur Ettenheim jusqu'à ce qu'il ait appris que le général Ordener a réussi. Ils se prêteront des secours mutuels.

Il y a là une combinaison d'opérations militaires. Je ne puis appeler autrement les marches liées de deux détachements de chacun 200 dragons [2]. Mais il y a plus.

3° Dans le même temps, le général de division [3] fera passer 300 hommes de cavalerie à Kehl, avec quatre pièces d'artillerie légère, et enverra un poste de cavalerie légère à Willstett, point intermédiaire entre les deux routes.

4° Vous ordonnerez que le commandant de Neuf-Brisach fasse passer 100 hommes sur la rive droite avec deux pièces de canon.

Voilà la liaison et le soutien assurés pour les deux troupes. En réserve, la 5e division militaire :

5° Berthier à Leval :

Je vous ordonne, sous votre propre responsabilité, d'adhérer à toutes les demandes qui vous seront faites par le général Ordener et le général Caulaincourt, à l'effet de remplir la mission dont ils sont chargés. Ils vous feront connaître leurs instructions en ce qui vous concerne.

6° Les troupes prendront du pain pour quatre jours et se muniront de cartouches.... Vous prescrirez à l'ordonnateur d'adhérer également à toutes les demandes qu'ils feront pour les vivres [4].

Ainsi, dans cette expédition, tous les éléments d'une armée figurent et agissent suivant des règles militaires, conçues sur la carte, comme un plan de campagne :

300 dragons sont avec Ordener et 200 avec Caulaincourt; 300 hommes de cavalerie légère forment soutien et liaison à Kehl

---

1. De son côté, Ordener a reçu pour instructions « de se porter sur Ettenheim, de cerner la ville, d'y enlever le duc d'Enghien, Dumouriez, un colonel anglais et tout autre individu qui serait à leur suite ». On voit combien est fausse l'idée que l'expédition fut dirigée contre le duc d'Enghien seul. Un grand nombre d'émigrés furent arrêtés. 24 furent amenés à Strasbourg; un seul des prisonniers fut condamné à mort. Cf. Sorel, VI, p. 349.

2. Voir, par exemple, ce que peuvent faire 66 dragons, bataille de Porto di Fermo. *Mémoires de Thiébaut*, t. II, p. 268.

3. Leval, commandant la 15e division militaire, Strasbourg.

4. Berthier à Leval, 11 mai 1804. N. de Fayet, p. 143.

et à Willstett; 100 hommes sont en soutien à Neuf-Brisach, 30 gendarmes sont avec Caulaincourt et 30 avec Ordener; l'artillerie est représentée par 4 pièces de canon à Kehl et 2 à Neuf-Brisach; 15 pontonniers avec leur matériel sont à Rheinau; l'intendance est celle de la 5e division militaire qui constitue elle-même la réserve. La gendarmerie figure, comme dans toute armée qui a son prévôt, parce que c'est une force mixte de police militaire qualifiée pour procéder à des perquisitions ou à des arrestations civiles ou militaires. Les agents, qui guideront Ordener, ne sont pas des complices, mais un officier de carabiniers qui a résidé à Ettenheim et deux agents envoyés de Strasbourg, « soit civils, soit militaires », comme tous les espions de guerre, et il n'est pas une expédition militaire qui commence autrement.

Au total, entrent sur le territoire de Bade plus de 1 000 hommes et 6 pièces de canon, soutenus par la 5e division militaire, c'est-à-dire plus qu'il n'en fallait pour conquérir tout le duché.

Je peux donc bien admettre qu'il y a là un abus de la force militaire, délit international peut-être, non un guet-apens. Je ne vois pas non plus dans cette opération le caractère furtif d'une embûche précédant un crime obscur.

Si Bonaparte avait chargé un chef de chouans d'enlever et d'assassiner le duc d'Enghien à Ettenheim, en l'entourant au cours d'une partie de chasse avec 60 individus déguisés en soldats de Bade, entrés un à un sur le territoire de Bade, restés cachés pendant six mois chez des complices, alors je dirais que Bonaparte a voulu faire assassiner le duc d'Enghien dans un guet-apens. C'est ce que le comte d'Artois tentait à Paris, deux jours avant, avec Cadoudal contre Bonaparte. Voilà le guet-apens de l'histoire. Mais ce n'est pas Bonaparte qui en est l'auteur et ce n'est pas ce qu'il a fait.

Il a d'abord choisi, dans son entourage officiel, les deux hommes les plus marquants : Ordener, qui commandait sa garde à cheval et son aide de camp Caulaincourt, deux soldats qui ne pouvaient agir sans son ordre personnel, qu'il a dû mettre, par un avis spécial, à la disposition du Ministre de la Guerre, si bien que sa participation personnelle à l'expédition ne put être méconnue, fut évidente, même pour le public, et que l'on reconnut son bras à Ettenheim comme à Offenbourg. Ce n'est pas le fait d'un homme qui se cache.

Il n'a pas dissimulé non plus son intention à son gouvernement. Une sorte de conseil des ministres, un conseil d'État privé a été réuni, composé des deux Consuls : Cambacérès et Lebrun, de Fouché, du ministre des Relations extérieures, Talleyrand, du ministre de la Justice, Régnier, et, en conséquence de leur avis *unanime*, sur la proposition de Régnier, grand juge et ministre de la Justice, le Premier Consul passe dans son cabinet pour y dicter les ordres voulus au ministre de la Guerre, Berthier. Il est donc indiscutable que ce n'est point là un acte personnel, mais une affaire d'État à État.

Là, dans son cabinet, Bonaparte ne lance pas un ordre à la légère. Il mande Méneval et Berthier, cherche des cartes et, c'est en suivant sur la carte, qu'il dicte un véritable plan, avec lignes d'opération et de retraite appuyées et gardées, qui sera exécuté avec toute la rigueur militaire.

Enfin, contre Bade même, il ne s'agit pas d'une mesure furtive que l'on voudrait pouvoir dissimuler et nier à l'occasion, comme un mauvais coup. C'est encore là une de ces impressions fausses que laisse traîner derrière soi le mot de guet-apens et que contredit formellement le texte authentique des instructions.

> S'il arrivait qu'il n'y ait plus à Ettenheim ni Dumouriez ni le duc d'Enghien, on rendrait compte par un courrier extraordinaire de l'état des choses, et on attendrait de nouveaux ordres.

Où? A Ettenheim, en plein territoire de Bade. Ordener y resterait donc avec ses 300 dragons, le temps de recevoir de nouveaux ordres, c'est-à-dire trois ou quatre jours au moins. Voici, en effet, le complément des instructions que l'on cite rarement :

> Les deux généraux auront soin que la plus grande discipline règne; que les troupes n'exigent rien des habitants.... S'il arrivait qu'ils ne pussent pas remplir leur mission et qu'ils eussent l'espoir, *en restant trois ou quatre jours*, et en faisant faire des patrouilles, de réussir, ils sont autorisés à le faire. Ils feront connaître aux baillis des deux villes que, s'ils continuent à donner asile aux ennemis de la France, ils s'attireront de grands malheurs.

Envoyer 1 000 hommes, soutenus par une division militaire, commandés par deux généraux attachés à la personne de Bonaparte, les faire séjourner pendant quatre jours sur le territoire de Bade, faisant des patrouilles et menaçant les baillis des villes; je crois que c'est là une opération militaire, équivalant à une occupation prévue du territoire de Bade; que ce n'est pas une opération furtive que l'on veuille plus tard nier ou dissimuler, que ce n'est pas un guet-apens relevant du droit criminel, mais une affaire relevant du droit international. Il faut donc laisser les termes du droit pénal dans leur domaine, qualifier et juger cette opération d'après les règles du droit des gens.

L'affaire placée sur son véritable terrain, sous son véritable jour, quels faits expliquent une expédition militaire sur le territoire de Bade?

La guerre n'était déclarée, ni par Bade, ni contre Bade. L'Électeur passait pour un ami de la France. Quel danger menaçait donc la France, qui fût dans Bade? Il est évident que ce n'est pas pour le duc d'Enghien seul que fut mobilisée une telle force. Voyons donc très sommairement les faits qui, arrivés à la connaissance du gouvernement français, ont pu le déterminer.

Deux questions se posent. Pourquoi une expédition militaire si nombreuse, et pourquoi des arrestations? Il y a là un double ordre de préoccupations, les unes policières, les autres militaires, qui ont mis une grande confusion dans cette histoire.

Les ordres sont du 10 mars. Le 9 mars, Georges fut arrêté et déclara qu'il attendait l'arrivée d'un prince à Paris pour exécuter son projet d'enlèvement sur la route de la Malmaison avec 60 chouans déguisés en chasseurs de la garde; complot politique pour renverser le gouvernement, ou complot criminel de droit commun, peu importe ici [1].

Comme ce prince ne pouvait être, ni le comte d'Artois, ni le duc de Berry, on en conclut que ce devait être le duc d'Enghien, dont la présence à Ettenheim avait été signalée à Bonaparte le 1er mars. Je crois donc que c'est le 9 mars que l'expédition sur le territoire de Bade prit un caractère policier, à cause de la déclaration de Georges qui impliquait, à tort ou à raison, dans un complot, un prince pouvant être le duc d'Enghien. D'où l'idée de son arrestation qui ne figure à aucun moment avant le 9 mars, bien que sa présence fût connue; d'où l'idée de saisir le duc, et, avec lui, ses papiers qui pouvaient fournir les preuves écrites pour le grand procès criminel qui allait s'engager à Paris. Je ne trouve avant le 9 mars aucun caractère policier à cette affaire, mais je trouve déjà des préoccupations militaires, peut-être justifiées.

Il faut voir dans l'histoire et dans la *Correspondance* les détails que je ne puis que résumer ici :

Le 12 décembre 1802, l'arrestation de l'abbé David avait mis sur la piste d'un complot. Diverses arrestations en 1803. Le 1er novembre 1803 commence la correspondance de Bonaparte

1. Le Bourgeois arrêté avec Picot en 1803 dit : « Que Georges rejetait bien loin de lui la qualification d'assassin; que ses officiers la rejetaient comme lui; que cependant il avait juré que le Premier Consul ne périrait que de sa main, ou que sa tête à lui roulerait dans les ruisseaux de Paris; mais il voulait, en même temps, ce qui, à ses yeux, ôtait le caractère d'un assassinat, que le coup qu'il aurait porté se reliât à un grand résultat politique, changeât la face des choses et fût le coup de grâce de la Révolution. » (N. de Fayet, *op. cit.*, p. 116.)

avec Drake à Munich, sous le couvert d'un huissier du cabinet et par l'intermédiaire de Méhée de la Touche. Le 20 décembre 1803, une lettre adressée de Londres à l'abbé Ratel confirme les rapports du complot parisien avec les agents et émigrés d'Allemagne[1]. Le 28 février 1804, Pichegru est arrêté à Paris. Jusque-là, tout est complot; mais le 2 mars, les événements prennent tournure militaire : Bonaparte reçoit le rapport de Méhée de la Touche venu d'Offenbourg.

Méhée a appris de M. de Mussey « que plusieurs officiers généraux de l'armée de Condé, à la solde de l'Angleterre, étaient arrivés depuis quelque temps à Offenbourg, à Fribourg et sur d'autres points de la rive droite du Rhin et qu'il y avait, notamment à Offenbourg, les généraux La Saullaye, de Mellet et de Mauroy; que les uns et les autres, de concert avec les généraux Vauborel et Fresnel, le major Roussel et d'autres émigrés pensionnés de l'Angleterre, qui étaient restés en Allemagne, s'occupaient à s'organiser; qu'ils s'entendaient à cet égard avec le duc d'Enghien, et qu'ils devaient se réunir prochainement avec lui, soit à Offenbourg, soit à Fribourg, soit dans tout autre lieu qui serait indiqué par les instructions qu'on attendait d'Angleterre[2]. »

M. de Mussey lui donna, de plus, le nom d'un agent de Louis XVIII qui, placé à Fribourg, faisait passer les ordres et les instructions de ce prince sur toute la ligne et celui de deux agents de Bâle[3]. Enfin, il lui apprit que le comité d'Offenbourg avait de nombreuses intelligences sur la rive gauche du Rhin, notamment à Wissembourg, où la baronne de Reich se rendait fréquemment[4].

Voilà quelle fut, à mon avis, la première cause d'une expédition militaire. D'un agent qu'il doit considérer comme sûr, puisqu'il l'emploie avec succès depuis six mois, Bonaparte apprend qu'il se forme sur la frontière, non pas seulement un complot contre sa personne, mais une véritable armée contre la France, composée d'émigrés pensionnés, d'officiers généraux, qui s'occupent à s'organiser sous la direction du duc d'Enghien[5], et qui vont

---

1. Nougarède de Fayet, *Le duc d'Enghien*, p. 88 et 89.

2. N. de Fayet, p. 90. On voit que Bonaparte n'était pas pris à l'improviste et que peu de chose du complot lui restait inconnu; les contemporains n'ont guère compris les faits, parce qu'ils ont supposé que Bonaparte frappait au hasard, en aveugle et par simple passion, faute de connaître ses raisons.

3. Méhée reçut une lettre de recommandation pour Schneider. Cette lettre fut utilisée par le capitaine Rosey qui fut envoyé à Bâle chercher de nouveaux renseignements, et les avis donnés par cet homme sûr furent la confirmation de tout ce qui aurait pu être invention de Méhée.

4. N. de Fayet, *op. cit.*, p. 90 et 91.

5. Voici la lettre écrite le 15 février 1804 par le duc d'Enghien à Sir Charles Stuart, ambassadeur à Vienne, citée par M. Welschinger, *op. cit.*, p. 250.

A M. ..., à Vienne : « M. le général d'Ecquevilly m'ayant rendu compte, Monsieur, de l'empressement avec lequel vous aviez bien voulu vous charger de faire connaître à votre gouvernement mon désir d'être employé dans le cours de

recevoir prochainement « des instructions », probablement du comte d'Artois.

Quoi qu'il en soit, l'Angleterre est en guerre contre la France; depuis près d'un an, la paix d'Amiens est rompue (mai 1803) et la guerre existe en fait comme en droit. L'Angleterre est dans son droit d'organiser une armée d'émigrés, comme Bonaparte avait pu organiser le mouvement d'Emmet. Bonaparte est dans son droit de la combattre. C'est même son devoir de chef d'État; et il s'y emploie avec la plus grande activité.

Aussitôt le rapport reçu, informations sur le duc d'Enghien sont prises aux Relations extérieures. Où réside-t-il? A Ettenheim. Qu'est-ce qu'Ettenheim? C'est, dit Réal, d'Ettenheim, qu'en 1791, les trois princes de la maison de Condé vinrent, avec la légion du vicomte de Mirabeau, faire une nouvelle tentative sur Strasbourg pour marcher ensuite vers Paris. Coïncidence curieuse. En conséquence :

1° Ordre de surveiller d'Enghien, envoi du sous-officier Lamothe à Ettenheim pour connaître les déplacements du duc d'Enghien, savoir s'il organise son armée et s'il a reçu les instructions d'Angleterre.

2° Ordre à tous les ministres français de Hambourg, Stuttgart,

---

cette guerre, et de l'obligeance particulière que vous lui avez marquée pour ma personne, je me fais un plaisir de vous témoigner toute ma sensibilité à cette marque d'intérêt de votre part, et je n'ai point voulu tarder pour vous en faire mes sincères remerciements.

C'est donc, Monsieur, avec une entière confiance que je vous répéterai ce que, sans doute, le général d'Ecquevilly vous a déjà communiqué de ma part. La nullité absolue dans laquelle je végète, tandis que la route de l'honneur se trouve ouverte à tant d'autres, me devient chaque jour plus insupportable. Je ne souhaite que de donner à votre généreux gouvernement des preuves de ma reconnaissance et de mon zèle. J'ose espérer que les Anglais me jugeront digne de combattre avec eux nos implacables ennemis et me permettront de partager leurs périls et quelque portion de leur gloire.

Absolument dénuée de tout intérêt particulier relatif à ma cause, ma demande n'a pour but qu'un grade dans votre armée ou une commission honorable; elle diffère trop de celle qui, dans le temps, a été faite par les membres de ma famille résidant en Angleterre, pour que je ne conserve pas l'espoir fondé d'en obtenir un résultat plus heureux. Vous m'obligerez infiniment, Monsieur, d'appuyer fortement sur cette différence. Il est, sans doute, de devoir sacré pour nous de servir jusqu'à la mort notre cause et notre roi légitime, mais c'en est un bien pressant et bien cher à remplir pour moi que de servir nos bienfaiteurs et de leur marquer une reconnaissance aussi véritable que désintéressée. Ce désir existe depuis longtemps dans mon cœur et devient chaque jour plus ardent.

Faites-moi donc, je vous prie, Monsieur, le plaisir de m'éclairer confidentiellement sur les moyens que vous pensez devoir être les plus avantageux pour parvenir à mon but, et soyez certain d'avance de toute ma reconnaissance, comme de mon estime particulière et de ma considération distinguée pour vous.

L.-A.-H. de Bourbon,
duc d'Enghien.

Ettenheim, électorat de Bade, ce 15 février 1804.

Munich et Cassel de surveiller le passage des agents étrangers ou émigrés ;

3° Ordre aux préfets des départements voisins du Rhin, récemment réunis, de s'assurer si l'on ne fait aucune tentative de soulèvement, sur les soldats ou sur la population.

Tout cela est très légitime, rentre dans les droits et les devoirs du chef de l'État, et tout cela est bien la conséquence du rapport qui vient d'être reçu.

Puis, d'après la *Correspondance*, la vie paraît reprendre son train ordinaire. Paris est en état de siège en attendant l'arrestation de Georges; instruction de l'affaire de Pichegru; projets divers de Boulogne, Cherbourg et Carteret. Voilà les faits, en attendant les réponses de Lamothe, des ministres et des préfets :

2 mars, 7579. Diverses arrestations et papiers saisis à Paris.

3 mars, 7584, à Réal : « Un nommé Valcour, qui est un des agents ordinaires de l'armée de Condé, doit être dans une campagne près de Thionville. Voyez, d'ailleurs, Fouché. Expédiez en poste un officier intelligent avec trois gendarmes d'élite pour l'arrêter. »

4 mars, 7585. Mettre un espion chez le bailli de Crussol, ancien capitaine des gardes du comte d'Artois. Depuis quand a-t-il quitté l'armée des princes?

7586. Que le frère de Moreau se retire à Morlaix.

7587. Remplacer Cherbourg par Carteret pour une expédition contre Jersey de 8 à 10 000 hommes.

7588. Remettre en liberté les marins de Boulogne qui ont été pris par les Anglais, « bien que cela soit très suspect, car l'expérience a prouvé que les pêcheurs ne sont pris que lorsqu'ils le veulent bien ».

6 mars, 7592. Recherches dans le dossier de l'affaire Pichegru (que Bonaparte a connue mieux que personne par d'Entraigues en Italie), où l'on retrouvera le nom d'Enghien, par une seconde coïncidence.

Tout cela, c'est du courant, lorsque, le 7 mars, arrivent des nouvelles. Cette fois, ce ne sont plus des espions qui écrivent, mais des fonctionnaires, non plus des civils, mais des militaires, non plus seulement au sujet d'une bande d'émigrés, mais dénonçant un mouvement plus grave, celui des troupes autrichiennes. Je ne sais quel chef d'État recevrait calmement de tels avis, mais je comprends que Bonaparte, en éveil depuis longtemps sur les projets et sur l'accord avec l'Autriche, responsable de la sécurité de la France, prenne aussitôt les mesures nécessaires. Elles sont ordonnées d'urgence, mais encore bénignes :

7593.	Décision, 7 mars 1804 :
Le ministre de la guerre soumet au Premier Consul des renseignements transmis par le général Leval, commandant la 5e division	Envoyer sur-le-champ un adjudant général pour se rendre à Fribourg, à Schaffouse et dans les possessions autrichiennes de

militaire, et un rapport du commandant d'armes de Huningue, sur un mouvement des Autrichiens dans le canton de Schaffouse.

Souabe. De là, parcourir le Tyrol, aller jusqu'à Salzbourg et Passau. S'il voyait des mouvements extraordinaires de troupes, il en préviendrait par un courrier et continuerait sa marche.

Le 7 mars 1804 :

Communication du rapport du commissaire général de police Popp, de Strasbourg, sur les émigrés d'Offenbourg « une quantité d'émigrés français, parmi lesquels il doit y avoir des personnages marquants » : le gouvernement sera peut-être disposé à faire inviter M. l'Électeur de Bade à la disséminer sur son territoire, au lieu de la laisser subsister sur le seul point d'Offenbourg. (N. de Fayet, p. 98.)

En présence des complots formés de toutes parts contre lui, le Premier Consul ne crut pas devoir s'en tenir à cet avis et chargea M. de Talleyrand d'adresser à M. de Massias, ministre français près de l'Électeur de Bade, une note pour requérir leur extradition, ainsi que celle du comité d'émigrés français résidant à Offenbourg. De plus « l'intention du gouvernement est que la baronne Reich soit arrêtée. Elle a, dans le temps, facilité les relations de Pichegru avec Wickam..., peut-être même ses papiers fourniront-ils des renseignements intéressants ». (Lettre de Réal à Shée, 8 mars 1804.)

7594. Au général Soult, commandant le Camp de Saint-Omer.

Paris, 7 mars 1804.

Dans le *Moniteur* ci-joint, vous verrez le nom des brigands jusqu'à ce moment à notre connaissance; hormis Georges, tous les plus importants sont déjà arrêtés.

Une lettre d'Angleterre à Munich, que nous avons arrêtée, charge, à Paris, de faire des adresses aux armées pour qu'on prenne la défense de Moreau et de Pichegru, et des fonds considérables sont déjà envoyés dans ce pays pour arriver à cet objet.

J'ai ordonné au général Moncey de prescrire au commandant de la gendarmerie de votre camp, d'arrêter tous les marchands ou individus qui, sous quelque figure que ce soit, tiendraient des propos. Portez-y une attention particuliere; les Anglais envoient partout des agents; ils font des sacrifices considérables pour arriver à leurs fins. *Ayez une commission militaire composée d'hommes énergiques et faites des exemples.* Vous êtes, à Boulogne, inondé d'espions....

J'ai renvoyé tous les criminels, dont il est question, au tribunal de la Seine qui commence la procédure. Sous quinze jours, cela sera terminé....

On voit que, déjà, les inquiétudes militaires et les inquiétudes d'un complot se mêlent et s'associent : tout cela n'est pour Bonaparte, et il n'a point tort, que la double forme d'une action dirigée contre la France.

La journée du 8 mars paraît débuter calmement.

7596. Décision sur la division marquée des nobles et des roturiers dans les bals du carnaval à Turin et qui est jugée « contraire aux principes du gouvernement ».

7597. Décision renvoyant au ministère de l'Intérieur le rapport, « qui paraît fort important », du citoyen Lepaultre sur le commerce de la Russie.

7598. Bonaparte écrit de la Malmaison au général Dessole, commandant l'armée du Hanovre par intérim :

Je désire que vous exerciez la plus grande surveillance pour arrêter les espions et agents anglais dont vous devez être inondé. Une correspondance de Drake, agent anglais à Munich, que j'ai interceptée, me démontre que les Anglais mettent tout en œuvre pour faire des dupes de vos côtés.... Je doute que Georges échappe encore longtemps à la police.

C'est la suite naturelle de la lettre à Soult écrite la veille, lorsque à 11 heures du matin arrivent, coup sur coup, les rapports décisifs[1].

D'abord, c'est le rapport de Lamothe qui, au retour d'Ettenheim, annonce la présence de Dumouriez, du colonel Grunstein et du lieutenant Smith « tous récemment arrivés d'Angleterre ». Il se trouvera que Lamothe, trompé par la prononciation allemande, aura confondu Dumouriez avec un certain Dumoustier émigré, ou avec Thomery ou Thumery, ancien lieutenant-colonel au régiment du duc d'Enghien; Smith, avec Schmidt, ancien lieutenant au régiment du duc d'Enghien. Il y a, dans toute la littérature historique relative à cette affaire, beaucoup d'explications sur ces erreurs, trop peut-être, et pas assez sur le rôle du colonel Grunstein. Elles n'ont, du reste, aucune importance pratique, puisque Bonaparte les ignora et crut, comme il devait le croire, que Dumouriez, dont le départ secret de Londres pour Hambourg était annoncé dès janvier[2], était à Ettenheim, apportant les instructions attendues d'Angleterre.

Or, Dumouriez, c'était l'adversaire, le chef désigné de la coalition contre la France, celui qui connaissait Boulogne, Cherbourg qu'il avait créé et Carteret, celui qui devait défendre l'Angleterre contre l'armée de Boulogne, celui qui connaissait la route de Valmy. Sa présence, avec des instructions, indiquait que le moment était venu où l'armée allait s'organiser pour entrer en France. Coïncidant avec les nouvelles sur le mouvement des armées autrichiennes, elle était significative. Nul général ou chef d'armée ou chef d'État, Bonaparte, moins que tout autre, ne pouvait la négliger, ni douter que le danger fût grand et imminent. On ne peut pas

1. Voir toute la scène dans N. de Fayet, p. 95 à 111.
2. Nougarède de Fayet, *op. cit.*, p. 109.

demander à un chef, responsable de la sécurité d'un État, de rester inerte devant ces avis, de se laisser attaquer sans avoir rien prévu, ni de laisser se former sur sa frontière une armée qui paraît austro-anglo-émigrée et qui a pour chef Dumouriez[1].

Pour comble, les avis se succèdent en quelques minutes :

1° Moncey a remis à 11 heures un résumé du rapport de Lamothe.

2° Dans la journée, le préfet de Strasbourg envoie le rapport en entier;

3° Les préfets des bords du Rhin annoncent que des agents secrets, conduits par Rumpf, de Cologne, excitent la population et essaient même d'agir sur l'esprit des troupes;

4° Les ministres français, près des différentes cours d'Allemagne, annoncent des débarquements continuels d'émigrés à Hambourg, où Maillard leur donne de l'argent, les envoie sur Cassel et Stuttgart, d'où les résidents anglais les dirigent sur le Rhin où les appelaient un ordre du Conseil privé et une circulaire du prince de Condé[2];

5° Enfin, Didelot, résident français de Stuttgart, annonce que Spencer Smith est allé lui-même secrètement à Bâle pour organiser les émigrés.

Il y a là une concentration de rapports qui emportent la conviction. Mais il en manque un, le principal, le seul qui donnerait un avis sûr et important : c'est celui de Massias, ministre de France à Carlsruhe. De lui, seul compétent, rien. Massias est muet. Pourquoi? C'est, peut-être, dit Talleyrand, que sa femme est parente de la baronne de Reich, directrice du comité d'Offenbourg; il est bien possible qu'il se soit laissé circonvenir et aveugler.

Erreur ou calomnie, n'importe, le coup a porté. Désormais, il paraît bien certain que Bonaparte ne saura rien de précis, d'exact, ni de sûr, par les voies ordinaires d'information; que, s'il veut savoir la vérité, il faudra qu'il l'aille chercher, lui-même, par des moyens qui lui sont propres. Il ne peut pas souffrir, à quatre lieues de sa frontière, une armée organisée, conduite par Dumouriez. Quel que soit le moyen employé, il faudra qu'il sache exactement ce qui se passe par une reconnaissance, soit de soldats, soit d'espions. Mais, Talleyrand lui donne la solution. Puisque les émigrés se rassemblent de nouveau, il y faut aller en force, les saisir tous, saisir les chefs et, plus que tout, les papiers, l'organisation du

---

1. Voir Nougarède de Fayet sur Dumouriez, p. 104 à 110.

2. La circulaire est connue; l'ordre est discuté par les historiens. Voir cependant l'interrogatoire de Vincennes.

complot de Pichegru ou de Cadoudal, les instructions militaires; c'est le moyen de paralyser la guerre qui se prépare.

Le lendemain 9 mars, au soir, l'arrestation de Georges fait connaître qu'on attend à Paris un prince, qui ne peut être que le duc d'Enghien : on le saisira comme complice du complot, en même temps que comme chef de l'armée émigrée, et l'ordre part le 10 mars. Mais il me semble inutile, tout au moins, non prouvé, de faire intervenir là des questions de trône, de politique, de Bourbons à décourager. Si cette question s'est posée, c'est peut-être à l'exécution du duc d'Enghien, mais ce n'est pas, je crois, dans la « violation » du territoire de Bade.

S'il n'y avait eu que cette question de politique, il suffisait d'envoyer cinquante hommes pour enlever le duc d'Enghien, et, de fait, il semble bien que l'on envisage ainsi cette opération dans l'opinion commune. Cela nous choque autant que d'imaginer 50 agents de la police russe venant saisir un nihiliste en France sur l'ordre d'un juge russe et sans demande d'extradition. C'est ainsi que l'on donne à l'enlèvement d'Ettenheim l'apparence d'une opération de police judiciaire exécutée hors frontière. Mais la comparaison est inexacte.

D'une part, ce n'est que par une raison militaire, avec bataille possible à Wilstett, que je peux expliquer l'envoi de 1 000 hommes sur le territoire de Bade; et ce n'est pas par une simple opération de police que je peux expliquer l'ordre précis de prendre du pain pour quatre jours, des cartouches en quantité suffisante, et l'ordre éventuel de faire des patrouilles pendant quatre jours sur le territoire de Bade, en menaçant les baillis des villes s'ils continuent à recevoir les ennemis de la France.

D'autre part, il faut voir la situation telle qu'elle était, et la question est beaucoup plus complexe qu'on ne l'imagine d'ordinaire.

En ce qui concerne le duc d'Enghien, il faut bien considérer qu'il n'était pas pour Bonaparte un simple particulier, un civil, conspirateur ou non, mais *un soldat ennemi de la France.* Je rechercherai dans le chapitre suivant l'inculpation exacte qui pût être formulée contre lui, mais je m'en tiens ici à ce caractère de *soldat ennemi*, indiscutable parce qu'il fut reconnu par le duc d'Enghien lui-même dans son interrogatoire de Vincennes et qu'il est confirmé par sa lettre à Sir Charles Stuart.

Cela acquis, rappelons que les ordres furent envoyés pour son enlèvement le 10 mars et que le 9 mars au soir, Georges avait été arrêté, la preuve matérielle étant faite de son séjour à Paris, souvent nié. Or, quel était son but? C'était d'assassiner le Premier

Consul, ou bien de l'enlever sur la route de la Malmaison pour l'emmener prisonnier en Angleterre[1]. Je dis que le comte d'Artois, qui voulait faire enlever le Premier Consul à la Malmaison, devait s'attendre à ce que Bonaparte fît enlever le comte d'Artois à Londres, ou bien, à son défaut, quelqu'un des siens, tels que le duc d'Enghien. L'enlèvement, par réciprocité, du duc d'Enghien, sur le territoire anglais, aurait été justifié : la seule question qui se pose maintenant en droit est de savoir si le duché de Bade pouvait être assimilé à un territoire ennemi.

Si l'on veut croire que le duc d'Enghien n'eût aucun rapport avec le comte d'Artois, je rappellerai que Bonaparte ordonnait à Bruix de se porter de nuit sur la côte anglaise pour y saisir quelques bateaux et même quelques paysans, pour avoir des renseignements. L'enlèvement militaire d'un soldat ennemi, en temps de guerre, sur son propre territoire, est-il justifié par les lois de la guerre? A coup sûr, et il est même d'un usage très courant : l'enlèvement du duc d'Enghien, *soldat ennemi*, sur les côtes anglaises, aurait donc été justifié par les lois de la guerre : la question qui se pose de nouveau est donc de savoir si le duché de Bade pouvait, en droit, être assimilé à un territoire ennemi.

Avant de l'aborder et pour en finir avec les faits, il n'est pas sans intérêt de chercher pourquoi cette opération n'eut pas d'autre résultat que l'arrestation du duc d'Enghien et d'une vingtaine d'autres émigrés, si peu importants, que la plupart furent laissés à Strasbourg.

Dumouriez, d'abord, ne fut pas arrêté, parce qu'il n'était pas à Ettenheim. Quant à l'armée émigrée, quel que fût son rôle, elle ne s'organisa pas, faute de chefs, et n'essaya plus de se former sur la frontière immédiate de la France. Enfin, l'organisation ne fut pas découverte par les papiers saisis; tout simplement, peut-être, parce que Bonaparte fut trahi. Nous devons à M. Welschinger la preuve de ce que l'on pouvait soupçonner.

Le duc d'Enghien fut arrêté dans la nuit du 14 au 15 mars. Il fut certainement mis en garde par l'arrestation de la baronne de Reich le 11 mars, autorisée par le gouvernement de Bade le

1. Joseph de Maistre écrit de Pétersbourg le 3 avril 1804 : « On rira beaucoup en Europe de la conspiration de Paris; c'était cependant une machine bien montée. Hommes, argent, tout était prêt. Bonaparte devait être enlevé vivant et mené comme l'éclair, de poste en poste, jusqu'à la mer et à la flotte anglaise.... Je suis inconsolable du coup manqué. »

7161. A l'amiral Bruix, 4 octobre 1803 : « Les longues nuits arrivent. Choisissez deux ou trois capitaines de corsaires hardis et entreprenants, qui puissent, avec des péniches, se porter de nuit sur la côte d'Angleterre, saisir quelques bateaux de la côte et même quelques paysans qui puissent donner des renseignements sur ce qui se fait dans les différents points. »

12 mars, et Caulaincourt ne put trouver à Offenbourg que ceux qui n'avaient pas eu de raison de fuir. Le 14 mars, les officiers généraux, signalés par la note de Méhée, n'y étaient plus. Quant au duc, il avait été avisé, dès le 10 mars, par le marquis de Vauborel « des périls qui le menaçaient, lui et les émigrés réunis sur les bords du Rhin », et l'on se demande quels papiers auraient pu être saisis dans ces conditions. Enfin, le jour même de son arrestation, il recevait de Strasbourg l'avis qu'il allait être arrêté pendant la nuit, et donné par qui? Précisément par celui qui était chargé de prendre les mesures militaires, en raison de sa fonction, et qui fut l'un des chefs du détachement envoyé contre lui : le chef d'état-major de la 5e division militaire de Strasbourg, général Fririon. On aurait peine à le croire, si cela n'était confirmé par les *Mémoires* mêmes de ce général. Voici le récit olographe et authentique, rédigé par M. de Stumpf.

M. de Stumpf, avant de mourir, en 1827, fit, à cet égard, une déclaration olographe que sa fille remit au général Fririon. La voici :

J'avais invité le général Fririon à dîner; vers le milieu du repas arrive une ordonnance du général commandant la division, qui remit au général Fririon un paquet cacheté. En l'ouvrant, il devint tout pâle, se leva de table et me fit signe de le suivre dans l'antichambre. Il me communiqua, *sous le secret*, l'ordre qu'il venait de recevoir. Cet ordre portait qu'il devait passer le Rhin vers minuit, à Rhinau, avec un détachement de cavalerie pour arrêter le duc d'Enghien à Ettenheim, pays de Bade, et le conduire à la citadelle de Strasbourg.

Le général Fririon me dit que, comme ancien émigré, je pourrais faire part au prince de ce projet. Je me mis sur-le-champ à écrire à M. Rasch, maire de Rhinau, qui fit partir son frère, nommé depuis commandant de gendarmerie.

Le baron de Saint-Jacques, ainsi que d'autres personnes attachées au prince et résidant avec lui à Ettenheim, ont fait leur possible pour déterminer le prince à quitter cette ville. Le prince lui a répondu qu'il ne pensait pas qu'en temps de paix on se permît de violer un territoire neutre.

Ce ne fut que vers quatre heures du matin qu'il se décida à partir, mais c'était déjà trop tard; la ville d'Ettenheim était déjà cernée et personne ne pouvait plus s'échapper....

M. de Stumpf termine en affirmant devant Dieu et devant qui de droit la présente déclaration faite à Strasbourg le 31 octobre[1].

Je n'ai pas à qualifier l'acte du général Fririon. Je constate seulement qu'il nuisait à la mémoire du duc d'Enghien, dont l'innocence demeurera désormais toujours suspecte, et à Bonaparte, puisqu'il rendait inutile la recherche des preuves d'organisation d'une armée ou d'un complot[2]; et il semble que cet acte justifie,

1. Welschinger, *op. cit.*, p. 273 et 274.
2. Le Ministère des Relations extérieures au général Caulaincourt, Paris,

en prouvant leur nécessité, les précautions prises par Bonaparte, jusqu'à l'exemple de salutaire terreur que l'exécution du duc d'Enghien allait donner aux émules de Fririon.

Voilà les faits, condensés autant que je l'ai pu. Il faut maintenant examiner la question de violation du territoire, au point de vue du droit.

---

12 mars 1804 : « Le Premier Consul me charge de vous dire que, si vous n'étiez pas dans le cas de faire entrer des troupes dans les États de l'Électeur et que vous apprissiez que le général Ordener n'en a point fait entrer, cette lettre doit rester entre vos mains et ne pas être remise au ministre de l'Électeur. Je suis chargé de vous recommander particulièrement de faire prendre et de rapporter avec vous les papiers de Mme de Reich. (N. de Fayet, *op. cit.*, p. 144.)

Cf. N. de Fayet, p. 127 : « Talleyrand répondit que, d'ailleurs, il ne s'agissait pas seulement de s'emparer de sa personne et de celle des autres conjurés, mais aussi et, plus encore, de leurs papiers. A l'appui de cette dernière assertion, Fouché ajouta, comme une chose à sa connaissance personnelle, qu'il y avait à Offenburg, dans la maison de la baronne de Reich, une malle entière remplie des papiers les plus importants. »

Le droit.

> Non seulement l'Électeur ne m'a rien fait dire, mais il a laissé envahir son pays par l'ennemi, et le maréchal Ney est arrivé à Stuttgart en marche de guerre... et si son territoire eût été maintenu intact, je n'eusse pas permis que nos troupes y arrivassent avant les notifications d'usage dont 'ai été dispensé par la présence des ennemis. Voyez l'Électeur, expliquez-vous-en dans ce sens avec tout le corps diplomatique, et, par votre contenance, ne me faites pas avoir tort quand j'ai raison.
> (9310. A M. Didelot, 2 octobre 1805.)

Les faits connus, le droit peut être examiné. Qu'est-ce qu'une violation de territoire? En principe, c'est un délit international, « une atteinte illicite portée volontairement, sans motifs légitimes, aux droits d'un autre État[1] ». Il résulte de cette définition classique que, s'il existait un motif légitime, l'atteinte aux droits de l'autre État pourrait cesser d'être illicite, ou que le délit pourrait rester délit, mais avec des circonstances atténuantes, devant un tribunal international. La difficulté, en droit, vient de ce que le droit international n'a pas fixé les conditions précises dans lesquelles la violation du territoire est un délit absolu, ou atténué, ou excusé[2].

D'après l'opinion populaire, une violation de territoire ne peut jamais être justifiée. Pourquoi? Parce que nul n'a le droit de pénétrer dans la maison de son voisin, ou bien que nul n'a le droit de se faire justice. Maxime généreuse mais qui, transportée du droit des personnes dans le droit des nations, devient fausse. Ne confondons pas l'idéal moral avec la réalité internationale. Aujourd'hui, l'État, perpétuellement neutre, devra lui-même se faire

---

1. Bonfils, *op. cit.*, p. 516.
2. Cf. *La paix et le droit* (janvier 1911), sur le Congrès international de la Paix, Stockolm, 1910 :

« On n'a jamais tenté et on ne tentera probablement jamais, en rédigeant les codes

justice si ses garants n'interviennent pas, et, il y a cent ans, les États avaient le « droit » de se faire justice[1], au même titre que le « droit » de faire la guerre pour une cause légitime, reconnue par l'usage ou la doctrine.

Donc, déclarer *a priori*, comme le général Fririon dans ses *Mémoires*, que la violation du territoire de Bade était un acte injuste[2], c'est admettre sans preuve que la France n'avait pas de motif légitime; ou tomber dans l'erreur populaire, en supposant résolu le problème qui se pose : une expédition contre les émigrés, sur le territoire même de Bade, était-elle justifiée?

Demander, ainsi que le duc d'Enghien, « comment il se faisait qu'on était venu l'arrêter sur un territoire *neutre*, tandis qu'il y était uniquement occupé au plaisir de la chasse[3] », c'est supposer qu'il ne s'occupait effectivement que de la chasse. Or, nous avons la preuve du contraire.

Enfin, dire, comme le baron de Stumpf, que « le prince ne pensait pas, qu'*en temps de paix*, on se permît de violer un territoire *neutre* », c'est également supposer résolu ce problème complexe entre tous : Y avait-il paix? Bade était-il encore un territoire neutre? — Et si j'insiste, c'est que, sur cette illusion peut-être, par cette pétition de principe, depuis cent ans on condamne immuablement la violation du territoire de Bade.... Puisque Bade était en paix.... Puisque Bade ne faisait pas la guerre à la France.... Puisque Bade était neutre, dit-on. C'est là, justement, ce qu'il faudrait prouver.

En 1796, la République de Venise était neutre et en paix. Les Autrichiens occupent Peschiera. Derrière eux, Bonaparte occupe Peschiera. Protestations de Venise : inutiles, Peschiera n'était plus neutre.

Sur le territoire de Bade s'organisait, se préparait, d'après les renseignements de Bonaparte, une armée d'émigrés. Bade était-il encore neutre? — Question de fait. Examinée d'après les rapports

---

nationaux, de définir d'avance les circonstances qui rendent légitime un acte de défense à main armée. »

« Est-ce qu'il y a un droit de légitime défense? Non, il y a simplement un « état » de légitime défense. C'est une question de fait et non de droit. » F. Passy : « Il y a un devoir de légitime défense ».

1. Mably, *op. cit.*, I, p. 122 : « L'Électeur de Brandebourg prit enfin le parti de se faire justice par lui-même. »

2. Welschinger, *op. cit.*, p. 273.

3. *Id.*, p. 280. Il faut bien entendre le mot *neutre* dans le sens de cette époque, de non-belligérant. Il n'était nullement question d'une neutralité perpétuelle, telle que celle de la Suisse ou de la Belgique aujourd'hui.

que reçut Bonaparte du 1er au 8 mars, Bade n'était plus neutre, autrement que de nom, par un vain mot qui pouvait tromper des ignorants, tels que Fririon, ou des esprits prévenus, tels que ceux des émigrés[1], mais non des logiciens tels que Bonaparte et Talleyrand, qui ne faisaient pas et n'avaient pas le droit de faire de l'idéologie[2] : car, s'ils avaient été surpris par une armée sortant de Bade, leur responsabilité eût été lourde devant l'histoire.

Ces rapports policiers et militaires de Méhée, de Leval, de Shée, de Popp, des préfets, du commandant de Huningue, des ministres de Cassel, Hambourg, Stuttgart, qui s'accumulent en quelques heures dans la matinée du 8 mars, qui se complètent et se confirment l'un par l'autre, étaient-ils exacts? Nous dirions non, si quelque preuve contraire était venue; mais il n'y en a point. Qu'on entende bien qu'il ne s'agit là, ni du complot, ni de la participation du duc d'Enghien à un complot d'assassinat. Il s'agit de savoir si un groupe armé d'émigrés, à la solde ou d'accord avec des puissances alors en guerre contre la France, se préparait sur le territoire de Bade, et s'il y avait un commencement d'exécution. Or, tout le prouve. Je n'ai jamais rencontré la preuve contraire. Donc, je conclus que le territoire de Bade était déjà violé par le fait de l'armée émigrée en formation; et, comme le gouvernement de Bade ne pouvait ignorer ces actives et bruyantes menées, qu'il ne *devait* pas les ignorer, que son devoir était de les connaître ou d'y mettre fin, qu'il ne fit ou ne put rien dans ce sens, je crois pouvoir dire qu'il n'était plus neutre, que, sans être formellement en état de guerre, il n'était plus en état de paix, et que, manquant à ses devoirs, il s'exposait à une violation de ses droits.

Enfin, dire que le territoire de Bade fut violé, c'est soulever un autre problème que l'histoire n'a jamais résolu d'une façon satis-

1. « Il est bien facile d'abuser ce parti-là, parce qu'il part toujours, non de ce qui est, mais de ce qu'il voudrait qui fût. » (Bonaparte à Mme de Rémusat en 1805, *Mémoires*, I, p. 271.)

2. Cf. 13781. A Louis, roi de Hollande, 25 avril 1808 : « Je vous envoie la liste de toutes les personnes qui font la contrebande chez vous et infestent mes frontières. C'est une véritable hostilité qu'ils me font. J'ai fait arrêter ceux qui sont sur la frontière de France; je vous engage à en faire autant sur la vôtre. Vous n'aurez pas par là à vous plaindre de méfaits de ma part; mais je ne puis souffrir ce scandale plus longtemps. *Cela équivaut à un rassemblement de gens armés.* »

Cf. 297. Lecestre à Fouché, 17 juin 1808 : « Au reste, quand il sera prouvé qu'ils sont coupables, je ne veux exercer d'autre vengeance que celle de les faire connaître à la nation, pour les marquer du sceau d'un éternel opprobre. On ne peut pas regarder, comme des conversations philosophiques, ces conversations avec des hommes tarés et aussi peu philosophes que Malet, Guillet et autres généraux, tous gens d'exécution. Ce n'est plus de l'idéologie, mais une véritable conspiration. »

faisante, à savoir si le duc de Bade fut informé et consentant : car, alors, il n'y aurait même plus de violation possible.

L'électeur de Bade, en réponse à l'injure faite à son territoire, adresse les plus plates excuses au Premier Consul, et chasse les émigrés de ses États.... Et, plus tard, l'Empereur affirme que l'électeur lui a livré le prince[1].

Voilà qui serait d'importance capitale, au point de vue du droit, si cela était prouvé[2]; mais je crois que cela signifie seulement que le duc de Bade acquiesça sans difficulté à la demande d'arrestation présentée par Caulaincourt le 15 mars et ne fit aucune protestation, ni sur-le-champ, ni par la suite. Et cela lui aurait été extrêmement difficile, étant donnés les précédents.

Le 11 mars, le lieutenant de gendarmerie Michel Pétermann se rendit à Offenbourg, et, étant allé trouver le grand bailli qui demeurait à Berentheim, à trois heures de cette ville, il lui demanda l'arrestation provisoire de Mme de Reich, et même, *ainsi qu'il avait été fait plusieurs fois dans de semblables circonstances*, la permission de l'emmener : le grand bailli refusa cette dernière partie de la demande, disant que, s'il s'agissait d'un crime ordinaire, il pourrait en effet prendre sur lui de la donner, mais que, comme il s'agissait d'un délit politique, il lui fallait attendre l'avis du ministre de Carlsruhe (baron d'Edelsheim).

Quoi qu'il en soit, cette autorisation était arrivée le lendemain 12 mars, et Mme de Reich avait été emmenée immédiatement à Strasbourg[3].

Au reçu du rapport, Bonaparte écrira le 18 mars à Talleyrand : « Il y a dans ce rapport des choses qui me font penser que le baron d'Edelsheim n'est pas notre ami. Proposez-moi l'envoi à Bade d'un agent sur lequel nous puissions compter, et rappelez celui qui y est[4]. »

Voilà donc une négociation sans violence, et dans une matière où le précédent fait facilement loi, voilà un précédent d'extradition accordée pour délit politique. Bonaparte l'ignorait, lorsqu'il dicta ses ordres du 10 mars; mais l'électeur ne l'ignorait pas, lorsqu'il reçut la demande de Caulaincourt. Ayant permis pour la baronne

---

1. Welschinger, *op. cit.*, p. 411.

2. On en peut dire autant de l'attitude de Dalberg, ministre de Bade à Paris. Fut-il avisé? Savary dit : oui; d'autres, non. M. Welschinger croit « qu'il ne se décida à informer officiellement sa cour que le 20 mars, si bien qu'on peut déduire de ce retard voulu la complicité silencieuse de l'Électeur ». (*Id.*, p. 411.)

3. Nougarède de Fayet, *op. cit.*, p. 102. Cette arrestation du 11-12 mars dut naturellement mettre en émoi toute la petite ville d'Offenbourg. Cela explique pourquoi Caulaincourt put relâcher tous les émigrés restés dans la ville, pourquoi l'on ne retrouvera, ni la malle de papiers signalée par Fouché, ni aucun des officiers généraux signalés dans la note de Méhée.

4. *Correspondance*, 7 630.

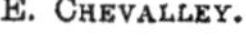

de Reich, il n'aurait pu, sans grave motif, refuser pour le duc d'Enghien. Cela m'explique suffisamment son attitude, son silence, sa prière pour que l'on ne discute point cette affaire à la diète de Ratisbonne. De fait, cet enlèvement, sans consentement formel de sa part, le tira d'un pas bien délicat[1].

A coup sûr, S. A. Électorale n'était pas un héros, mais il ne faut pas l'accabler. Entre souverains égaux, de telles affaires se règlent par la guerre, par des explications ou par des excuses : l'histoire en offre plus d'un exemple. Ici, elle se régla par des explications et, quant aux indemnités payées en territoires d'Allemagne, dit-on, Bade, qui fournit 3000 hommes à l'armée d'Austerlitz[2], n'obtint pas plus que les autres États. Il faut vraiment défendre ce pauvre électeur qui fit de son mieux dans une situation bien difficile et pour qui l'on est si sévère.

> Au fur et à mesure que les événements marcheront, on sera surpris de l'apathie de la cour de Bade. Cette apathie est, au fond, une complicité[3].

C'est plus que je n'oserais dire. Mais c'est bien dur!

> Ma fille, écrira Napoléon à la princesse Stéphanie le 26 juillet 1806, ma fille, aimez le vieil électeur, parce qu'il est votre père, et parce qu'il est un des princes les plus respectables de son temps, dont l'amitié ne s'est jamais démentie pour moi.
>
> C'est d'ailleurs un prince qui, constamment, a mérité de l'estime[4].

En résumé, l'histoire présente généralement la violation du territoire de Bade, sans tenir compte du fait qu'une armée d'émigrés se formait sur la frontière. L'opinion la juge d'après des principes erronés ou des raisonnements vicieux, qui supposent acquis, précisément, ce qui est en discussion.

Nous connaissons l'avis du Conseil privé rassemblé par Bonaparte le 10 mars 1804 : il serait facile d'arranger l'affaire avec l'électeur, un ingrat d'ailleurs.

Mais, nous ne connaissons pas l'opinion de Bonaparte lui-même.

---

1. M. Talleyrand écrit à Otto à Munich : « On a rendu un réel service à l'Électeur en faisant enlever ces conspirateurs qu'il lui eût été plus désagréable de livrer sur notre réquisition, et que cependant il n'aurait pu refuser. »

Il écrit aussi à Hedouville : « C'était un véritable service à rendre à l'Électeur que de lui épargner le chagrin de livrer lui-même des hommes que, cependant, il n'aurait pas pu refuser à la première réquisition du gouvernement. »

2. 9131. A M. Talleyrand, Boulogne, 23 août 1805 : « Monsieur Talleyrand, Monsieur Thiard doit, à l'heure qu'il est, être arrivé à Bade. Mon intention est que vous lui donniez les instructions et pouvoirs nécessaires pour traiter une alliance offensive et défensive avec Bade. Je garantirai à l'Électeur le recès de l'Empire, un accroissement dans ses États, à la paix, et il mettra 3000 hommes dans mon armée.... »

3. Welschinger, *op. cit.*, p. 262.

4. *Correspondance*, 10547 et 10491.

Dans des propos divers, mais peu authentiques, on lui prête cette phrase, qui frappe par la netteté de l'expression :

> L'inviolabilité des territoires n'a pas été imaginée dans l'intérêt des coupables et pour protéger les violations du droit des gens, mais dans l'intérêt de l'indépendance des peuples et de la dignité des souverains : c'était donc au souverain seul de Bade à se plaindre, et il ne le fit pas[1].

Cela est bien de son allure habituelle, un principe et un fait, sans plus. Mais le principe n'est ici qu'une affirmation, peut-être intéressée, qui ne saurait suffire en droit.

Étant donnés les faits, en droit international du temps, l'incursion armée constituait-elle un délit, ordonnée comme elle le fut, en temps de guerre, une armée, ou un rassemblement militaire, ou un armement non motivé se formant sur le territoire de Bade?

J'emprunterai à la thèse de M. Basdevant[2] les théories contemporaines sur la guerre continentale.

1° D'après Vattel, l'État neutre pouvait permettre à un belligérant de traverser son territoire, et l'adversaire n'était pas en droit de s'en plaindre. Cela justifierait Bade.

2° Cependant, à raison de l'impartialité que doivent garder les neutres, le passage ne pourrait pas, sans motif, être accordé à un belligérant et refusé à l'autre.

3° *D'ailleurs, le territoire neutre ne pourrait pas servir d'asile et de base d'opération à un belligérant qui y attendrait une occasion favorable pour attaquer son ennemi.* Cela signifie, évidemment, que si le territoire neutre servait d'asile et de base d'opération, il cesserait d'être neutre et devrait être considéré comme belligérant, donc exposé à une invasion militaire.

Or, le territoire de Bade servait d'asile et de base d'opération à des belligérants qui attendaient une occasion favorable, l'assassinat de Bonaparte ou tout autre événement, pour attaquer la France. Bonaparte en fut prévenu de toutes parts du 1er au 10 mars 1804. Dans ces conditions, Bade perdait le bénéfice de sa neutralité et les droits des neutres.

Voici, d'autre part, quel était l'état du droit international à cette date précise de 1804, d'après l'ouvrage de Rayneval : *Institutions du droit de la nature et des gens*, dont la 2e édition venait d'être publiée en 1803.

Distinguons avec lui les alliés de l'ennemi et les neutres, suivant l'hypothèse que l'on voudra admettre pour le territoire de Bade.

---

1. Rapporté par N. de Fayet, *op. cit.*, p. 241.
2. *La Révolution française et le droit de la guerre continentale*, p. 204-205.

§ 1. La neutralité suppose la plus parfaite impartialité. Le moindre acte de faveur exclusive, pour l'une ou pour l'autre des deux parties belligérantes, la détruit.

§ 2. L'effet de la neutralité est de faire respecter le pays de la nation neutre. Les puissances en guerre ne peuvent *ni y passer*, *ni y séjourner*, *ni y recruter*, ni en tirer des armes, *pas même des subsistances*, à moins que cette faculté ne soit commune aux deux parties[1].

En fait, un rassemblement ennemi passait, ou séjournait, ou recrutait, ou subsistait sur le territoire de Bade : il n'y avait donc plus neutralité, et l'effet de la neutralité, qui est de faire respecter le pays de la nation neutre, ne se produisait plus.

Quant aux alliés tacites de l'ennemi :

§ 4, p. 252 : « Il suffit qu'on aide mon ennemi à me nuire d'une manière quelconque pour que j'aie le droit de m'en plaindre et de l'empêcher.

« Aussi, il semble que la question est plutôt du ressort de la prudence politique que de celui du droit des gens ; c'est à moi, et à moi seul, de juger si j'aime mieux supporter la prestation faite contre moi d'un secours limité, que de provoquer et d'avoir un ennemi de plus à combattre : ma position, mon intérêt, ma conservation peuvent seuls être mes guides dans une pareille occurrence. Quant au droit, il me paraît incontestable. »

Rayneval appuie ses opinions d'une discussion des principes de Wolff et de Vattel (p. cxix de l'Appendice) et le droit lui paraît incontestable. Mais, dit-il, cette question n'est point du ressort du droit des gens. Comme elle est cependant une question de rapports entre nations, elle rentre donc, d'après lui, dans le droit de la nature. Nous sommes donc amenés à croire que Bonaparte vit également dans cette affaire une question du droit naturel fondé sur le droit de conservation et de réciprocité.

Pour nous, il nous est bien difficile d'en juger ainsi. Les faits, avec leur intérêt pressant, ne sont plus présents à notre esprit. Surtout, une question de morale internationale se mêle à la question de droit. La loi morale réprouve la violence, même si la loi légale l'autorise ou l'excuse : c'est ainsi que nous jugeons instinctivement.

Toutefois, cela ne nous donne pas le point de vue de Bonaparte. « Le cœur d'un homme d'État doit être dans sa tête, disait-il... sa lunette est celle de la politique. » A notre conception morale et idéale du droit s'oppose donc l'insensibilité de sa conception pra-

1. Chap. xiii : Des neutres, p. 255.

tique, politique et strictement juridique, la seule que j'aie prétendu déterminer ici.

Or, on sait le conflit soulevé par l'interprétation des règles de la neutralité, au début du XIXe siècle.

D'une part, la note anglaise de juillet 1793, remise au Danemark, disait que l'on ne pouvait pas regarder en ce moment comme possible l'observation, à l'égard de la France, des anciennes relations d'amitié *et de neutralité*. Lucchesini, s'appuyant sur Vattel, prétendait que, d'après la Constitution impériale gothique, « un prince de l'Empire peut être forcé à fournir des troupes pour la guerre, tout en conservant la neutralité de son pays[1] ».

D'autre part, la doctrine française formulée avec rigueur par Rayneval, après le Comité de Salut public, suivant l'opinion de Wolff, considérait comme contraire au devoir de neutralité l'appui fourni à des adversaires[2].

Dans cette conception française, écrit M. Basdevant, *plus rigoureuse que la doctrine de l'époque*, il ne faudrait pas voir une de ces prétentions arbitraires dont les belligérants ont donné tant d'exemples. *Cette conception est admise de nos jours* et cela nous amène à penser qu'elle répondait à un état de la société internationale autre que celui qui avait vu triompher la doctrine enseignée encore par Vattel et par certains publicistes du commencement du XIXe siècle[3].

La France considéra comme des ennemis les princes qui avaient laissé traverser leurs États par des troupes alliées. Pozzo di Borgo disait, le 10 juillet 1792, à l'Assemblée législative : Le pays, qui contient dans son sein les forces destinées à nous détruire, n'est pas en droit de réclamer la neutralité; c'est lui qui l'a violée le premier s'il a accepté de bon gré les bataillons ennemis, fourni les magasins, l'établissement des quartiers et les autres préparatifs de guerre[4].

Si un État neutre permet à un belligérant de passer sur son territoire, l'autre y pénétrera aussi pour attaquer son adversaire. Il négligera même d'en demander l'autorisation en invoquant la nécessité d'une action rapide. On s'emparera des forteresses qui s'y trouvent sous prétexte que l'adversaire pourrait les occuper : on hésitera d'autant moins à le faire que Vattel autorise ce procédé. Le territoire neutre deviendra ainsi le champ de bataille des belligérants. C'est ce qui arriva pendant la Révolution, notamment à l'égard de Gênes et de Venise[5].

Cette controverse ne date point de l'époque de la Révolution française; elle est peut-être de tous les temps, et se trouve nettement indiquée dans le *Droit public de l'Europe fondé sur les*

---

1. Basdevant, *op. cit.*, p. 199 et 201.
2. *Id.*, p. 200 et 201.
3. *Id.*, p. 202.
4. *Id.*, p. 205.
5. *Id.*, p. 206 et 207.

traités de Mably, auquel il faut toujours en revenir pour comprendre le droit des gens napoléonien :

> Il n'est pas douteux qu'il ne soit permis d'agir hostilement contre les États qui prêtent des secours à nos ennemis ; c'est la décision de Grotius, de Puffendorff et du judicieux et savant magistrat qui a donné depuis peu un Essai sur les principes du droit et de la morale.
>
> Dans tous les temps, on a agi conformément à ce principe ; cependant, il s'est presque établi en Europe, depuis le commencement de ce siècle, une nouvelle façon de penser sur cette matière [1]....
>
> ... Ce n'est pas une déclaration qui constitue l'état de guerre entre deux peuples, mais les hostilités qu'ils commettent l'un sur l'autre, et les torts qu'ils se font réciproquement [2].

Quoi qu'il en soit, la conception du droit des neutres n'était donc pas définitivement assise au début du XIXe siècle. Il est naturel que les émigrés et les auteurs royalistes de 1820 aient prétendu que le duché de Bade était resté neutre, eût-il prêté asile à une organisation militaire d'émigrés. Il est aussi naturel que Bonaparte ait suivi le droit révolutionnaire et celui de Mably :

> *Si un État neutre permet à un belligérant de passer sur son territoire, l'autre y passera aussi pour attaquer son adversaire. Il négligera même d'en demander l'autorisation, en invoquant la nécessité d'une action rapide.*

La question de fait est celle-ci : une force armée se groupait-elle contre la France dans le duché de Bade, coïncidant avec un mouvement des troupes autrichiennes et l'expédition de Georges à Paris ? Bonaparte a-t-il dû ou pu le croire ?

J'ai essayé de montrer ce que les rapports de ses agents les plus divers lui avaient appris et ce qu'il pouvait croire de bonne foi. L'histoire ne les contredit pas :

> En Allemagne, écrit Sorel, on annonce une journée qui rejettera la France dans l'anarchie. A Berlin, on dit à l'oreille que les mouvements de troupes de l'Autriche dans le Tyrol et la Souabe n'ont qu'un objet : se mettre en mesure de frapper, dès qu'on connaîtra l'événement de Paris, la mort ou l'enlèvement de Bonaparte [3].

Quant au droit, entre tant de conceptions, morale ou juridique, royaliste ou révolutionnaire, je laisserai choisir et conclure ; mon seul rôle a été de montrer celle que Bonaparte a choisie, de compléter l'exposé, généralement sommaire, des faits par quelques données des textes, et de débarrasser la question de droit international des termes adventices de droit pénal qui la compliquent.

---

1. Mably, *op. cit.*, I, p. 28.
2. *Id.*, p, 29.
3. Sorel, *op. cit.*, VI, p. 342.

L'affaire du duc d'Enghien.

Les textes, les faits et les déductions de l'histoire.

« On gouverne les hommes avec des mots. »
« Mon fils, les mots sont tout. »
(Disraeli; 10 324.)

J'étudierai l'affaire du duc d'Enghien au point de vue du droit des gens, parce que je crois qu'elle relève, non du droit pénal, mais du droit des gens. C'est l'idée que laisse une étude minutieuse de la *Correspondance* et l'opinion de Napoléon lui-même, autant qu'on puisse la dégager. Ce serait donc d'après les principes et règles du droit international public qu'elle doit être examinée et jugée. Cette distinction ne peut surprendre que ceux qui n'ont pas songé que tuer un homme à la guerre est recommandé; et pour les autres — magnifique pouvoir des mots répétés — l'expression consacrée d'assassinat a pu seule faire illusion pendant cent ans.

L'histoire — et Napoléon, je crois, pendant son règne — ont tout fait pour donner à cette affaire le caractère pénal.

L'histoire, du moins, est d'une unanimité telle, que c'est là, peut-être, le seul point où tous les historiens, que je sache, se rencontrent — et ce n'est pas sans scrupule que je hasarderai ce que je crois être la vérité.

Apprenant la fatale nouvelle, Louis XVIII écrit aussitôt le mot qui est sur toutes les bouches :

> J'ai reçu hier, mon cher frère, l'affreuse nouvelle de l'*assassinat* de M. le duc d'Enghien [1]....

1. Daudet, *Histoire de l'émigration*, III, p. 320.

Quelque peu inquiet de sa situation en Pologne, il répond cependant avec sang-froid :

> Sans doute, l'*assassin* d'un héros ne peut être arrêté par un vain titre [1];

et comme, sur ces entrefaites, le comte d'Artois vient de perdre son amie, Mme de Polastron, il lui verse cette suprême consolation :

> Je me suis presque réjoui que la nouvelle de l'*assassinat* de M. le duc d'Enghien ait suivi de si près votre malheur [2].

Quant au roi de Suède, Gustave-Adolphe, qui se trouvait à cette époque dans le duché de Bade, chez son beau-père, recrutant bruyamment des adversaires contre Bonaparte, pour le moment où il allait se déclarer roi, il renvoya héroïquement le cordon de l'Aigle noir au roi de Prusse en déclarant que :

> D'après les lois de la chevalerie, il ne pouvait consentir à être le frère d'armes de l'*assassin* du duc d'Enghien [3].

Mme de Staël intitule son chapitre xv : *Assassinat du duc d'Enghien*, tout en reconnaissant qu'il n'y eut point de passion, ni de fureur, dans ce forfait [4].

Je ne parle pas des ouvrages populaires, ni des manuels scolaires. Illustré ou non, c'est toujours l'*assassinat*, presque le seul fait dont la qualification ne varie pas suivant l'opinion politique de l'auteur.

Si l'on trouve parfois quelque atténuation : « raison d'État [5] », « la question est de savoir si celui qui en est coupable a agi sous la pression de conjonctures impérieuses et urgentes »; encore faut-il toujours conclure que : « l'arrestation et l'exécution du duc d'Enghien constituent ce que l'on appelle un *crime* politique » et que, « pas plus que tous les autres *crimes*, il ne pourra jamais être absous [6] ».

Enfin, pour ne pas multiplier ces inutiles citations, M. Welschinger [7], un des plus récents historiens de cette affaire, conclut en disant :

---

1. Daudet, *Histoire de l'émigration*, III, p. 325.
2. *Id.*, p. 323.
3. Chateaubriand, *Mémoires d'outre-tombe*, II, p. 411.
4. *Dix années d'exil*, 1re partie, chap. xv.
5. Le prince Napoléon, *Napoléon et ses détracteurs*.
6. Arthur Lévy, *Napoléon intime*, p. 473, édition Plon, 1893.
7. H. Welschinger, *Le duc d'Enghien*, Plon, 1888, p. 361. Je me suis permis de citer

On voit maintenant de quelle façon a été jugé le duc d'Enghien. Ni justice, ni clémence. Aussi peut-on dire que l'intervention de Réal est une légende, et l'exécution, un *assassinat.*

Ainsi, des contemporains jusqu'à nos jours, il n'y a, semble-t-il, qu'une seule voix : *crime*, ou *assassinat* — *coupable, ne peut être absous.*

Il faut pourtant s'entendre et dire ce que signifient les mots : Napoléon fut un assassin.

Fut-il un assassin au sens propre, c'est-à-dire, a-t-il matériellement et effectivement mis à mort, de ses propres mains, le duc d'Enghien? Non, sans doute. C'est pourtant ainsi qu'on le représentait dans les gravures du temps publiées à Londres : Bonaparte frappant à coups de sabre le duc tenu par deux généraux. Si cela n'est pas admis, il faut, par probité historique, remplacer le mot *assassinat* par un terme juridique plus exact, car l'opinion populaire est simpliste.

Si l'on veut dire, au contraire, que Napoléon fit condamner le duc d'Enghien sans preuves de culpabilité, — ou bien en vertu de lois pénales, et sans suivre les règles et formes de la procédure pénales, — ou bien que le duc d'Enghien fut condamné par ordre, sans aucune des garanties que la loi donnait aux accusés, — qu'on dise alors que Bonaparte fut un assassin *légal*, si l'on veut, ou quelque terme équivalent[1]. Une question bien posée peut être résolue, et je crois que c'est bien ainsi qu'elle se pose dans l'histoire :

Le duc d'Enghien fut accusé de complot, ou de complicité, dans une tentative d'assassinat contre le Premier Consul. Les preuves absolues et décisives firent défaut. Il a donc été condamné injustement.

Ou bien : l'indépendance des juges doit être absolue. Or, il est évident que les juges de Vincennes ne furent pas libres et que Bonaparte, d'avance, avait décidé l'exécution. Lui-même, il en convient. Les juges ont dû laisser en blanc les articles et loi visés, et, cependant, ils ont prononcé la peine de mort; le jugement est donc irrégulier : c'est donc un assassinat juridique.

---

très souvent cet ouvrage, où l'on trouve soutenue dans toute sa force l'idée d'une condamnation pénale que j'écarte. On voudra bien n'attribuer qu'à cette différence de points de vue les divergences d'opinion qui peuvent en résulter et qui n'atteignent en rien la haute estime due au talent de l'historien. Dans une affaire aussi complexe, les opinions les plus opposées sont soutenables.

1. Sorel dit « meurtre juridique », VI, p. 349.

Ou bien : le duc était accusé de complicité avec Cadoudal. La complicité n'a pas été matériellement établie. Toutefois, Napoléon la tient pour certaine. Mais, par là même, il se condamne. Car le complice aurait dû être jugé avec l'auteur principal, ou du moins avoir comme lui un avocat, une audience publique, etc. Or, toutes ces garanties furent refusées. Il y a donc là une procédure absolument irrégulière, qui équivaut à un assassinat juridique.

Je ne crois pas avoir affaibli les arguments de l'histoire en les résumant.

> Serait-il possible d'excuser un pareil jugement? Examinez de quelle façon et par qui il a été rendu. On ne sauvegarde même pas les apparences. Quelle est la compétence des juges? Nulle. Où est l'arrêt motivé? Nulle part. Les témoins? Il n'y en a pas. Le défenseur? Il n'y en a pas. Le public? Absent. Les lois qui condamnent? On les ignore. La sentence? Elle est rédigée en blanc.... Il est donc permis de dire, sans abuser des mots, que ce jugement est un forfait [1].
>
> Voyez ensuite de quelles irrégularités fourmille l'instruction. Tout se fait la nuit, contrairement aux lois. On commence l'instruction à minuit. Nul autre que Savary n'assiste au jugement. La présence de ce général était-elle de nature à adoucir l'arrêt? Non, car on sait de quel poids considérable cette présence a pesé sur la conscience des juges. A-t-on eu recours à la revision des jugements? Non. Y a-t-il eu appel? Non. La loi a été sciemment foulée aux pieds, et ce document monstrueux, ce jugement informe restera comme le plus terrible exemple de ce que peut exiger une ambition tyrannique, de ce que peut accorder une faiblesse complaisante [2].
>
> Au lieu des formes protectrices et modérées de la justice, qu'avait-on vu? Un simulacre de jugement, un arrêt prononcé dans la nuit et suivi d'une exécution furtive, une précipitation sauvage [3].
>
> Oui, c'est un crime, et que rien n'excuse. Ni les exploits, ni la gloire, ni dix années de splendeurs et de triomphes inouïs n'effaceront cette tache de sang [4].

Tel est bien l'acte qui marque d'une façon indélébile le front de Napoléon. Tel est ce crime qui, « comme tous les autres crimes, ne pourra jamais être absous » et celui que « les plus zélés partisans de l'Empereur ne pourront jamais excuser ».

Or, je crois, d'après la *Correspondance*, que le duc d'Enghien a été condamné, suivant les formes, et que son jugement ne fut point « un simulacre », ni « un forfait », que l'histoire a été trompée, par de fausses pièces, ou qu'elle est victime de fausses

---

1. Welschinger, *op. cit.*, p. 332.
2. *Id.*, p. 333.
3. *Id*,, p. 449.
4. *Id.*, p. 454.

déductions, parce qu'elle a commis cette erreur fondamentale de placer l'affaire dans le droit pénal, alors qu'elle relève du droit des gens.

Le jugement pénal du duc d'Enghien serait une iniquité pour manque de preuves, vices de forme, ou défaut de compétence. C'est là ce que l'histoire reproche à Napoléon. Mais elle lui reproche une chose qui n'est point, à mon avis, et le condamne pour un crime imaginaire.

Le duc d'Enghien aurait été jugé et condamné suivant les formes du droit des gens, voilà ce qui ressort de la *Correspondance*. Napoléon l'a dit et nous ne l'avons point compris. C'est qu'il fut lui-même l'auteur volontaire de cette substitution des droits, qui a trompé l'histoire, qu'il a dissimulée pendant tout son règne, parce qu'elle servait les desseins profonds de sa politique.

Lorsqu'il a voulu soulever plus tard le fardeau des malédictions qui l'écrasait, les murs muets d'une prison véritable ont étouffé sa voix. On a dit qu'il expiait[1]. Lorsqu'il a rouvert son testament pour écrire à cette heure solennelle : « Dans une semblable circonstance, j'agirais de même », on a dit : « La vérité n'est pas dans le testament[2] ». Lorsque, deux ans après sa mort, le monde ému voulut savoir : « Sa Majesté a répondu que l'enquête ne serait jamais autorisée par elle[3] ».

Je crois que la vérité est dans le testament, non dans l'histoire.

On sait qu'en cette affaire il n'est plus d'heureux hasard d'archives. Ce n'est donc que sur une lente et minutieuse étude des textes que l'on peut établir une opinion. Cette méthode m'a conduit d'abord au doute, et c'est l'origine même de ce doute que je voudrais exposer.

Le texte du jugement du duc d'Enghien est évidemment la meilleure base pour une discussion juridique de sa condamnation. Mais c'est là, très exactement, que la difficulté commence. Car, ce n'est pas un texte que nous avons, mais deux. Or, ils sont si différents que, si l'un est vrai, l'autre doit être faux. Sur lequel fonderai-je mon opinion? Sur le vrai ou sur le faux? Tout le problème est là.

---

1. Welschinger, *op. cit.*, p. 455.
2. *Id.*, p. 452.
3. *Journal des Débats* du 18 novembre 1823, Welschinger, *op. cit.*, p. 431.

Je suis donc amené à une comparaison, au moins sommaire, des deux textes.

L'un, que j'appellerai celui de Vincennes, est celui qui laisse en blanc les articles et lois visés, celui que le général Hulin a signé, celui qu'il a renié en 1813, et qui est le texte antérieur à l'exécution. Il est sommaire : constate l'identité, deux faits, et condamne *sans viser aucune loi pénale.*

L'autre est celui qui a passé au *Moniteur*, le lendemain de l'exécution, le 1er germinal (22 mars). Il contient les énonciations du premier, et condamne à mort, comme le premier. Mais l'accusation y est plus fournie; *il vise des lois pénales et militaires* si précises, que le texte même des articles y est inséré en entier, afin que nul n'en ignore. Il ne présente ni lacunes ni blancs; il est plus complet que le premier et plus régulier d'apparence.

« Hulin... dit qu'il y a eu deux minutes du jugement.... Nous le savons, et nous examinerons plus tard le deuxième jugement qui fut rédigé après la mort du prince et inséré au *Moniteur* du 1re germinal. Mais Hulin ne peut invoquer ce deuxième jugement, qui fut rédigé par Réal et d'autres légistes, le 21 mars, entre midi et trois heures [1]. »

Si je me fonde sur le second texte, je dirai : le duc d'Enghien a été condamné d'après les lois pénales et militaires. Donc, il devait avoir les garanties que la loi pénale ou militaire donne à un accusé.

Si je me fonde sur le premier, je dirai : le duc d'Enghien n'a pas été condamné d'après une loi pénale, mais d'après une loi que j'ignore momentanément, que je devrai découvrir, pour savoir si les formes de procédure qu'impose cette loi ont été observées.

Toute la question est donc de savoir lequel des deux textes a servi de base à la condamnation.

Or, sur ce point, l'histoire n'hésite pas :

« Quand Hulin dit que cette pièce portait uniquement l'ordre de lire « tout de suite » le jugement à l'accusé, c'est au jugement rédigé par Réal qu'il fait allusion. Celui-là, il ne peut l'invoquer. Le seul, le vrai, celui qui a été exécuté, *le jugement reconnu tel par l'histoire* — quels que soient ses vices de forme —, c'est le jugement rédigé et signé par Hulin, contresigné par les membres de la Commission militaire [2]. »

---

1. Welschinger, *op. cit.*, p. 332.
2. Welschinger, *op. cit.*, p. 332.

Le seul jugement reconnu par l'histoire est le texte de Vincennes. Cela est logique. Le texte postérieur à la condamnation ne peut pas avoir été la base de la condamnation. Oserait-on dire : une loi faite demain est la cause d'une condamnation prononcée hier? Ce serait une injure au bon sens.

On a pu essayer de le faire croire; mais, en fait, cela n'est pas vrai, parce qu'il n'est pas possible que cela soit vrai. Ce n'est pas en vertu d'une loi inventée le lendemain que le duc d'Enghien put être exécuté la veille. Si l'on veut, il y eut deux condamnations : l'une en fait, la veille; l'autre fictive, le lendemain; l'une vraie, l'autre fausse; l'une pour Bonaparte, l'autre pour le public. Et si je veux savoir la cause vraie de la condamnation, ce n'est pas dans le document du lendemain, dans le faux historique[1] que j'irai la chercher, mais dans le document vrai, celui de la veille, celui en raison duquel le duc d'Enghien a été effectivement condamné et exécuté. En prenant ce texte pour base, je suis donc d'accord avec l'histoire.

Si les deux textes concordaient, il me serait indifférent d'étudier l'un ou l'autre. Mais, s'ils ne concordent pas en entier, je serai fondé à supposer que la différence est ce qu'on a voulu imposer au public. Quelle est la différence? C'est que le second jugement vise des lois pénales. Je suis donc amené à penser que Napoléon a voulu faire croire au public que le duc d'Enghien fut condamné d'après la loi pénale, mais que cela n'était pas vrai.

Que l'on me permette de dépayser le problème pour le soustraire à toute espèce de considérations politiques ou personnelles. Supposons que le tribunal sommaire de Tanganyka condamne un individu X. pour bigamie, d'après la loi religieuse, et le fasse exécuter le soir même; que, le lendemain, le gouvernement fasse publier dans un journal semi-officiel : Le nommé X. a été condamné pour meurtre en vertu de l'article 56 du Code pénal. X. aura-t-il été condamné et exécuté pour meurtre ou bien pour bigamie? d'après la loi religieuse, ou d'après la loi pénale? Pour bigamie, cela est évident, et d'après la loi religieuse, pour les raisons données dans le premier et véritable jugement.

Pourquoi donc raisonner autrement en ce qui concerne le duc d'Enghien? Il est bien évident que la cause de sa condamnation doit se trouver dans le premier jugement, et non dans le second, s'il n'est qu'un faux.

1. 15 694. A Clarke, 21 août 1809 : « Faites connaître au maréchal Jourdan... qu'il pouvait dire dans le journal de Madrid tout ce qu'il voulait, mais qu'il n'a pas le droit de déguiser la vérité au Gouvernement. »

Mais, dira-t-on, nous ne la voyons pas dans ce premier jugement? C'est peut-être qu'on ne l'a pas cherchée.

Reprenons l'exemple du Tanganyka. Je suppose que la loi religieuse, qui permet de condamner à mort pour bigamie, ne soit pas encore codifiée, n'ait pas de procédure réglée et soit simplement à l'état d'usages, ayant force de lois.

Le jugement sera à peu près celui-ci :

Le chef de la religion accuse X. de bigamie.

Etes-vous X.? — Oui.

Avez-vous deux femmes? — Oui.

En conséquence, X. est condamné à mort : légalement dans la mesure où l'usage fait loi, sans textes ni articles puisqu'il ne peut pas y en avoir.

Là-dessus, viennent les historiens armés du journal.

Où est, dans ce premier jugement, la preuve du meurtre? Elle n'y est pas, puisque X. n'a pas été condamné pour meurtre. — Où est le texte de l'article 56 du Code pénal? Il n'y est pas, puisque X. n'a pas été condamné en vertu du Code pénal. — Où sont les formes de la procédure criminelle? Elles n'y sont pas, puisque X. a été condamné d'après la loi religieuse.

Mais, nous ne connaissons pas cette loi religieuse qui permet de condamner à mort? Ce n'est pas tout à fait exact, nous la connaissons, mais nous n'y avons point pris garde.

Pourquoi? C'est que nous avons été volontairement lancés sur une fausse piste, juste assez vraisemblable pour nous égarer.

Admettons maintenant que Bonaparte, chef de l'armée, ait fait condamner le duc d'Enghien en vertu d'une règle à laquelle nous ne songeons point, que cette règle militaire ne soit pas codifiée, n'ait pas de procédure réglée, soit simplement à l'état d'usages ayant force de loi, et qu'elle s'applique, sans discussion possible, au duc d'Enghien.

Le jugement sera à peu près celui-ci :

Le chef de l'armée accuse le duc d'Enghien d'un tel acte. Êtes-vous le duc? — Oui. — Avez-vous commis tel acte? — Oui. — En conséquence, le duc d'Enghien sera légalement condamné à mort, dans la mesure où l'usage fait loi, sans texte ni article, parce qu'il ne peut pas y en avoir.

Là-dessus, les historiens se présentent armés du *Moniteur*.

Où est, dans ce premier jugement, l'article 2 du Code militaire des délits et des peines, du 21 brumaire an V? Il n'y est pas, parce que le duc d'Enghien n'a pas été condamné d'après le Code militaire de l'an V. — Où est, dans ce premier jugement, l'article 1er, deuxième section du titre 1er du Code pénal ordinaire, du 5 octobre 1791? Il n'y est pas, parce que le duc d'Enghien n'a pas été condamné d'après le Code pénal ordinaire. — Où sont les avocats, les juges, le public, la salle ouverte et toutes les garanties que la procédure pénale ou militaire donne aux accusés? Tout cela n'existe pas, parce que le duc d'Enghien n'a pas été condamné d'après la procédure pénale ou militaire.

Supposons que, suivant une expression qui lui était familière, dans une pièce fausse, destinée au public, que nous savons et déclarons fausse, Napoléon ait dit au *Moniteur* que le duc d'Enghien fut condamné d'après le Code de Chilpéric. Cela était sans conséquence puisque le duc était déjà exécuté. Croirions-nous que le duc d'Enghien fut condamné d'après le Code de Chilpéric? Exigerions-nous les formes du Code de Chilpéric dans son jugement? Non, sans doute.

Le *Moniteur* dit de la même manière, dans une pièce destinée au public, que le duc fut condamné d'après le Code pénal. Pourquoi le croyons-nous maintenant? Pourquoi exigeons-nous les formes du Code pénal dans son jugement?

C'est que cela est plus vraisemblable. Concluons donc que Napoléon a su trouver une explication vraisemblable, mais rien ne nous autorise à conclure que cette explication est vraie. Au contraire, la preuve qu'elle n'est pas vraie, c'est que tous les historiens et les juristes, après cent ans de recherches et de réflexion, sont arrivés à cette conclusion : Le texte du second jugement est faux, le Code militaire et le Code pénal ne s'appliquent pas et ne pouvaient pas s'appliquer au duc d'Enghien[1].

---

1. Nous avons déjà prouvé que le duc n'était pas émigré, mais banni. Et, d'ailleurs, les lois ne lui étaient point applicables, puisqu'il se trouvait dans un pays en paix avec la France. En supposant que le complot eût été prouvé, la Commission militaire ne pouvait connaître d'un pareil crime. Seuls, les tribunaux ordinaires avaient cette compétence. La Commission militaire n'avait pas plus de compétence pour juger le crime d'embauchage..... (Welschinger, *op. cit.*, p. 333.)

Id., p. 131 : « Ainsi, voilà sept hommes qui condamnent un autre homme à mort et qui ne peuvent citer, ni la loi qui vise son action criminelle, ni l'article de loi qui édicte la peine.

« Devant la constatation d'un fait pareil, Nougarède en est réduit à invoquer les lois de la Convention du 19 mars et du 10 mai 1793, comme si ces lois étaient encore applicables sous le Consulat! Comment, le Premier Consul s'est vanté d'avoir aboli la Terreur, et, quatre ans après le 18 Brumaire, il aurait eu le droit de revenir à cet exécrable système? — Et M. Boulay de la Meurthe dit que Hulin, « certain de l'existence des articles, mais empêché de les citer, dut réserver sur la feuille du Jugement la place pour les écrire ». Hulin ne connaissait ni les lois ni les articles. Elles étaient, d'ailleurs, si peu connues, que les légistes, dans le second jugement, visèrent des lois qui ne s'appliquaient pas au duc d'Enghien! »

Toute l'habileté aurait été de choisir un texte assez vraisemblable pour faire momentanément illusion.

En quoi était-il vraisemblable? C'est que, normalement, habituellement, nous ne concevons que deux manières de condamner légalement un homme à mort : l'une, d'après le Code militaire, l'autre, d'après le Code pénal, soit comme soldat, soit comme criminel.

La preuve que cela est une conception normale et habituelle pour nous, c'est que nous n'avons pas cherché une autre loi qui ait pu condamner le duc d'Enghien, en dehors des formes pénales et militaires. C'est que, depuis cent ans, les historiens répètent ce raisonnement invraisemblable au delà de toute expression : « Nous savons que le duc d'Enghien n'a pas été, et n'a pas pu être condamné d'après le Code pénal; mais, cependant, quel crime que de n'avoir pas observé les formes de la procédure pénale! » C'est que tous disent, sous une forme ou sous une autre : « Il n'y a que deux lois qui aient la mort pour sanction : la loi militaire et la loi pénale. Or, les formes et procédures de ces deux lois n'ont pas été observées; donc Napoléon est un assassin légal ». Raisonnement majestueux et puissant, mais qui doit crouler par la base, même au contact de cette simple vérité juridique : Il y a une troisième « loi » qui permet de condamner légalement un homme à mort sans les formes pénales, qui s'appliquait et que Bonaparte a volontairement appliquée au duc d'Enghien : c'est la loi de la guerre.

Sur les trois chefs d'accusation formulés par le gouvernement consulaire dans la séance du 29 ventôse an XII (20 mars 1804) :

> Le gouvernement arrête que le ci-devant duc d'Enghien prévenu :
> D'avoir porté les armes contre la République;
> D'avoir été et d'être encore à la solde de l'Angleterre;
> De faire partie des complots tramés par cette dernière puissance contre la sûreté intérieure et extérieure de la République.

les deux premiers seuls furent relevés dans le jugement de Vincennes. Les deux furent avoués :

> A lui demandé s'il a pris les armes contre la France? A répondu qu'il avait fait toute la guerre, et qu'il persistait dans la déclaration qu'il avait faite au capitaine rapporteur et qu'il a signée. A de plus ajouté qu'il était prêt à faire la guerre et qu'il désirait avoir du service dans la nouvelle guerre de l'Angleterre contre la France.
>
> A lui demandé s'il était encore à la solde de l'Angleterre? A répondu que oui, qu'il recevait par mois cent cinquante guinées de cette puissance.

En conséquence, le Conseil l'a condamné à la peine de mort. Il n'y a rien autre dans le jugement. Qu'en faut-il conclure, si ce texte est le vrai?

D'abord, que le duc d'Enghien ne fut pas condamné pour complot et que les historiens qui n'ont jamais étudié et discuté que le chef du complot, soit parce que le texte du *Moniteur* les y incitait, soit parce que les autres étaient évidents et avoués, ont peut-être fait fausse route, dès l'origine.

Ensuite, que le duc d'Enghien ne fut probablement pas condamné d'après une loi pénale, mais d'après une loi de la guerre. Le droit international de la guerre était-il applicable contre le duc d'Enghien? Je le crois.

Que l'on n'oublie pas, en effet, qu'il y avait guerre en mars 1804, et que le duc d'Enghien a pris les armes contre la France, à la solde d'un pays ennemi de la France. Le jugement ne s'appuie sur rien autre. Les juges considéraient donc que le duc d'Enghien était soldat, soldat ennemi, de son propre aveu. Or, entre soldats, ou, si l'on veut, contre un soldat ennemi tel qu'était le duc d'Enghien, en temps de guerre, un droit peut s'appliquer, qui n'est pas le droit pénal interne, le code militaire des Français entre Français, mais le droit externe de la guerre.

Il y aura peut-être conflit, il y a évidemment une question de compétence très délicate, mais qui peut se résoudre dans ce sens. La guerre a ses lois, ou, du moins, ses usages qui valent lois. Enghien était soldat en guerre contre la France. Donc, le droit, les lois, ou les usages de la guerre, étaient applicables entre le duc d'Enghien et la France. Voici, d'ailleurs, ce que Talleyrand écrit à Champigny, ambassadeur à Vienne : « La France n'a vu, dans cette circonstance, qu'une peine appliquée à un délit que la sûreté des frontières et *les lois de la guerre* prescrivent également de punir ».

Continuant d'examiner le texte du jugement, je vois que :

> L'unanimité des voix l'a déclaré coupable et lui a appliqué l'art.... de la loi du.... ainsi conçu....

S'il y avait eu dans le droit de la guerre un texte, mis par titres et articles et applicable au duc d'Enghien, il est hors de doute que Hulin en eût reçu la leçon[1], et que Savary, qui assistait au jugement, l'eût apporté au moins à la dernière minute. Y a-t-il donc,

---

1. Hulin fut chapitré et reçut communication d'un long rapport de Réal, « qui présentait l'affaire comme intéressant la sûreté de l'État et l'existence même du gouvernement.... » (Welschinger, *op. cit.*, p. 326.)

dans le droit de la guerre, une règle non codifiée qui soit usage et non loi et qui puisse frapper le duc d'Enghien de mort pour le seul fait d'avoir été soldat de l'Angleterre?

S'il y en a plusieurs, il faudra les étudier toutes et les appliquer toutes aux faits, pour voir si l'une d'elles s'y adapte. Si aucune ne les explique, je dirai que le duc d'Enghien n'a pas été justement condamné d'après les lois de la guerre, ou bien que je ne sais pas d'après quelle loi il a été condamné. Si une d'elles les justifie, je dis tous les faits, même le jugement sommaire, même les vices de forme, — si elle explique tout, même cette substitution des lois qui figure au *Moniteur* et tout ce qui heurte l'histoire, — si, d'autre part, je montre que c'est bien celle que visait Bonaparte qu'il a voulu appliquer, — je me trouverai en droit de conclure que le duc d'Enghien a été condamné légalement, suivant les formes d'un droit qui lui était applicable, donc que Bonaparte n'est pas un assassin, même légal.

Là, ma tâche serait finie. Restera celle de l'historien.

1° Ce droit, qui semble barbare, était applicable au duc d'Enghien : mais pourquoi Bonaparte l'a-t-il appliqué?

2° S'il a suivi les lois de la guerre, justement et sans crime, pourquoi a-t-il publié ou laissé publier un faux jugement qui lui donne devant l'histoire l'apparence d'un criminel?

3° S'il avait des raisons de dissimuler en 1804, pourquoi a-t-il éteint la vérité qui menaçait de poindre en 1813?

4° Pourquoi, s'il a parlé, n'a-t-il pas crié la vérité à la face du monde quand il était à Sainte-Hélène? — Et, s'il a crié cette vérité, pourquoi le monde ne l'a-t-il point entendue?

A cela, je répondrai que l'affaire du duc d'Enghien ne m'intéresse que dans la mesure où elle rentre dans le droit des gens et me permet de proposer une hypothèse juridique suggérée par la *Correspondance* et affirmée par Napoléon.

Les représailles de guerre.

> « Chez les Anciens, la fatalité poursuivait la famille des Atrides, et les héros étaient coupables sans être criminels : ils partageaient les crimes des dieux. Dans l'histoire moderne, c'est la politique qui conduit à des catastrophes sans des crimes réels....
>
> « .... Il faudrait du temps pour développer cette idée, et vous sentez que j'ai autre chose à penser.... » (11 529. Pulstuk, 31 décembre 1806.)

Nous sommes donc amenés à rechercher, dans le droit de la guerre, une théorie, non codifiée, qui s'applique au jugement du duc d'Enghien, et qui explique tous les faits qui l'ont suivi. Il faudrait les essayer toutes : trahison, embauchage, excitation à la désertion, espionage, etc. ; tout cela pourrait entraîner la peine de mort. Mais, chose curieuse, rien de cela n'est visé dans le texte du jugement. On y trouve des allusions dans l'interrogatoire du capitaine Dautancourt, mais non dans le jugement.

Quel est donc le crime visé? Il n'y en a pas. Le chef d'accusation, « faire partie des complots tramés par l'Angleterre contre la sûreté intérieure et extérieure de la République », est bien dans le texte du *Moniteur*, — on pourrait presque dire qu'il y est seul, — mais il n'est pas dans le texte de Vincennes.

> A lui demandé s'il a pris les armes contre la France? — Oui.
> A lui demandé s'il était encore à la solde de l'Angleterre? — Oui.

Voilà tous les crimes relevés. Le tout n'est peut-être pas un crime. Existerait-il donc, dans les lois de la guerre, une règle qui permît de condamner un homme innocent *personnellement* de tout crime?

Mais, il y a plus. Caulaincourt et Ordener ont ramené à Strasbourg vingt-quatre personnes, parmi lesquelles le colonel de Grunstein, le marquis de Thomery, le lieutenant Schmidt, le marquis d'Agrain, le comte de Toulouse-Lautrec, le général de Vauborel, le baron de Saint-Jacques, dit « Dominique Jacques, secrétaire de l'ex-duc d'Enghien ». Ils étaient, en somme, accusés du même fait que le duc d'Enghien : pourquoi ne furent-ils pas jugés comme lui? On aurait pu poser à Vauborel, Thomery, Schmidt, Jacques les mêmes questions qu'au duc, et obtenir la même réponse, et les condamner de même. Pourquoi ne l'a-t-on pas fait? Ce n'est point faute de preuves, puisqu'il n'y en avait pas davantage contre le duc d'Enghien, disent les historiens[1]. Il faut donc que l'on ait cru qu'il suffisait, et qu'il était légal, de ne frapper que l'un d'eux, le chef, pour l'exemple.

Cette idée ou cette intention d'un exemple se retrouve-t-elle dans les faits? A coup sûr et indiscutablement.

Le 25 décembre 1803, trois mois avant l'exécution du duc d'Enghien, Bonaparte écrit au grand-juge Régnier :

> 7 424. A Régnier, 25 décembre 1803 :
> Je vous renvoie, Citoyen Ministre, votre correspondance de l'Ouest. Écrivez au général Gouvion *qu'il faut faire des exemples*; que je pense qu'il doit tomber au moins sur une centaine d'individus, car il y avait bien cent coupables. *Les chefs doivent être jugés à mort par la Commission militaire, et exécutés.* Les autres, qui n'ont été qu'égarés, quoique d'ailleurs la sévérité des lois les condamne à mort, seront envoyés par ordre de la Commission à Luxembourg, pour être employés aux travaux. *L'humanité et la sûreté publique veulent qu'il y ait des exemples.*

Plus tard, à Sainte-Hélène, dans une conversation avec O'Méara, insérée dans la *Correspondance* et donc jugée authentique, il dira formellement pour le duc d'Enghien :

> Il est vrai que je désirais, ainsi que toute la nation, *faire un exemple*, c'est sur lui que cela tomba[2].

Enfin, le 30 mars 1804, dix jours après l'exécution du duc d'Enghien, récapitulant pour Portalis le nombre des prêtres surpris dans ces complots, il résume :

> Je désirerais que vous me fissiez connaître quelles seraient les formes canoniques à employer pour les dégrader, afin qu'ils puissent être livrés à toute la rigueur de la justice, car je pense *qu'il faut un exemple* qui frappe tout le clergé[3].

---

1. Welschinger, *op. cit.*, p. 381 : « Nous pouvons donc affirmer aujourd'hui, après l'étude patiente des documents, que c'est une politique sans âme qui a *inventé* le complot ».
2. *Correspondance*, XXXII, p. 329. (O'Méara, 22 mai 1817.)
3. 7 653. Au citoyen Portalis, 30 mars 1804.

Il suffit d'avoir lu la *Correspondance* pour se rendre compte que c'est là une règle fondamentale de la conduite de Napoléon et, dès à présent, je peux dire qu'il est bien vraisemblable que Napoléon en 1804 a voulu l'appliquer au duc d'Enghien.

Nous sommes donc amenés à chercher s'il existe une théorie du droit de la guerre qui permette de condamner, pour l'exemple, un homme qui n'est pas accusé d'un crime précis? Or, il y en a une, une seule, je crois, celle des représailles de guerre, et il est inutile de se mettre en frais d'ouvrages spéciaux pour la retrouver : le plus classique sera le meilleur. Voici ce que dit, en résumé, Bonfils (p. 583), confirmé par Paul Fauchille, Funck-Bruntano et Sorel, Bluntschli, Calvo, Martens, Summer Maine, Guello, Pillet, et toute la doctrine moderne, y compris le *Manuel de l'Institut* :

> 1° Il est rare, difficile, souvent impossible de découvrir, de saisir et punir l'auteur réel d'une infraction aux lois de la guerre. Et, telle est l'implacable nécessité qui gouverne la guerre, qu'il n'y a de ressource contre les excès que dans la guerre même, et que cette ressource consiste uniquement à opposer la violence à la violence : c'est ce qu'on appelle les représailles [1].
>
> Les représailles consistent à répondre à une injustice par une injustice, à contraindre l'ennemi à suivre une conduite régulière par la crainte des maux auxquels il s'exposerait en persistant dans ses errements illicites.
>
> Le belligérant, qui viole les coutumes de la guerre, le fait à ses risques et périls. Il s'expose à voir son adversaire agir de même à son égard.
>
> 2° Les représailles ne sont pas l'exercice d'un droit : elles sont souvent une nécessité.
>
> 3° Elles ne sont légitimes que parce qu'elles sont nécessaires. Mais elles ne sont nécessaires que si elles peuvent être efficaces [2].
>
> 4° L'exercice de la faculté de représailles *devrait* toujours être précédé d'une dénonciation. Quand les avertissements, les représentations ont échoué et que l'ennemi continue ses pratiques irrégulières, les représailles sont la plus énergique des démonstrations.
>
> 5° Le défaut le plus grave des représailles est de frapper des innocents. La conscience se révolte et proteste quand elle voit un soldat innocent de tout crime, un vaillant qui a fait bravement son devoir devant l'ennemi, être maltraité, être souvent mis à mort, à titre de vengeance des excès, commis par des soldats qu'il ne connait même pas. Il n'est pas coupable et néanmoins il subit le châtiment. Quelle épouvantable et cruelle *solidarité*! *Les représailles*, dit le *Manuel de l'Institut*, *sont une exception douloureuse au principe général d'équité, d'après lequel un innocent ne doit pas souffrir pour un coupable.*
>
> Cependant, malgré ces défauts, malgré ces inconvénients, malgré

1. Funck-Bruntano et Sorel, *Précis*, p. 294.
2. Cela revient à dire que les représailles ne sont légitimes, que si elles sont efficaces et nécessaires. La doctrine de 1803 était moins exigeante, elle considérait les représailles comme un droit et demandait seulement la preuve de la solidarité entre l'auteur d'une infraction et la victime des représailles.

cette profonde injustice, la doctrine autorise l'emploi des représailles; la pratique l'utilise.

6° Les représailles ont quelque affinité avec la loi du talion. Établir une conformité parfaite entre l'infraction commise et le moyen de coercition paraît chose désirable; mais cela n'est pas toujours possible, ni toujours utile. L'infraction aux lois de la guerre, commise à titre de représailles, peut donc différer de celle qu'on veut refréner chez autrui.

La rigueur des représailles ne doit pas excéder la gravité de l'infraction.

Le chef qui les *ordonne* ne doit jamais oublier qu'elles sont un moyen de coercition et non un châtiment.

7° Les représailles, en principe, ne doivent être *ordonnées* que par le chef de l'armée, par un chef de corps, un officier supérieur.

8° Contre quelles personnes les représailles peuvent-elles être exercées? Notre savant collègue, M. Pillet, résout ainsi cette question peu étudiée par les autres auteurs : « Il faut qu'elles soient de nature à faire impression sur ceux-là mêmes dont dépend la cessation de cette conduite. De là, cette règle que nous n'hésitons pas à considérer comme une loi absolue. Lorsque les infractions dont on se plaint émanent de militaires, c'est sur les militaires seuls que les représailles doivent porter. C'est d'eux, en effet, et uniquement d'eux, que dépend la cessation des pratiques contre lesquelles on proteste. Et même, *un général avisé frappera plus volontiers en haut qu'en bas....* »

Voici, d'autre part, la théorie résumée des représailles, d'après Rayneval, en 1803[1].

Les représailles sont, dans le droit des gens, un acte par lequel une nation se fait justice chez elle pour un déni, qu'elle-même ou un de ses membres, a éprouvé de la part d'une autre nation, ou même d'un individu....

On trouve la trace des représailles dans les plus anciennes lois romaines; elles sont fondées, en politique, sur une analogie de principes : une injustice, faite au citoyen d'un État, est censée commune à toute la société et elle a le droit d'en demander satisfaction. Par une conséquence nécessaire de ce principe, tous les citoyens d'un État sont *solidairement* responsables de l'injustice commise *par leur chef*, ou *par un de leurs concitoyens.*

Le moyen des représailles, quoique odieux en lui-même, peut quelquefois être salutaire, parce qu'il peut prévenir beaucoup d'injustices et d'actes vexatoires.

Les représailles ne peuvent être exercées *que par l'autorité souveraine* et c'est à elle *seule* à juger s'il convient ou non de les permettre à des particuliers.

L'application du talion au droit des gens n'est pas facile à faire : il ne pourrait en être question que durant la guerre; mais il est à peu près impossible de trouver la balance exacte entre le mal causé et la peine de même espèce : d'ailleurs, tout est si brusque, si arbitraire, à la guerre, que l'on peut dire que le général d'une armée n'a d'autre loi que son humanité.

---

1. Rayneval, *op. cit.*, p. 174 et suiv.

Il est des auteurs qui trouvent quelque analogie entre le talion et les représailles; mais il est difficile de la trouver : en effet, le talion porte essentiellement sur le seul coupable, tandis que *les représailles frappent l'innocent, non pour un fait qui lui est personnel, mais pour une injustice commise par son souverain; la solidarité, qui est entre lui et son sujet, est le principe et la justification des représailles....*

On dirait que tout cela fut écrit en vue de justifier l'exécution du duc d'Enghien.

« Frapper plus volontiers en haut qu'en bas » : ne peut-on pas dire que le duc d'Enghien fut arrêté et seul jugé parce que *duc*, général, chef d'un corps de déserteurs qu'il voulait organiser, — chef de l'armée d'émigrés qui s'organisait sous sa direction d'après le rapport de Méhée, — chef des émigrés auxquels son secrétaire Jacques annonçait que leur pension allait être augmentée, dans une des rares lettres saisies à Ettenheim.

Que faut-il maintenant pour prouver qu'il fut légitimement condamné d'après les lois de la guerre? Montrer qu'il fut personnellement coupable d'une tentative d'assassinat? Cela même serait inutile, et Napoléon ne l'a jamais prétendu. Voici ce qu'il écrivit lui-même à Sainte-Hélène, où il n'a jamais accusé que le comte d'Artois :

Il fut prouvé qu'un prince de la maison de Bourbon devait débarquer à la falaise de Biville, dès que l'on recevrait la nouvelle de l'assassinat de Napoléon; et, comme on craignait que le vent, toujours indépendant, le vent qui n'obéit pas aux vains calculs des hommes, ne fût pas favorable et n'empêchât le débarquement projeté, il fut décidé que le duc d'Enghien, alors en Allemagne, *une fois prévenu de l'événement*, se rendrait à Paris comme représentant du roi, car on regardait comme indispensable la présence d'un prince du sang....

Napoléon a peut-être cru que « le prince était un des chefs de la grande conspiration qui se tramait alors »; et, certes, cela n'était pas invraisemblable. Mais il dit seulement dans une formule, évidemment atténuée et travaillée pour qu'elle ne dépassât point sa pensée, que le prince avoua « être au fait des événements du jour et y avoir pris une part active ». Enfin, s'il admet le doute sur ce point :

Ceux-là mêmes, dit-il, qui ont cherché à soutenir que le duc d'Enghien n'avait point trempé dans le complot, sont tombés d'accord que sa mort devait être attribuée *au comte d'Artois* (le reproche en a été fait plus d'une fois à ce dernier par le duc de Bourbon, père de l'*infortuné* duc d'Enghien), au comte d'Artois, qui, au moment où il tramait le renversement de la République et l'assassinat de son premier magistrat, laissait un prince de son sang sous la main de ce même magistrat[1].

1. *Correspondance*, XXXI, p. 282.

Il n'est point dans l'habitude de Napoléon d'appeler *infortuné* un coupable, et on ne saurait dire plus nettement que l'inculpation de complot ne fut point absolument établie, mais que le duc d'Enghien fut frappé pour un « crime » dont le comte d'Artois seul était responsable.

Faut-il prouver une tentative d'assassinat contre Bonaparte? Elle n'est pas discutée, que je sache :

> Emporté par son humeur légère et ardente, le comte d'Artois écoutait le conseil de ceux qui lui parlaient d'enlever le Premier Consul. Il autorisait Cadoudal à tenter un hardi coup de main, et celui-ci, assuré de son appui, était entré secrètement à Paris, cherchant l'occasion de débarrasser la royauté légitime de son plus redoutable adversaire [1].
>
> Simond et son ami Hyde de Neuville avaient souvent devisé sur les moyens de faire assassiner le Premier Consul, qu'ils considéraient comme le seul obstacle à la restauration des Bourbons. L'assassinat de Bonaparte, c'était le rêve des fanatiques de l'émigration, et c'est peut-être dans ce rêve, bien connu de Bonaparte, qu'il faut chercher la mort du duc d'Enghien [2].
>
> There can be no doubt that Cadoudal was justly executed for plotting assassination [3].
>
> Querelle dit à Murat.., qu'ils étaient en ce moment cachés dans Paris au nombre de plus de soixante, attendant l'occasion d'assassiner le Premier Consul [4].
>
> D'Antraigues écrit au comte d'Artois : « ... Bonaparte redouble de fureur et de vigilance, et, pour cette fois, il a raison : *le péril est grand* [5]. »

Quant au « pauvre duc d'Enghien, aussi peu renseigné que le comte d'Artois », il aurait pu être mis au courant par son grand-père, le prince de Condé, qui, « depuis l'année 1803, s'inquiétait des dangers auxquels semblait exposé son petit-fils par sa présence trop voisine de l'Alsace ».

Dès le mois d'août, en effet, le prince devait être informé par ce billet de Botherel, qui dit la chose tout à trac et sans fard : « Georges est parti pour aller faire, s'il se peut, assassiner le Bona-

1. Welschinger, *op. cit.*, p. 237.
2. Welschinger, *op. cit.*, p. 242. Note de Dumont, ancien archiviste aux Affaires étrangères, rapportant une conversation avec Simond. L'auteur ajoute : « C'est peut-être une explication, mais cela ne constitue pas une excuse ». — Je crois, qu'en droit international de la guerre, cela constitue plus qu'une excuse, mais une raison.
3. *The political history of England*, XI, p. 33.
4. Nougarède de Fayet, *Le duc d'Enghien*, p. 31.
5. Welschinger, *op. cit.*, p. 242. Voir diverses notes. *Id.*, p. 243, et cf. XXXI, p. 285 : « Napoléon et les autres exilés déclarent de la manière la plus formelle que Louis XVIII ne fut point complice du projet d'assassinat. On dit qu'il a toujours été plus modéré et qu'il n'a jamais pris aucune part directe ou indirecte à d'aussi criminelles tentatives. »

parte[1] ». Le fait d'une tentative d'assassinat est indiscutable et indiscuté.

Faut-il démontrer que la tentative d'assassinat d'un chef d'État ou d'un chef d'armée est une infraction aux lois de la guerre? La question ne se pose même plus dans la doctrine moderne, et voici comment Rayneval la résout en 1803 :

> Que dirai-je, enfin, du poison et de l'assassinat? peut-on parler de pareils moyens quand il s'agit d'un métier qui demande autant de grandeur d'âme, de magnanimité que de courage? peut-on supposer qu'un militaire, dont l'honneur est la devise, veuille le perdre par la plus vile, la plus atroce des lâchetés? non, et le seul soupçon est une injure....
>
> — Vous vous croyez autorisé à empoisonner ou assassiner votre ennemi; — fort bien : — vous lui accordez donc le même droit, car tout est égal entre vous; — ainsi il peut, de son côté, vous faire empoisonner ou assassiner....
>
> ... Convenons donc que l'assassinat et le poison sont des moyens atroces, que la conservation de nous-mêmes ne nécessite point; qu'il doit augmenter les horreurs de la guerre au lieu de la terminer....
>
> C'est d'après ce que je viens de dire que j'apprécie l'entreprise tant vantée, tant préconisée de Mutius Scœvola : on peut trouver son dévouement louable, mais son objet était un crime. — Quant à l'emploi du poison, Alexandre l'a jugé, en disant à l'égard de Darius « qu'il était résolu de le poursuivre, non plus comme un ennemi de bonne guerre, mais comme un empoisonneur et un assassin ». Alexandre jugea avec la même rigueur Bessus, assassin de Darius. On connaît la mémorable réponse qu'on prétend avoir été faite par les consuls romains au médecin de Pyrrhus, qui leur avait offert d'empoisonner son maître[2].

Si j'ai cru devoir citer si longuement Rayneval, ce n'est certes point que la question puisse être mise en doute, mais seulement parce que son opinion est assez formelle et assez détaillée pour qu'on y retrouve en 1803 les arguments, les raisons de Napoléon, et précisément cet exemple fameux du médecin du roi d'Épire.

Enfin, faut-il prouver historiquement la *solidarité* entre le duc d'Enghien et les fauteurs de ces tentatives d'assassinat? Les lettres du duc d'Enghien, les avis de Méhée, ceux de Rosey, les interrogatoires de Vincennes, même les pièces de Vincennes seules suffisent à l'établir.

La *complicité* n'est pas exigée et l'on peut croire que le duc d'Enghien ne fut pas complice d'une tentative d'assassinat : son âme était généreuse et je comprends toute la rancœur de ceux qui croient qu'il fut « assassiné », ainsi que je l'ai cru longtemps.

---

1. Daudet, *Histoire de l'Émigration*, III, p. 317.
2. Rayneval, *op. cit.*, p. 212 à 214.

La *culpabilité* n'est pas nécessaire. Fût-il coupable de complot politique, on l'excuserait encore. Je crois même qu'il fut innocent, et cependant, il fut condamné, victime de cette épouvantable solidarité « principe et justification des représailles » qui frappent un innocent, non pour un fait qui lui est personnel, mais pour une injustice commise par son chef ou par un de ses concitoyens, — solidarité qui ne fut même pas niée, que l'histoire a surabondamment prouvée, mais où le droit des gens *seul* pouvait reconnaître la véritable cause de la condamnation.

La doctrine contemporaine de Rayneval serait, par là, satisfaite et c'est la seule que nous puissions raisonnablement prendre pour règle. Toutefois, il se peut qu'elle fût incomplète ; et, pour suivre la doctrine moderne, il faut encore prouver que Bonaparte fit des représentations restées sans effet, que les représailles furent ordonnées par un officier supérieur ou par l'autorité souveraine et qu'elles étaient nécessaires et furent efficaces.

Le Premier Consul donna-t-il des avertissements et fit-il des représentations, après lesquelles l'ennemi continua ses pratiques irrégulières?

Dans son histoire, Napoléon affirme qu'après la dernière tentative malheureuse de Louis XVIII pour le rendre favorable à leurs vues, les Bourbons, ayant perdu tout espoir, résolurent de se défaire de lui par un assassinat. Dans le manuscrit dont j'ai parlé, je crois que le nombre des tentatives faites par les chouans et les royalistes est porté à sept, toutes découvertes avant le temps fixé, pour leur exécution, hormis celle de la machine infernale, horrible attentat qui eut lieu dans la soirée du 3 nivôse (24 décembre 1800). Le procès de ceux des coupables qu'on put arrêter eut lieu publiquement dans les formes ordinaires, devant le tribunal criminel de Paris; les débats imprimés formèrent deux volumes. Saint-Réjant et Carbon furent exécutés sur la place de Grève. — Limoëlan réussit à s'échapper et passa en Amérique, où depuis, dit-on, il s'est fait moine. — Georges, qui était alors en Bretagne, et le comte d'Artois, qui se trouvait à Londres, furent reconnus pour les odieux auteurs de cet attentat[1].

L'enquête terminée, Bonaparte écrivit les deux lettres suivantes :

5 523. Au citoyen Talleyrand, ministre des Relations extérieures, Paris, 12 avril 1801 :

Je vous prie, Citoyen Ministre, d'envoyer au citoyen Otto la note ci-jointe. Vous lui ferez connaître que je désire qu'après avoir présenté cette note, il tâche qu'on fasse arrêter Dutheil et Georges, et que, si on ne les livre pas au gouvernemeut français, au moins on les tienne en arrestation pour qu'on les envoie en Amérique.

5 524. Annexe à la pièce précédente, Paris, 12 avril 1801.

Le soussigné a reçu l'ordre de son gouvernement de présenter à S. Exc. M. Addington la note suivante :

L'Europe a retenti de l'événement du 3 nivôse. Le crime qui, pour attenter à la vie du Premier Consul, a compromis la population innocente d'une partie de la ville de Paris, a un caractère d'horreur presque sans exemple dans l'histoire moderne. Le Premier Consul est bien loin de penser que l'ancien ni le nouveau ministère soit capable d'avoir, ni soldé, ni commandé un crime qui serait désavoué par les hordes les moins civilisées. Cependant, le nommé Dutheil et le nommé Georges, tous les deux en Angleterre et soldés par le gouvernement britannique, sont les ordonnateurs de ce crime et de beaucoup d'autres, ayant tous pour résultat de tuer quelques malheureux.

Deux journalistes soldés ont publiquement fait, à Londres, l'apologie de ce crime et manifesté des regrets de ce qu'il n'a pas réussi.

---

1. *Correspondance*, XXXI, p. 280 et 281. (Voir 5 529. Les notes de police envoyées à Fouché.) Voir Welschinger, p. 240 et suiv., et Nougarède de Fayet.

L'état de guerre, qui existe entre les deux peuples, a sans doute brisé une partie des liens qui unissent naturellement les peuples voisins. Mais les Anglais et les Français, pour être en guerre, sont-ils moins, les uns et les autres, une nation européenne et le *droit des gens*, qui adoucit les maux de la guerre, ne défend-il pas d'accorder protection à des monstres qui déshonorent la nature humaine? C'est à Sa Majesté Britannique à agir, dans cette circonstance, selon les sentiments de sa conscience, les lois de sa religion et les principes de sa politique.

Quant au Premier Consul, il déclare hautement que, si un pareil crime avait été commis à Londres, il se serait empressé de faire arrêter et livrer aux tribunaux d'Angleterre les auteurs de ce crime; bien plus, si un individu, après avoir attenté à la vie du prince ou d'un de ses principaux ministres, eût cherché son refuge en France, le Premier Consul en eût agi comme Fabricius vis-à-vis du roi d'Épire.

(Archives des Affaires étrangères.)

Cette lettre si digne n'eut aucun effet immédiat à cause du conflit de droit qu'elle soulevait entre les lois nationales anglaises et les lois internationales, mais elle ne fut pas sans résultat :

9 944. Au prince Joseph, 9 mars 1806 :

... M. Fox donne avis à la police d'un projet formé pour m'assassiner. Il nomme l'individu et donne des détails sur la manière dont on devait s'y prendre, et il fait connaître qu'il écrit par ordre exprès du Roi.

9 926. A M. Fox, Paris, 5 mars 1806 :

Monsieur, j'ai mis la lettre de Votre Excellence sous les yeux de Sa Majesté. Son premier mot, après avoir achevé la lecture, a été :

« Je reconnais là les principes d'honneur et de vertu qui ont toujours animé M. Fox. Remerciez-le de ma part, et dites-lui que, soit que la politique de son souverain nous fasse rester encore longtemps en guerre, soit qu'une querelle, aussi inutile pour l'humanité, ait un terme aussi rapproché que les deux nations peuvent le désirer, je me réjouis du nouveau caractère que, par cette démarche, la guerre a déjà pris, et qui est le présage de ce qu'on peut attendre d'un cabinet dont je me plais à apprécier les principes d'après ceux de M. Fox, un des hommes les mieux faits pour sentir, en toutes choses, ce qui est beau, ce qui est vraiment grand. »

Je ne me permettrai pas, Monsieur, d'ajouter rien aux propres expressions de Sa Majesté Impériale et Royale. Je vous prie seulement d'agréer l'assurance de ma plus haute considération.

Ch. Maurice Talleyrand.

Mais rien ne pouvait détourner de ses menées le comte d'Artois, dont l'histoire sera bien écrite un jour, et que la petite histoire découvre peu à peu.

Subséquemment, et jusqu'à l'année 1804, il y eut cinq autres tentatives pour assassiner Napoléon, toutes dirigées, dit-on, par le comte d'Artois[1].

---

1. *Correspondance*, XXXI, p. 281.

Quant aux avis plus directs, il serait bien difficile d'en donner à des conspirateurs. Toutefois, il en est un, assez clair, et qui n'a pas dû passer inaperçu. C'était le 11 décembre 1802. Bonaparte recevait aux Tuileries les cinq députés de la Suisse, comme il avait reçu la veille les députés des 18 cantons. Dans l'un et l'autre discours (6 480 et 6 483 de la *Correspondance*) figure cette idée, que la Suisse doit veiller à ce qu'aucun trouble ne se produise sur son territoire, qui puisse nuire à la France.

Mais, tandis que le discours du 10 décembre est calme et sans menaces, au milieu du discours du 11 éclate une phrase imprévue et claironnante :

Je ne puis souffrir que la Suisse soit un autre Guernesey du côté de l'Alsace.

D'où vient ce rapprochement si imprévu? On le comprendra, sans doute, si l'on songe que l'abbé David fut arrêté à cette date[1], que, par là, Bonaparte eut la preuve de ce qu'il soupçonnait : un complot naissant et dirigé contre sa personne. Cette déclaration sonne bruyante et c'est un avertissement que l'on aurait dû entendre aux bords du Rhin. Il faudrait dépouiller tout le *Moniteur*, l'*Argus* et l'*Abeille du Nord* pour y trouver, peut-être, d'autres paroles comminatoires. Je crois, d'ailleurs, que si ces sortes d'avis sont de règle à l'égard de troupes régulières, ils ne peuvent être imposés à l'égard de conspirateurs, dont le propre est précisément d'opérer dans l'ombre et qu'on ne peut prévenir que lorsqu'on a déjà senti la pointe du poignard. Dans tous les cas, la doctrine de 1803 ne les prévoyait pas formellement.

Les représailles furent-elles régulièrement ordonnées par un officier général, ou exercées par l'autorité souveraine? A coup sûr, et par Bonaparte lui-même.

Testament : « J'ai fait arrêter et juger le duc d'Enghien, parce que cela était nécessaire à la *sûreté*, à l'*intérêt* et à l'honneur du peuple français, lorsque le comte d'*Artois* entretenait, de son aveu, 60 assassins à Paris. Dans une semblable circonstance, j'agirais de même. »

C'est là, précisément, ce qui confond les historiens et ce qu'ils ne peuvent expliquer. S'il s'agissait d'une affaire pénale, l'intervention de Bonaparte serait odieuse. Mais, s'il agit d'une affaire du droit de la guerre, c'est son abstention qu'on lui reprocherait. Les

1. Il fut suivi par la police de Paris à Calais, arrêté à Calais, ramené à Paris et interrogé le 16 décembre.

choses sont ce qu'elles sont. Plus d'une fois, Bonaparte ou Napoléon a eu l'occasion d'ordonner la mise en jugement et l'exécution d'un homme, le jugement se bornant à la constatation de l'identité et d'un fait généralement indéniable.

Dans le cas du duc d'Enghien, cette intervention paraît inique, parce qu'on admet toujours que ce soit une affaire pénale, et aussi parce que l'on croit instinctivement qu'il n'y a pas eu de guerre entre Marengo et Austerlitz.

Or, depuis mai 1803, il y avait guerre, et Bonaparte, à Paris en 1804, agit contre le duc d'Enghien, comme général ordonnant une mesure de représaille.

Dans ce cas, le jugement a lieu hors du tribunal. C'est le général qui est à la fois l'instructeur et le juge : le jugement véritable précède l'audience. Parfois, il n'y a même pas de jugement apparent : l'officier commandant brûle la cervelle à un traître, à un fuyard. D'autres fois, une commission d'officiers est réunie : mais, elle ne juge pas, à proprement parler, au sens habituel de la procédure. Le général formule le jugement d'avance, mais conditionnel : Si X. est bien X., et s'il a accompli tels actes, il sera condamné et exécuté séance tenante. Les officiers, que l'on a le tort d'appeler des juges, n'ont qu'un seul devoir : constater l'identité et le fait. Or, ce sont là les deux constatations du « jugement » du duc d'Enghien.

Un seul cas d'appel ou de sursis se présenterait : l'erreur sur l'identité; la négation du fait. D'où l'interrogatoire préalable par un capitaine rapporteur, tel que Dautancourt. Mais, ici, point de doute : d'Enghien avoue[1].

En résumé, qui juge? c'est le général, l'autorité souveraine « seule », disait Rayneval. C'est donc au général de prendre la responsabilité. Voilà ce qui est logique. Voilà ce que fait Bonaparte. Cela est, non seulement naturel, mais obligatoire. Du moment qu'il a ordonné l'arrestation, il a déjà prononcé la peine et tout doit être ordonné d'avance.

Ainsi, le lieu de détention était choisi trois jours avant l'arrivée du prince[2].

Au lieu d'un grand conseil de guerre, on se contentera d'une simple

---

1. Pour ce cas, Bonaparte a pris une précaution : il a envoyé Savary à Vincennes avec ses pouvoirs, quels qu'ils fussent. Et Savary a parfaitement raison lorsqu'il se défend d'avoir pris la responsabilité de l'exécution : « La responsabilité, dit-il, n'atteint jamais celui qui exécute, mais celui qui ordonne ».

Bonaparte, qui a tout ordonné, a pris sa responsabilité quand il a cru devoir la prendre — et il l'a revendiquée en termes nets, formels, précis, volontairement, jusque dans son testament.

2. Welschinger, *op. cit.*, p. 297.

commission militaire[1]. Ceci prouve qu'on refusait déjà au prince les garanties judiciaires accordées à Cadoudal et à ses complices, et qu'on s'adressait à une juridiction militaire pour en finir au plus tôt[2].

Non, on s'adressait à une commission militaire, parce qu'on ne pouvait pas s'adresser à une autre juridiction. Cadoudal fut livré à une juridiction de droit commun, parce qu'il était poursuivi pour tentative d'assassinat. Le duc d'Enghien n'a jamais été accusé d'assassinat. Bonaparte dira au Conseil d'État que le duc d'Enghien a été « jugé et condamné par un tribunal compétent ».

La seule pièce que la Commission ait connue, c'est l'arrêté des Consuls qui n'est que la reproduction du procès-verbal de leur séance[3].

C'est donc une saisine toute spéciale.

On se défie des formes lentes, mesurées et équitables de la *justice*[4].

La procédure criminelle ne s'appliquait pas.

Quiconque voudra lire l'arrêt du gouvernement et pénétrer le sens que présentent ces douze lignes menaçantes, reconnaîtra que c'était un arrêt de mort. Au général et aux six colonels qui composaient la commission, le général Bonaparte, leur chef et leur maître, disait clairement : Il faut condamner le prévenu [5].

Il faut le condamner s'il reconnaît les faits. Bonaparte est donc resté ferme dans les règles de la représaille de guerre. Agir autrement eût été une iniquité. Il y avait une mesure à garder entre l'ordre formel de condamner, qui eût enlevé à la commission toute liberté, même quant à la constatation du fait et de l'identité, — et l'indifférence du général, qui eût laissé porter à ses officiers toute la responsabilité d'un acte, qui n'était qu'un acte de sa propre volonté.

Donc, le Premier Consul a voulu, dès l'heure où l'enlèvement a été résolu, le jugement et la condamnation du prince.... Les exécuteurs ont obéi à l'ordre du maître, qui n'admettait ni scrupules, ni temporisation[6].

Telle est, en somme, la conclusion de l'histoire, qui en tire cette

---

1. Welschinger, *op. cit.*, p. 311.
2. *Id.*, p. 312.
3. *Id.*, *op. cit.*, p. 314.
4. *Id.*, p. 315.
5. *Id.*, p. 315.
6. *Id.*, p. 440.

conséquence : donc, l'exécution fut un crime — et qui me confirme dans cette opinion : l'exécution fut une représaille de guerre; Bonaparte a parfaitement suivi, dans la mesure où il le pouvait et le devait, cette règle de l'usage : « les représailles ne peuvent être exercées que par l'autorité souveraine », — « les représailles de guerre, en principe, ne doivent être ordonnées que par le chef de l'armée, par un chef de corps, un officier supérieur », Bonaparte, Murat ou Savary.

Il nous reste à examiner un dernier point :

> Les représailles ne sont légitimes que parce qu'elles sont nécessaires. Elles ne sont nécessaires que si elles peuvent être efficaces [1].

La nécessité de l'exécution du duc d'Enghien est une question d'appréciation politique, discutable, mais strictement personnelle à Bonaparte, ou bien aux trois consuls qui ont signé la décision du 29 ventôse. Sur ce point, l'opinion de Napoléon n'a jamais varié.

> Napoléon jugea qu'il était *nécessaire* de s'assurer de la personne du duc d'Enghien, dit-il dans son « Histoire » de 1804... « Il était *nécessaire*, dit Napoléon, de réprimer l'audace des Bourbons, qui avaient envoyé à Paris soixante de leurs partisans, parmi lesquels se trouvaient les Rivière, les Polignac, les Bouvet et autres gens d'une trempe peu commune, qui n'étaient ni des brigands, ni des assassins accoutumés au meurtre et au vol comme les chouans.
>
> « Le gouvernement républicain ne pouvait, sans compromettre sa dignité, faire moins, lorsque l'on complotait publiquement l'assassinat de son chef, que de frapper de la foudre ceux qui avaient osé se lancer dans une telle entreprise [2]. »

D'ailleurs, tous les auteurs le constatent :

> On eût dit, observait avec sagacité le comte d'Haussonville, que, las de se faire admirer, il n'aspirait plus qu'à se faire craindre.
>
> .... Les conspirateurs envoyés par le comte d'Artois lui fournissent l'occasion plausible de se venger et de répandre cette terreur qu'il croit utile à ses projets. Il est résolu à immoler un Bourbon.... Qu'importait, en somme, la complicité plus ou moins évidente du duc d'Enghien? Il fallait frapper cette famille audacieuse des Bourbons, qui envoyait à Paris des hommes résolus tels que Cadoudal; il fallait l'intimider à tout jamais, elle et les autres [3].

Napoléon affirme donc la nécessité des représailles. Les auteurs

---

1. Sur ce point, la doctrine moderne est plus exigeante que celle de 1803 : « On peut dire que le général d'une armée n'a d'autre loi que son humanité ». Rayneval considère, d'ailleurs, que l'exercice des représailles est un droit.
2. *Correspondance*, XXXI, p. 283.
3. Welschinger, *op. cit.*, p. 442.

constatent que ces raisons d'intimider l'adversaire à tout jamais pouvaient exister. On discutera, peut-être, sur le plus ou moins grand degré de cette nécessité : c'est une question de politique et non de droit des gens.

Sur le compte rendu par le grand juge, les trois consuls signèrent l'ordre du 29 ventôse traduisant le duc d'Enghien devant une Commission militaire de sept membres : ils croyaient donc à cette nécessité, comme Bonaparte [1]. Au point de vue juridique, il suffit de constater que ce ne fut pas un caprice, un simple coup de colère. Sur ce point, il y a unanimité, je crois, et Mme de Staël elle-même en convient, aussi bien que Mme de Rémusat [2].

Enfin, ces représailles furent efficaces, c'est-à-dire « contraignirent l'ennemi à suivre une conduite régulière par la crainte des maux auxquels il s'exposerait en persistant dans ses errements illicites ».

> La première impression produite dans Paris, à la nouvelle de l'exécution, fut la terreur. Un silence de plomb descendit sur la ville. Les royalistes brûlèrent les papiers qui auraient pu les compromettre. Ils redoutaient des proscriptions ou des massacres. Toutefois, d'autres mesures violentes n'avaient pas causé une pareille émotion.... La mort du duc d'Enghien semblait tout remettre en question.
>
> Lorsqu'on allait se lever de table, le Premier Consul, répondant à ses pensées, prononça ces paroles d'une voix sèche et rude : Au moins, ils verront ce dont nous sommes capables, et, dorénavant, on nous laissera tranquilles [3] !

Et le fait est là : dorénavant, on « les » laissa tranquilles. Sept tentatives d'assassinat royalistes avant 1804 ; aucune, après. L'*exemple* avait porté. Sur ce point, la preuve encore est faite, et je crois que l'on peut dire que l'exécution du duc d'Enghien présente bien tous les caractères d'une représaille de guerre, exigés par le droit des gens. Il nous reste à examiner si telle fut bien l'opinion de Napoléon lui-même : or, il n'y a aucun doute.

---

1. *Correspondance*, XXXI, p. 284 : « Mais, continue l'auteur du manuscrit, quoique toutes ces mesures produisissent une grande amélioration dans les affaires publiques, encore ce régime d'une extrême indulgence eut-il un inconvénient inévitable, celui d'enhardir les ennemis de la République, le parti des Bourbons et les espérances des puissances étrangères. » Un acte de rigueur était donc *nécessaire* pour prouver à tous que cette modération n'était pas de la faiblesse, et pour montrer clairement aux Bourbons le sort qui les attendait et les risques auxquels ils s'exposaient en persistant dans de pareilles tentatives.

2. *Mémoires*, I, p. 366 : « Je suis loin d'adopter son idée, qu'il fallût se souiller d'un pareil sang pour assurer son autorité, dit Mme de Rémusat; mais j'avoue que j'éprouve du soulagement en pensant que ce n'est point une passion telle que la vengeance qui l'a entraîné ».

3. Welschinger, *op. cit.*, p. 363 et 365. Il faut lire toute la scène dans les *Mémoires de Mme de Rémusat*, I, p. 330 à 339.

La raison de Napoléon.

« Moi seul, je sais ce que je dois faire. »
9810.

On a dit que la condamnation du duc d'Enghien était justifiée par la *raison d'État*. Il est très étrange que Napoléon lui-même écarte la raison d'État, sous le nom d'utilité publique : « maxime affreuse qui, de tout temps, fut celle des lâches oligarchies, et que désavouent la religion, la civilisation européenne, et l'honneur [1] ».

On a même dit qu'il avait reconnu que ce fut un crime. Rien ne semble plus douteux. J'ai assez fréquenté les Mémoires de cette époque pour savoir ce qu'ils valent [2] et je croirais que Napoléon a dit que c'était un crime, si j'étais sûr des circonstances où il l'a dit, de quoi il parlait, à qui il parlait, dans quel sens il l'entendait, et surtout si l'on me faisait voir l'endroit où il l'a écrit, car je trouve, au contraire, qu'il repousse en toute occasion l'idée d'un crime :

> Le sentiment religieux est si consolant, que c'est un bienfait du Ciel que de le posséder, disait-il à Sainte-Hélène [3]. De quelle ressource ne nous serait-il pas ici? Quelle puissance pourraient avoir sur moi les hommes et les choses, si, prenant en vue de Dieu mes revers et mes

---

1. *Correspondance*, XXXI, p. 240. Note sur le manuscrit de Lullin de Châteauvieux, qui le disculpait d'avoir fait étrangler Pichegru. parce que cela lui était inutile.

2. Comparez, par exemple, les déclarations opposées de Savary, Réal, Pasquier, Méhée sur ce simple fait : Savary a-t-il rencontré Réal allant à Vincennes le matin du 21 mars — et la très intéressante discussion de M. Welschinger sur ce point de fait (*op. cit.*, p. 343 à 348).

Voir aussi l'ignorance du chancelier Pasquier, qui avait interrogé les acteurs et fouillé les dossiers.

Quant à Fauriel, que l'on cite comme une autorité, il avoue qu'il ignorait bien des faits.

3. *Correspondance*, XXXII, p. 269. Les éditeurs de la *Correspondance* n'ont cité, des Œuvres de Sainte-Hélène, que ce qui était écrit de la main de l'Empereur et certains passages où ils reconnaissaient sa pensée. Celui-ci est un extrait choisi du *Mémorial*, mais n'a cependant de valeur authentique que celle qu'on veut lui donner. Je le reproduis comme une indication générale et non comme preuve.

peines, j'en attendais le bonheur futur pour récompense! A quoi n'aurais-je pas droit, moi qui ai traversé une carrière aussi extraordinaire, aussi orageuse, sans commettre un seul crime, et j'ai pu tant en commettre! Je puis paraître devant le tribunal de Dieu, je puis attendre son jugement sans crainte. Il n'entreverra jamais au-dedans de moi l'idée de l'assassinat, de l'empoisonnement, de la mort injuste et préméditée, si commune dans les carrières qui ressemblent à la mienne.

Ce n'est ici que le résumé d'une conversation. Voici la copie d'une note sur le « Manuscrit venu de Sainte-Hélène [1] » :

Napoléon n'a jamais commis de crimes. Quel crime eût été plus profitable pour lui que l'assassinat du comte de Lille et du comte d'Artois? Des aventuriers ont proposé plusieurs fois de s'en charger, cela n'eût pas coûté deux millions : ils ont été repoussés avec mépris et indignation. Et, en effet, jamais aucune tentative n'a eu lieu contre la vie de ces princes.

Lorsque les Espagnes étaient en armes au nom de Ferdinand, ce prince et son frère don Carlos, seuls héritiers du trône d'Espagne, étaient à Valençay, au fond du Berry : leur mort eût mis fin aux affaires d'Espagne; elle était utile, même nécessaire; mais elle était injuste et criminelle. Ferdinand et don Carlos sont-ils morts en France?

Nous pourrions citer dix autres exemples; ces deux seuls suffisent, parce qu'ils sont plus marquants. Des mains accoutumées à gagner des batailles avec l'épée ne se sont jamais souillées par la lâcheté et le crime, même sous le vain prétexte de l'utilité publique : maxime affreuse qui, de tout temps, fut celle des lâches oligarchies, et que désavouent la religion, la civilisation européenne et l'honneur.

Voici le témoignage du chirurgien de la marine royale d'Angleterre O'Méara :

15 avril 1817.

Je demandai à Napoléon s'il était vrai que Talleyrand lui eût proposé de faire assassiner tous les Bourbons, et lui eût même offert de négocier pour l'exécution de ce projet. Il me répondit : « Cela est vrai ; Talleyrand m'a proposé et offert de le faire mettre à exécution.... Mais j'ai toujours refusé mon consentement; il n'y manquait que cela [2]. »

et voici la conversation qu'il rapporte à la date du 3 mars 1817 :

Quelle idée aviez-vous de moi avant d'être mon chirurgien? Que pensiez-vous de mon caractère et de ce dont j'étais capable? Dites-moi franchement quelle était votre opinion.

— ... Je croyais que vous n'hésiteriez pas à commettre un crime, lorsque vous le croiriez nécessaire ou utile à vos intérêts.

— Voilà justement la réponse à laquelle je m'attendais, répondit Napoléon; telle est peut-être l'opinion de Lord Holland et même celle d'un grand nombre de Français. Je me suis élevé à un trop haut degré de gloire et de puissance pour ne pas exciter l'envie et la jalousie des

1. *Correspondance*, XXXI, p. 240. Note de Napoléon copiée par Mme de Montholon.
2. *Correspondance*, XXXII, p. 328.

hommes. On dira : Il est parvenu au faîte de la gloire, il est vrai ; mais, pour y arriver, il a commis bien des crimes. Or, le fait est que, non seulement je n'ai jamais commis de crime, mais que je n'en ai même jamais eu la pensée[1].

Il est difficile de concilier l'aveu d'un « crime » avec tant de déclarations contraires.

Si, d'ailleurs, Napoléon eût voulu commettre un « crime », il lui était facile de l'ordonner, tel qu'il fût accompli sans être patent, et deux ou dix *smugglers* et contrebandiers du Rhin auraient mieux valu pour un crime que Savary, son aide de camp, Caulaincourt, son aide de camp, Ordener, le général des grenadiers de la Garde et dix colonels de la garnison de Paris. Il me semble que, si le duc d'Enghien n'a pas été assassiné à Ettenheim, pas plus que le comte d'Artois à Londres, ni le comte de Lille à Mittau, ni les princes Ferdinand et don Carlos à Valençay, c'est que Napoléon n'a pas voulu commettre de « crime ».

Le manuscrit (de son Histoire de 1804) porte que, dans quelques journaux français imprimés à Londres à cette époque, on put lire plusieurs extraits d'un pamphlet publié du temps de Cromwell sous ce titre : « Tuer n'est pas meurtre[2] ».

Toute la distinction est là, et il n'y en a pas d'autre à faire. Et, si elle ne s'est pas imposée, elle ne saurait cependant être négligée au point de vue du droit, pas plus que l'idée des lois de la guerre.

Tuer n'est pas meurtre, le juge n'est pas un assassin, car la loi condamne sans crime, la loi de la guerre, et la « loi » non codifiée des représailles de guerre, aussi bien que la loi pénale. Or, quelle loi invoque Napoléon dans le seul endroit que je connaisse où, de sa propre main, il ait écrit sur cet événement?

L'affaire du duc d'Enghien, dit Napoléon, doit être appréciée *d'après la loi naturelle* et les *exigences de la politique*[3].

Les exigences de la politique, n'est-ce pas là ce que la théorie des représailles de guerre appelle la nécessité?

D'autre part, on sait que, pour Napoléon, la *loi naturelle*, c'est cette partie du droit des gens qui subsiste, s'applique, lorsque le droit positif des traités, ou même le droit coutumier des usages est aboli, et qui est fondé sur la réciprocité.

---

1. *Correspondance*, XXXII, p. 325.
2. *Correspondance*, XXXI, p. 283. Note annexe.
Voir l'origine de cette publication donnée par Mme de Rémusat, *Mémoires*, I, p. 309. Le sens était que l'on pouvait tuer Bonaparte sans meurtre parce que c'était un tyran.
3. *Correspondance*, XXXI, p. 283. *Lettres du Cap.*

Or, les lois de la guerre sont violées par les tentatives d'assassinat contre sa personne, « par les trames ourdies sans cesse *personnellement* contre sa vie » ; il n'y a donc plus de *lois* coutumières de la guerre applicables, il n'y a plus que le *droit naturel*, la loi naturelle dans laquelle nous retrouvons aujourd'hui, comme au temps de Napoléon, cette règle des représailles qu'il appliqua, car enfin, disait-il, *dans ce terrible jeu, les chances doivent être égales*.

« C'est une sorte de loi du talion », dit la doctrine moderne. « Il est des auteurs qui trouvent quelque analogie entre le talion et les représailles », écrit Rayneval. Est-ce là ce que Napoléon a prétendu? — Il n'y a pas de doute, voici la suite de la phrase :

> La *loi naturelle* m'autorisait, non seulement à le faire juger, mais encore à le faire mettre à mort....

C'est-à-dire m'autorisait à le faire mettre à mort, même sans jugement, même innocent — et c'est là, nous l'avons vu, un des caractères des représailles de guerre : la morale le réprouve, mais la doctrine l'admet, et la pratique l'utilise.

Et cela est si bien sa pensée qu'il la complète, suivant son habitude, par un exemple :

> Que peut-on alléguer en faveur des princes de cette maison, qui furent publiquement convaincus d'être les auteurs de la machine infernale et qui avaient en même temps vomi sur Paris soixante brigands pour me faire assassiner? La *loi naturelle* ne m'autorisait-elle pas à faire assassiner le comte d'Artois à Londres [1] ?

Il n'y a donc pas le moindre doute sur sa pensée ou sur son intention. La loi naturelle, partie du droit des gens, qui ne se trouve pas dans le droit pénal, est ce qui autorise les représailles ou une sorte de talion et, en appliquant la loi naturelle, il a appliqué la règle des représailles de guerre. Si l'on trouve, dans la loi naturelle, une autre théorie, applicable entre belligérants, qui permette de faire mettre à mort, même sans jugement, un homme dans la situation du duc d'Enghien, on dira que, peut-être, Napoléon n'a pas voulu exercer de représailles. Mais, s'il n'y en a pas — et il n'y en a pas à ma connaissance, — il faudra bien admettre que Napoléon, en condamnant le duc d'Enghien d'après la loi naturelle, a voulu exercer une représaille de guerre. Voici maintenant les objections :

---

1. *Correspondance*, XXXI, p. 283. *Lettres du Cap*.

1° A Sainte-Hélène, Napoléon dit « loi naturelle ». Mais tout document de Sainte-Hélène est suspect.

2° Le point fondamental est de rattacher cette affaire au droit des gens : alors, tout s'explique. Mais, il faudrait prouver que Napoléon eut cette idée au moment même de l'exécution.

D'abord, Napoléon n'a pas *dit* cela à Sainte-Hélène. Il l'a écrit. Et cela est d'une toute autre importance, parce que, s'il a dit ou pu dire beaucoup de choses diverses sur cette affaire, il n'en a, à ma connaissance, écrit qu'une seule, qui est celle-là, plus les mots insérés dans son testament, cinq ans plus tard, et qui ont le même sens.

Cette phrase se trouve dans les *Lettres du Cap de Bonne-Espérance.*

> Il est fort probable, dit la Commission de 1857, que ces lettres sont de Napoléon lui-même, ainsi que l'ont tour à tour affirmé le général Bertrand, le général de Montholon et M. le comte Marchand; la Commission, d'ailleurs, a reçu, de M. le général Henry Bertrand, communication d'une première rédaction qui porte de nombreuses corrections et additions de la main de l'Empereur.
>
> Mais, Napoléon, on le comprend, tout en revoyant et modifiant les *Lettres du Cap,* — qui parvinrent en Europe en 1817, publiées en anglais sans nom d'auteur, — ne voulut point, alors, qu'elles fussent publiées sous son nom.
>
> Toutefois, la Commission jugeant qu'il n'y avait plus de raison de laisser anonyme cette publication, a cru, dans un intérêt historique, pouvoir placer les parties les plus importantes des *Lettres du Cap* dans les *Œuvres de Napoléon Ier*.

Je pourrais donc me retrancher, derrière l'avis de la Commission, pour affirmer l'authenticité de ces lettres [1]. Mais, il y a plus. A la fin du chapitre des Neutres, Napoléon annonçait une histoire de la guerre après 1803, et cette histoire n'a pas été publiée. Cependant, elle fut écrite, et les parties les plus importantes des *Lettres du Cap* sont extraites de cette histoire :

> Depuis mon arrivée à Sainte-Hélène, dit l'auteur des *Lettres du Cap,* j'ai été à même d'extraire des notes précieuses d'un manuscrit que le comte de Las Cases m'avait prêté : *c'est un ouvrage d'un intérêt plus qu'ordinaire;* il renferme l'*Histoire* de 1804, et je l'ai eu quelque temps à ma disposition.

Il est inutile d'insister sur la fable d'une Lady à qui Las Cases

---

1. « La première publication qu'on pût authentiquement attribuer au prisonnier de Sainte-Hélène : les *Lettres du Cap de Bonne-Espérance en réplique à M. Warden,* n'avait point fait tout le bruit qu'on en pouvait attendre, malgré le sous-titre engageant : *avec des extraits du grand ouvrage maintenant en cours pour la publication, sous l'inspection de Napoléon.* » (F. Masson, *Autour de Sainte-Hélène,* 1re série, p. 26.)

prêterait des écrits de Napoléon[1]. Ce que j'observe, au contraire, c'est que cet avis au lecteur attire l'attention de l'historien sur les parties des *Lettres du Cap* qui sont tirées de ce petit manuscrit « d'un intérêt plus qu'ordinaire ».

Or, la lettre entière du 13 mai 1817, et la fin de la lettre du 18 mai 1817 (p. 278 à 285), qui renferme toute l'histoire des complots de 1803 et 1804, sont, sans aucun doute possible, tirées du petit manuscrit, c'est-à-dire de l'*Histoire* de 1804 *par Napoléon* :

J'ai lu dans le manuscrit que..., p. 281.

Dans le manuscrit, on fait dire à Napoléon que..., p. 282.

Le manuscrit porte que..., p. 283.

Le manuscrit ajoute que...., p. 283.

La phrase, relative à la loi naturelle, vient du manuscrit et est donc bien de l'*Histoire* de 1804, rédigée par Napoléon.

En outre, un soin tout particulier paraît avoir été pris pour assurer l'authenticité de cette déclaration. Soit que la phrase fût en français dans la première édition anglaise, soit qu'elle fût ainsi marquée dans l'original, elle se trouve placée tout entière entre guillemets, comme une citation textuelle, distincte du reste de l'ouvrage, que l'on aurait pu prendre pour un roman, et elle débute ainsi :

> L'affaire du duc d'Enghien, dit Napoléon, doit être appréciée d'après la loi naturelle et d'après les exigences de la politique....

C'est la seule phrase qui, dans l'ouvrage, ait le caractère extérieur d'une vérité historique; je ne peux guère admettre que cet artifice unique ait été involontaire; et il ne peut avoir eu d'autre but que d'attirer l'attention sur ces lignes, qui expriment l'affirmation personnelle de Napoléon devant l'histoire.

Il reste à voir si cette idée d'appliquer la loi naturelle au duc d'Enghien n'est point née à Sainte-Hélène et existait dès 1804.

Voici ce qui était dit dans la lettre remise par Caulaincourt au baron d'Edelsheim, « le texte même envoyé à Bade » :

> .... *Dans cette circonstance extraordinaire*, le Premier Consul a cru devoir donner à deux petits détachements l'ordre de se rendre à Offenbourg et à Ettenheim, pour y *saisir les instigateurs d'un crime qui, par sa nature, met hors du droit des gens* tous ceux qui manifestement y ont pris part....

Met hors du droit des gens. C'est une formule que nous connaissons : Tel pays « est sorti des bornes du droit des gens », ou

---

1. Les *Lettres du Cap* furent probablement rapportées en Europe par O'Méara.

« jusqu'à ce qu'il soit rentré dans les bornes du droit des gens », ce sont des expressions fréquentes dans la *Correspondance*.

Qu'est-ce que le droit des gens dans le droit international de l'époque, pour Mably, Martens, ou Bonaparte? — C'est le droit des traités, le droit positif. Par quoi est représenté ce droit positif dans l'espèce? Par le traité d'extradition entre Bade et la France. Quelle est donc la situation du duc d'Enghien s'il est hors du droit des gens? Il n'est plus protégé par le traité d'extradition. — Il sera saisi sans extradition. Cela est clair et exact.

Mais, s'il est hors du droit des gens, à quel droit sera-t-il soumis? Forcément, au droit naturel et à la loi naturelle. Voilà donc, je crois, à propos du duc d'Enghien même, dans un texte officiel, et dès 1804, cette idée qu'il est soumis à la loi naturelle.

D'ailleurs, et en fait, si Bonaparte n'avait pas eu cette idée, comment expliquer que, dans une matière si délicate, tous les détails concordent et que tout soit ce qui devait être dans le cas de représaille de guerre?

Talleyrand formule cette idée en termes précis qui surprennent, lorsqu'on ne leur donne pas leur sens juridique : « Talleyrand portait allégrement sa responsabilité et, dans ses conversations avec les membres du corps diplomatique, il croyait de son devoir de défendre l'infraction momentanée du territoire allemand, car, pour les prévenus de complicité dans la conspiration de Georges *il ne pouvait y avoir de droit des gens.* » (Cité par M. Welschinger, p. 428.)

Cette rencontre ne peut être attribuée au seul hasard et il y a, dans l'enchaînement des faits, une logique que l'on ne peut pas expliquer par une erreur du général Hulin.

En résumé, l'idée d'une condamnation pénale s'accorde avec un texte que l'histoire dit faux, tandis que l'idée des représailles s'accorde avec le texte que l'histoire déclare seul vrai.

En second lieu, au point de vue de la compétence légale, il faut distinguer la compétence du droit interne et celle du droit international.

Quant au droit interne : quelques historiens disent qu'aucune loi française pénale ou militaire ne s'appliquait au duc d'Enghien; d'autres peuvent prétendre que les lois du *Moniteur* étaient applicables; d'autres, enfin, croient qu'il y eut erreur et que des lois antérieures auraient dû être visées. Ces contradictions prouvent, au moins, que quelqu'un se trompe et donnent à croire que l'on est sur une fausse route.

Quant au droit international : saisi en France ou non, le duc d'Enghien pouvait être condamné d'après la règle des représailles de guerre, si la preuve de la solidarité était faite, puisqu'il y avait guerre et que, d'après la doctrine formelle des Consuls, constatée par l'arrêté du 15 janvier 1800[1], « les rapports entre les habitants et les gouvernements de deux pays ennemis sont déterminés par les lois de la guerre ».

Si donc, ce qui est très possible, il y eut doute sur la compétence et conflit soulevé entre les droits interne et externe, il semble bien que Bonaparte ait tranché avec sa décision habituelle et porté l'affaire sur un terrain où il paraît inattaquable.

En troisième lieu, quant au rapport des théories avec les faits, je constate que l'hypothèse d'une condamnation pénale va contre les faits et n'aboutit qu'à des contradictions insolubles depuis cent ans, tandis que l'hypothèse d'une condamnation pour représaille de guerre explique seule les faits, qui apparaissent comme la conséquence logique et nécessaire du principe une fois saisi. A l'idée qui n'a aucun fondement sérieux, qui ne s'appuie que sur un document faux, qui contredit les règles du droit et les faits, je préfère donc l'hypothèse fondée sur un texte reconnu sincère, conforme aux règles du droit et qui explique les faits.

Enfin, puisque je cherche ici, avant tout, l'opinion véritable de Napoléon, ayant montré que, dès 1804, il considérait le duc d'Enghien comme soumis à la loi naturelle, qu'en 1816, il l'écrit en termes formels et juridiques, qu'en 1821, il le répète en termes équivalents dans son testament, qu'il écarte, d'autre part, toute idée de crime, d'assassinat ou de raison d'État, je crois que l'on peut reconnaître à sa déclaration de Sainte-Hélène un degré de vraisemblance historique et juridique suffisant, pour qu'on ne puisse plus la négliger, au moins à titre d'hypothèse. Du reste, cela n'a rien de paradoxal et il ne faudrait pas se payer d'illusion sur les mots, car ce n'est, au fond, que l'idée de l'archiviste Dumont, formulée en termes juridiques :

> L'assassinat de Bonaparte, c'était le rêve des fanatiques de l'émigration, et c'est peut-être dans ce rêve bien connu de Bonaparte qu'il faut chercher la mort du duc d'Enghien.

Seulement, cette idée se trouve confirmée par Napoléon, et, à partir du moment où elle est précisée en droit, on en voit toute la portée, et on saisit mieux les contradictions des différents systèmes fondés sur l'hypothèse d'une condamnation pénale, parce que le problème se pose en termes simples : droit interne ou droit international.

---

1. Voir l'arrêté cité page 4 de cette étude.

Le jugement du « Moniteur ».

« Chacun s'enferrait dans mes lacs. »
(*Mémoires de Mme de Rémusat*, I, p. 275.)

« ... Un homme qui a prouvé qu'il voyait plus loin et mieux que les autres. »
(10 097. Au prince Eugène, 14 avril 1806.)

« Il est nécessaire que les journaux de Paris soient dans le sens de leurs craintes: les journaux ne sont pas l'histoire. »
(21 360, au roi Joseph.)

Partant de l'idée d'un jugement pénal, invinciblement suggérée par le texte du *Moniteur*, l'histoire devait forcément arriver à celle d'un crime légal commis à Vincennes et qu'il fallait dissimuler. Mais, partant de l'idée d'une condamnation légale à Vincennes, comment expliquer le texte du *Moniteur?*

Une première question se pose : Bonaparte a-t-il connu le mystère des deux textes? Il n'en a jamais rien écrit, ni rien dit. Cependant, il est presque impossible qu'il l'ait ignoré.

S'il l'a connu, en est-il l'auteur responsable? Il n'y pas de preuve écrite que je connaisse. Si Réal l'a rédigé de son propre mouvement, on comprendrait l'expression de Napoléon : crime d'un subalterne. Toutefois, cela est invraisemblable.

Un ordre verbal est possible. Il devient probable, lorsqu'on sait le cas et l'usage que Napoléon faisait de la presse. Les exemples abondent de fausses nouvelles destinées à tromper l'ennemi sur sa véritable force. Il se crée des armées sur le papier pour relever le moral de ses propres troupes et recommande constamment ce moyen à ses généraux : ruse de guerre licite.

Je trouve bon qu'on mette dans les journaux tout ce qu'on veut, écrit-il à Clarke, ministre de la Guerre, mais, lorsqu'on m'écrit, j'entends qu'on me dise la vérité sur mes affaires [1].

Je pense que, désormais, il ne faut plus imprimer le livret (état des troupes); cela a beaucoup d'inconvénients. Ce n'est que depuis peu

---

1. 15 745. A Clarke, 4 septembre 1809.

d'années que cela est en usage. Les étrangers, moyennant ce livret qu'ils ont, connaissent parfaitement notre situation militaire.

Il manque, je crois, 23 ou 24 régiments; il s'agirait de les remplir comme existants, d'y mettre les noms de chefs de bataillon les premiers trouvés et de les supposer existants dans différentes villes de l'intérieur. On pourrait aussi augmenter de quelques numéros la cavalerie. Il me semble que cela n'a aucun inconvénient. Seulement, il s'ensuivrait que les commissaires des guerres qui auraient les livrets ne trouveraient jamais d'hommes de ces numéros.

S'il est indispensable d'imprimer le livret, il faut y faire ces modifications [1].

Le *Moniteur* lui-même n'est qu'un moyen plus sûr de tromper l'adversaire, à cause de son caractère semi-officiel. Voici une lettre écrite à Fouché, de Compiègne, le 14 avril 1810.

A M. Fouché, duc d'Otrante, ministre de la police générale.

Compiègne, 14 avril 1810.

Vous trouverez ci-joint la lettre que m'écrit le prince Ferdinand. Faites-moi, sur toute cette affaire, un rapport auquel vous donnerez une direction qui le rende propre à être imprimé dans le *Moniteur*.

L'arrestation de l'individu a-t-elle été assez peu connue pour qu'on puisse supposer qu'il a été arrêté à Valençay? Je voudrais que vous missiez dans votre rapport que l'individu arrêté à Valençay est à Vincennes, qu'il était chargé d'une mission des Anglais près des princes, qu'il a tenté de la remplir, que le prince Ferdinand m'en a prévenu. On mettrait à la suite de ce rapport le détail de la fête qu'ont donnée les princes à Valençay à l'occasion de mon mariage.

Cette affaire, présentée de cette manière, ferait le meilleur effet en Europe; on pourrait laisser croire aux princes que ce sont eux qui ont fait arrêter l'agent anglais. Je répondrai au prince Ferdinand une lettre qu'on pourra mettre également dans le *Moniteur*. Vous sentez qu'il est nécessaire de faire une lettre du gouverneur de Valençay, et deux interrogatoires, l'un à Valençay, l'autre ici, où il dira son nom, etc. Arrangez cela de la manière la plus propre à mystifier les Anglais.

Je désire que vous me remettiez tout cela demain, désirant que le *Moniteur* l'imprime lundi ou mardi.

Il ne vous restera plus qu'à bien mettre au secret l'agent anglais, pour qu'il ne puisse pas percer, et renouveler les ordres les plus rigides pour qu'on ne lui donne ni plumes, ni encre, ni papier [2].

On voit combien peut être grande l'erreur de ceux qui prendraient, sans autre information, un document du *Moniteur* pour un document authentique, et quelle histoire de Napoléon put être écrite par ses contemporains réduits d'après la presse française ou la presse étrangère [3]. On peut bien croire que, si Napoléon se donnait la peine de mystifier l'Europe pour un agent

1. 17 025. *Id.*, 10 octobre 1810.
2. *Lettres inédites de Lecestre*, II, 603.
3. 16 887. A Jérôme : « Je reçois vos différentes lettres. Ma prétendue lettre à la reine de Naples, dont vous m'envoyez la copie, est bien ridicule. Si vous aviez les

obscur, il hésita moins encore à tromper les *badauds*, lorsqu'un intérêt réel, national ou international, nettement constaté, se trouvait en jeu.

Enfin, un témoignage contemporain, mais incomplet, permet de croire que Bonaparte fut au courant du travail accompli chez Réal, le 21 mars, dans l'après-midi : c'est celui de Méhée de la Touche, qui semble être venu y travailler par ordre du Premier Consul « à des choses, dit-il, qui seront éclaircies dans une autre occasion[1] ».

D'après ces présomptions, on peut donc admettre, sauf preuve contraire[2], que Bonaparte ne fut pas étranger au faux texte du *Moniteur*. Mais, alors, quelle fut son intention?

Il a bien écrit qu'il fallait réunir une commission militaire et condamner quelques chefs vendéens, qu'il fallait faire un exemple sur les prêtres compromis dans les complots; pourquoi n'a-t-il pas dit nettement au *Moniteur* : J'ai réuni une Commission militaire pour condamner le duc d'Enghien d'après la loi naturelle des représailles de guerre, afin de faire un exemple nécessaire contre les émigrés ou les Bourbons?

On sent bien que cela ne pouvait être dit dans ces termes en 1804. Mais, alors, une autre question se pose, plus imprévue : Pourquoi a-t-il fait une communication au *Moniteur*, puisque rien, en somme, ne l'y obligeait?

A cette question, je ne peux pas répondre avec certitude, parce qu'elle est du domaine historique ou moral. Un homme tue un autre homme et le vole : ce peut être pour le voler, ce peut être pour une autre raison ; par exemple, il peut y avoir crime passionnel dissimulé sous une mise en scène de vol. L'aveu, confirmé par des faits, donnera une vérité de nature historique ; pour arriver à la certitude, il faudrait concevoir toutes les hypothèses possibles, les éliminer l'une après l'autre et garder comme acquise celle qui serait confirmée à la fois par l'aveu et par les faits. Tout ce que je peux me permettre ici, c'est de reprendre l'idée d'une représaille de guerre, d'en voir les conséquences et d'examiner si ces idées

---

journaux anglais, vous en verriez bien d'autres; ils ne sont pleins que de mensonges et d'absurdités.

Cf., 19502, les fausses lettres de Napoléon à la reine Caroline, fabriquées dans le cabinet de M. de Blacas et utilisées par Lord Castlereagh dans un discours au Parlement en 1815.

1. *Mémoires* de Méhée, cités par Welschinger, *op. cit.*, p. 348..... « Je déficrais M. Réal de nier qu'ayant reçu de lui, de la part du Premier Consul, l'ordre de me rendre le matin dans son bureau pour des affaires qui seront éclaircies dans une autre occasion.... »

2. Il faut réserver l'hypothèse où Bonaparte aurait eu en main des preuves d'ordre pénal qui ne pouvaient être publiées.

juridiques cadrent avec les faits, laissant à l'histoire le soin de critiquer pour nous conduire à la vérité.

Quel est le but des représailles? C'est d'empêcher par un exemple sévère le retour d'actes coupables. Ce qui les justifie, d'après la doctrine moderne, c'est leur nécessité et leur efficacité. Dans l'espèce, par l'exécution du duc d'Enghien, Napoléon a obtenu ce double résultat :

1° De ramener la guerre extérieure à de justes lois, le comte d'Artois n'ayant plus essayé de le faire assassiner sous prétexte de guerre;

2° D'arrêter toutes les conspirations à l'intérieur.

Mais, ces résultats auraient été obtenus par le seul jugement de Vincennes, semble-t-il; pourquoi, entre le fait de l'exécution et les résultats, interposer, sans utilité apparente, un jugement pénal? En partant de l'idée de représailles, examinons donc ces deux catégories de faits, d'ordre international et d'ordre national, et voyons quelle put être l'influence ou l'importance du texte officiel du *Moniteur*.

En ce qui concerne les relations internationales, la première raison, qui paraît s'imposer, est donnée par la théorie des représailles de Rayneval en 1803. Le moyen des représailles, dit-il, peut quelquefois être salutaire,

> *mais il doit être employé avec bien de la circonspection*, parce qu'étant une espèce d'acte hostile, il est très souvent le précurseur de la guerre : ainsi il faut avoir en vue cette perspective avant que de se permettre les représailles [1].

Or, en mars 1804, Bonaparte était en guerre contre l'Angleterre seule, mais il était fort possible qu'une mesure de représailles émût les autres puissances. Bade était partie de l'Empire, uni par des alliances étroites de famille à la Suède et à la Russie; les Bourbons régnaient en Espagne et pouvaient déclarer la guerre, les autres puissances pouvaient suivre le mouvement de guerre par solidarité : « il fallait avoir en vue cette perspective », bien que ces puissances ne fussent ni visées ni atteintes.

D'un autre côté, il y avait nécessité de sévir, constatée par le Conseil privé d'État, et Bonaparte lui-même le disait : « Prennent-ils mon sang pour de la boue? »

Il y avait donc là une opposition d'intérêts; comment résoudre ce conflit? Ayant saisi les termes du problème, on n'en trouvera, je pense, qu'une solution : c'était de changer la nature du jugement,

1. Je rappelle que Rayneval ne parle que des représailles en temps de paix. « En temps de guerre, le général d'une armée n'a d'autre loi que son humanité. »

de condamner effectivement par représailles et officiellement pour complot politique. La mort de Paul Ier fournissait un exemple assez récent de ces substitutions de causes. Si la condamnation était officiellement prononcée pour complot, cela ne nuirait à persônne. Les intéressés, comme le comte d'Artois, sauraient bien faire la part de la vérité : ils croiraient au complot, si le duc avait effectivement conspiré avec eux, sinon, ils découvriraient d'eux-mêmes la vraie raison cachée qu'ils se garderaient bien d'avouer. Quant aux puissances, que pourraient-elles dire contre l'affirmation quasi-*officielle* d'un complot menaçant la sûreté intérieure et extérieure de l'État? Et, de fait, le mouvement de protestation, qui se dessinait en Europe, s'arrêta devant l'affirmation abondante du *Moniteur*.

Voilà donc une raison politique possible du faux jugement et qui peut satisfaire. Mais, je suis loin de croire que ce fut la seule et la doctrine moderne en indiquerait une autre.

> Il n'y a point de limite aux représailles, dit M. Sorel, parce qu'il n'y a point de limites aux passions humaines et aux abus de la force; et comme tout abus appelle des représailles, que les représailles mêmes sont toujours un acte de violence et très souvent un abus, elles appellent à leur tour d'autres représailles et la guerre prend un caractère de plus en plus sauvage [1].

De sorte que, si Bonaparte eût donné lieu de croire à une représaille, ou s'il eût autorisé les puissances étrangères à discuter d'une façon quelconque le jugement du duc d'Enghien, il eût exposé ses propres agents saisis à l'étranger ou ses soldats, à des mesures égales de violence, et fût allé contre son but même, qui était de ramener la guerre aux règles de la guerre.

Au point de vue international, le plus sage était donc, dans tous les cas, de transporter l'affaire du duc d'Enghien du domaine du droit des gens dans le droit interne. D'où nécessité de dissimuler le jugement de Vincennes et de le remplacer par un autre faux, mais pénal. D'où les instructions de Talleyrand à ses agents : « Si les mesures prises, écrit-il à Champagny, étaient l'objet de quelque observation qu'on élèverait devant vous, vous ne manqueriez pas de *repousser, même avec moquerie, les arguments qu'on voudrait tirer du droit des gens* [2]. Or, c'est le même Talleyrand qui écrivait également à Champagny : « La France n'a vu, dans cette circonstance, qu'une peine appliquée à un délit, que la sûreté des frontières et

1. Funck-Brentano et Sorel, *Précis*, p. 294.
2. Citée par M. Welschinger, *op. cit.*, p. 413.

les *lois de la guerre* prescrivent également de punir[1] ». Donc, d'une part, il affirme que l'affaire est du droit de la guerre et, d'autre part, il prétend nier qu'elle relève du droit des gens : les deux textes ne sont pas absolument contradictoires, mais ils donnent peut-être l'indice d'une tactique de substitution[2].

Quant à Bonaparte, il prend une position plus nette et écrit le 13 mai à Talleyrand :

> Vous pouvez dire que son intention n'est pas de souffrir le ton et la morgue de la cour de Russie; que je ne puis voir qu'avec indignation qu'au fond de la Russie, on veuille se mêler des affaires *intérieures* de la France,... que l'on nous assure que le chargé d'affaires à Ratisbonne a reçu l'ordre de faire une note relative au duc d'Enghien; que la réponse sera telle qu'elle fera tomber le talisman de la Russie; que toute l'Europe me rend la justice que je ne me mêle des affaires *intérieures* d'aucun État, et que je ne souffrirai point que l'on veuille faire le contraire en France[3]....

Bonaparte ne paraît pas très embarrassé de répondre aux accusations, sans doute par quelque allusion à l'assassinat de Paul Ier[4], ou aux tentatives dirigées contre lui-même[5]. Il fallait donc qu'il eût quelque raison autre de refuser toute discussion et, quelle qu'elle fût, son terrain est bien établi : l'affaire du duc d'Enghien est devenue *une affaire intérieure* de la France et ne doit pas sortir de ce domaine : le duc d'Enghien n'est plus coupable de ce crime « qui, par sa nature, met hors du droit des gens ceux qui y ont pris part ».

Dans ce cas, le faux texte du *Moniteur* répond à toutes les difficultés possibles d'ordre international. Cette question ne regarde pas les étrangers, à preuve le journal officiel. De quel droit vous occuperiez-vous de nos lois pénales internes? Comment oseriez-vous dire que ces lois ne s'appliquent pas au duc d'Enghien? Êtes-vous chargés de l'administration de la justice en France? C'était un merveilleux point d'appui anonyme pour toute discussion. Bonaparte lui-même n'est pas mis en cause : c'est Réal, c'est une assemblée de légistes, c'est le *Moniteur* en un mot. Pour lui, il ne dit rien, il n'affirme rien pendant tout son règne. Si on le presse maladroitement de parler, il alléguera les grosses raisons qui ne

---

1. *Id.*, p. 417.
2. Cette apparente contradiction peut résulter du sens spécial du mot *droit des gens* par opposition au *droit naturel*.
3. 7 746. A Talleyrand, 13 mai 1804.
4. Cf. Sorel, *op. cit.*, p. 360 : « Il y avait des raisons de ne point parler du fossé de Vincennes. » « Notre cour, disait Czartoryski, n'ayant jamais avoué la mort violente de Paul, on s'en tenait toujours à l'apoplexie officielle. »
5. *Id.*, p. 361. Réponse de Bonaparte à Oubril.

veulent rien dire, vague raison d'État, plus vague crime de subalterne.

Quand, en 1813, Hulin voudra essayer de comprendre, pour expliquer aux autres, ce qu'il ne comprend plus, il confondra et embrouillera les deux jugements l'un dans l'autre, reniera celui qu'il a signé avec la même bonne foi qu'il a pris l'acte de saisine pour une pièce à charge, et lui, Hulin, général commandant des grenadiers de la garde des Consuls, qui, le matin de l'exécution, a peut-être dit à la Malmaison le vrai mot de l'affaire : « Il a bien fait, il vaut mieux tuer le diable que le diable ne vous tue! », il finira par demander une consultation d'avocat et par compliquer tellement les choses, que personne ne croira plus rien de ce qu'il dit, pas même lui, et surtout quand il dit la vérité. C'est le triomphe de l'imbroglio. Le chancelier Pasquier lui-même, préfet de police en 1810, qui a exploré les dossiers, confronté Réal avec Savary, n'y comprendra plus rien.

> Si les juges doivent être crus,... dit-il dans son embarras. Les membres de la commission ont toujours soutenu que le libellé qui contient l'ordre de l'exécution immédiate n'était pas, *bien que leur signature s'y trouvât apposée*, celui qu'ils auraient définitivement adopté; qu'il aurait dû être détruit, qu'il a été conservé par mégarde et que le seul authentique, le seul qui ait été laissé au dossier, est celui dont la copie se trouve au *Moniteur*. Il faut encore dire, pour compléter l'histoire de cette série d'iniquités, que ce dossier, qui devait se trouver dans les archives de la guerre, en a été soustrait et a complètement disparu [1].

N'est-il pas évident que toutes ces déclarations sont dictées et concertées, et que les juges de Vincennes ne peuvent pas, sans ordre, déclarer authentique et seul authentique le jugement rédigé par Réal le lendemain de l'exécution. Il me semble bien probable qu'on leur a présenté leur texte comme une minute sans valeur, ou qu'on leur a donné peur d'avoir commis un acte illégal, et que, sans le savoir, ils servent encore le dessein de l'Empereur.

Napoléon a bien garde de rompre ce mystère. Il dira qu'il n'a pas pu faire grâce, par la faute de Talleyrand, ce qui peut être vrai, ou bien, par la faute de Réal, qui aurait dû aller à Vincennes et qui n'y est pas allé, ce qui est invraisemblable. Réal prétend s'être endormi et l'on prouve qu'il jouait aux dames avec son neveu [2]. Le lendemain, c'est mieux encore. Méhée, qui travaille chez Réal à ces choses « qui seront éclaircies dans une autre occasion », Méhée affirme, dès 1823, « qu'à deux heures après midi, Réal

1. *Mémoires*, t. I, p. 187.
2. Welschinger, *op. cit.*, p. 355.

n'était pas sorti[1] », et cependant, chose plus invraisemblable, Savary jure qu'il l'a rencontré le matin sur la route de Vincennes, en costume de conseiller d'État. Forcément, quelqu'un ment, ou plutôt chacun joue son rôle et le résultat de ce travail mystérieux, c'est le faux jugement du *Moniteur*; tout ce mouvement, c'est le montage d'un décor européen qui, vu de loin, fait illusion, et Bonaparte se chargera bien d'en éloigner les gens[2].

Au point de vue international, le texte du *Moniteur* valait mieux qu'une communication directe aux cabinets d'Europe, puisqu'il

1. Welschinger, *op. cit.*, p. 348. M. Welschinger a parfaitement élucidé ces complications et montré le mensonge de tous ces gens à Mémoires. « Je puis demeurer tranquille, je n'ai qu'à laisser faire, disait Napoléon à Sainte-Hélène, s'en rapportant à la suite des événements, aux débats des partis opposés et à leurs productions diverses. » (*Correspondance*, XXXII, p. 252.)

2. Ce même souci se retrouve dans le texte des *Lettres du Cap* (XXXI, p. 282 et 283) écrites en 1817.

Si Napoléon avait cru que le duc d'Enghien fût condamné d'après la loi pénale, il n'eût point manqué de l'affirmer dans son *Histoire* de 1804 : il est curieux de voir à quel point il évite de se prononcer.

Il dit : « Le duc d'Enghien fut immédiatement transféré à Paris, traduit devant une commission militaire, *conformément aux lois*, et condamné à mort... », mais il ne dit pas condamné à mort conformément aux lois, ni à quelles lois.

Il dit que « le tribunal ne fut pas choisi arbitrairement, mais formé, *d'après la loi*, de tous les colonels de la garnison de Paris... » : cela encore n'est qu'une question de procédure et ne précise rien, quant à la loi.

Dans le manuscrit, *on fait dire* à Napoléon que « si le comte d'Artois avait été pris dans des circonstances semblables, il aurait été jugé et exécuté de la même manière; que les lois de la France étaient positives contre ceux qui portaient les armes contre leur patrie; et, qu'en outre, le prince était un des chefs de la grande conspiration qui se tramait alors ». On retrouve une des questions de Vincennes, mais, là encore, ce n'est qu'une suggestion qui peut convaincre ceux qui croient à une condamnation pénale! c'est une affirmation sans preuve que les lois étaient positives, mais ce n'est pas une affirmation que le duc d'Enghien ait été effectivement condamné d'après ces lois.

Enfin, l'eût-il affirmé, que ce serait en contradiction avec la phrase qui me semble décisive : « L'affaire du duc d'Enghien, *dit* Napoléon, doit être appréciée d'après la loi naturelle.... » On ne peut pas, de bon sens, apprécier un jugement civil d'après la loi pénale, ni un jugement pénal d'après la loi naturelle. On apprécie une affaire d'après la loi pénale, quand elle a été jugée d'après la loi pénale, et, pour l'apprécier d'après la loi naturelle, il faut qu'elle ait été jugée d'après la loi naturelle. Or, il n'y a pas de loi naturelle dans le système pénal, il n'y a de loi naturelle que dans le système du droit des gens, et, ainsi, l'affirmation de Napoléon, qui reste mystérieuse pour le public, n'est plus douteuse.

D'où vient cette équivoque? C'est que Napoléon ne parle pas des deux textes; il ne les ignorait point; c'est donc qu'il a voulu les dissimuler, d'où ces formules vagues et d'apparence contradictoires, sans que l'on puisse dire qu'aucune soit mensongère. Il affirme sans sincérité la version officielle du *Moniteur* qu'il faut peut-être encore soutenir, mais il signale la condamnation d'après la loi naturelle, conciliant dans la mesure où il juge bon, utile ou prudent de le faire, la vérité officielle avec la vérité vraie.

Quant aux motifs de cette dissimulation, ils peuvent être divers et ne sont point indiqués. Je me suis demandé si Napoléon, mieux renseigné que sa police officielle, surtout avant Fouché, avait eu des preuves pénales qu'il a voulu cacher. On peut croire aussi que la lettre, ayant été apportée en Europe par O'Méara en 1817, il con-

évitait précisément les discussions. Toutefois, une simple note aurait suffi, et nous avons un jugement complet, avec articles du Code militaire et du Code pénal cités en entier, que je ne peux attribuer qu'à des raisons d'ordre intérieur.

La nécessité de dissimuler le texte de Vincennes explique la disparition du dossier. Je vois, en effet, que le 19 mars, veille de l'exécution, Bonaparte écrit à Réal :

> Je vous recommande de prendre en secret avec Desmarets connaissance de ces papiers. Il faut qu'il ne soit tenu aucun propos sur le plus ou moins de charges que portent ces papiers [1].

Or, cette lettre à Réal, d'où résulte évidemment tout le secret de la police, est aussitôt suivie d'une curieuse lettre à Murat.

> 7632. Au général Murat, Gouverneur de Paris :
>
> La Malmaison, 19 mars 1804.
>
> « Citoyen général Murat, j'ai reçu votre lettre. Si le duc de Berry était à Paris, logé chez M. de Cobenzl, et M. d'Orléans, logé chez le marquis de Gallo, non seulement je les ferais arrêter cette nuit et fusiller, mais je ferais aussi arrêter les ambassadeurs et leur ferais subir le même sort, et le droit des gens ne serait en rien compromis [2].... »

Me référant à Rayneval pour le droit des gens, je trouvais :

> 5, p. 183 : « Malgré son immunité, un ministre étranger est obligé de respecter *les lois de police qui tiennent à la sûreté et à l'ordre public* : en se conduisant autrement, il pécherait contre le principe même sur lequel est fondé son immunité. »
>
> Et notes, p. XCIV : « Il est constant qu'un ministre perd son immunité et se rend sujet à la juridiction locale, lorsqu'il se livre à des manœuvres qui peuvent être regardées comme crimes d'État, ou qui troublent la sécurité publique. L'exemple du prince de Cellamare constate ces maximes à cet égard. »

C'était un trait de lumière, car les lois du texte faux du *Moniteur* sont précisément des lois de sûreté et d'ordre public. Dès lors, les

---

venait de s'en tenir à des affirmations vagues, pour échapper à toute censure. Il est enfin possible que la censure se soit exercée. Il me semble plus probable que Napoléon n'a pas voulu détruire la version soutenue pendant tout son règne, ni se donner un démenti en révélant au public l'existence des deux textes, et qu'il a voulu cependant dire la vérité, laissant à l'histoire le soin d'éclaircir le mystère.

1. 7631. Au citoyen Réal, la Malmaison, 19 mars 1804.

2. Cette théorie, que je reprendrai dans le Droit de la paix, est évidemment très discutable, mais il faut songer qu'aucun ambassadeur ne fut jamais fusillé et que le vocabulaire de l'époque était militaire. Cf. de Broglie, *Souvenirs*, I, p. 77 : « Lorsque le prince Eugène ou ses familiers parlaient, avec toute l'aménité du langage soldatesque de cette époque, de faire fusiller l'intendant qui ne se montrait pas assez complaisant envers eux, je n'éprouvais aucune inquiétude ».

choses pouvaient s'enchaîner. Murat signale la présence possible de princes chez les ambassadeurs. Il faudrait une loi de police qui permît de les saisir là. On dira donc que le duc d'Enghien a été condamné par une loi de police, on saisira les complices chez les ambassadeurs, sans aucune difficulté ni complication. Tout cela était clair, mais les objections sont venues, dont une insurmontable : c'est qu'il n'y eut pas de perquisition chez les ambassadeurs et que Bonaparte n'en voulut à aucun prix :

> Mais, comme il est de toute impossibilité que ces ministres, sous peine de risquer leur tête, se fussent portés à une démarche aussi insensée, et comme, bien loin d'autoriser cette conduite, le cabinet de Vienne ne veut autoriser le séjour d'aucun prince français à Vienne, *je ne veux faire aucune perquisition chez eux*. Vous ferez bien de faire arrêter celui qui vous a donné cet avis et qui ne peut être qu'un misérable. Tout le monde sait, *hormis les badauds*, que les maisons des ambassadeurs ne sont point des asiles pour les crimes d'État (7 632).

Il fallait donc renoncer à cette hypothèse trop étroite, mais cette idée, qui ne valait pas contre les ambassadeurs, pouvait bien valoir contre le public et les *badauds*.

Bonaparte a dit qu'il voulait faire un exemple contre les conspirateurs. C'est la vertu, le but et la raison d'être des représailles. Or, un exemple, tel que celui de Vincennes, n'atteint pas les conspirateurs de l'intérieur, qui ne sont pas soumis aux lois internationales de la guerre. Pour eux, comme pour l'Europe, il faut leur donner le jugement vrai, les pièces du procès et leur donner officiellement un jugement avec des textes de lois internes qui s'appliquent à eux, civils ou militaires, fauteurs de complots à l'intérieur. Voilà qui doublera l'effet des représailles et leur efficacité.

On dira, peut-être, que le duc d'Enghien, étant civil ou militaire, ne peut pas être condamné à la fois par des lois civiles et par des lois militaires, comme fait le *Moniteur* : mais, Bonaparte ne sait-il pas, par le seul exemple de Murat, jusqu'où peut aller l'indifférence des *badauds*. Ce jugement du *Moniteur* ne sera qu'un fantôme? Qu'importe, Bonaparte sait mieux que personne qu'un fantôme est plus redouté qu'une réalité, il est coutumier de ces sortes de calculs[1] et sait jongler depuis longtemps avec la crédulité de ses ennemis.

Il a gagné la bataille de Marengo avec une armée de réserve,

---

1. « Je partis pour l'Italie avec des soldats misérables, mais pleins d'ardeur. Je faisais conduire au milieu de la troupe des fourgons escortés, quoique vides, que j'appelais le trésor de l'armée. » (Mme de Rémusat, *Mémoires*, I, p. 271.)

Cf. 1 196 (Bataille d'Arcole) : « J'ordonnai au citoyen Hercule, officier de mes guides, de choisir vingt-cinq hommes de sa compagnie... et de tomber ensuite au grand

dont ses journaux niaient l'existence, et la campagne suivante, avec une armée fantôme, dite aussi de réserve, qui n'existait guère que sur le papier, comme le jugement du *Moniteur*, mais « dont la levée avait fixé l'attention des *oisifs* [1] », les badauds de 1800.

> Sous le rapport des opérations militaires, cette armée était inutile, écrit-il quinze ans plus tard, mais le souvenir de la première armée de réserve était tel chez les Autrichiens, qu'ils pensèrent que cette armée était destinée à manœuvrer comme l'autre.... Elle produisit le bon effet de paralyser près de 40 000 ennemis. Ainsi, l'on peut dire que cette deuxième armée de réserve contribua au succès, bien plus par son nom que par sa force réelle....

Ainsi, peut-on dire que le texte faux et imaginaire de ce deuxième jugement produisit le bon effet de paralyser bien des conspirations et contribua à la paix de son règne, bien plus par son apparence que par sa valeur réelle.

Voilà donc, encore une fois, le faux jugement expliqué en partant de l'idée des représailles et cette raison très vraisemblable se trouve en effet confirmée par les discours du lendemain. Cependant, je ne voudrais pas dire que le but principal de Bonaparte fut de répandre la terreur. Ce qui me donne lieu d'en douter, c'est d'abord la fin de cette même lettre à Murat du 19 mars :

> Vous ferez bien de faire arrêter celui qui vous a donné cet avis et qui ne peut être qu'un misérable.
>
> Tout le monde sait, hormis les badauds, que les maisons des ambassadeurs ne sont point des asiles pour les crimes d'État.
>
> Ne vous laissez donc pas amuser par de pareilles folies. Rejetez cela bien loin, et ne souffrez pas que, devant vous, on dise cela.
>
> Le prince Charles est un homme brave et loyal, auquel je suis particulièrement attaché et Cobenzl et Gallo sont des hommes qui, bien loin de cacher des individus qui conspireraient contre moi, seraient les premiers à m'en donner avis.
>
> Mon intention n'est pas même qu'il y ait aucune surveillance extraordinaire autour de leurs maisons.
>
> Il n'y a pas d'autre prince à Paris que le duc d'Enghien, qui arrivera demain à Vincennes. Soyez certain de cela et ne souffrez même pas qu'on vous dise le contraire.
>
> BONAPARTE.

---

galop sur le dos de l'ennemi, en faisant sonner plusieurs trompettes. Cette manœuvre réussit parfaitement : l'infanterie ennemie se trouva ébranlée. »

Cf. le récit de la journée du 13 vendémiaire par le baron de Batz : « Pour prolonger la terreur qui s'était emparée des sections, Buonaparte fit traîner, pendant la nuit, des canons dans Paris et tirer à poudre seulement.... Et voilà comment un peu de fumée et de bruit firent évanouir les espérances les plus immenses. » (*Revue de Paris*, 1er avril 1911.)

1. *Correspondance*, XXX, p. 445. Diplomatie et guerre.

Je dis que de tels propos ne sont pas le fait d'un homme qui veut effrayer le public; ils prouvent, au contraire, qu'il craint l'agitation. Cela est parfaitement raisonné. S'il y a dans le public ceux qui conspirent, Bonaparte ne peut pas, lui, chef d'État, oublier ceux qui ne conspirent pas, ces milliers de royalistes émigrés, rentrés en France sur son appel, par ses soins, qui sont tranquilles, mais qui vont être saisis de terreur panique et se jeter dans les pires excès, se croyant attirés dans un guet-apens. Ceux-là, il faut les rassurer coûte que coûte.

Que se produit-il, en effet, le 21 mars, jour de l'exécution, avant la publication du *Moniteur*? Une impression de terreur mystérieuse domine tout Paris : « Une profonde consternation règne ici maintenant ».... « Une sombre terreur s'est répandue sur tous les esprits, chacun faisant un retour sur lui-même et jugeant, d'après ce trait, qu'il n'y rien que Bonaparte ne se permette pour se satisfaire et dès qu'il croira pouvoir le faire impunément. » « Heureux qui pourrait quitter cette terre! » « Les royalistes redoutaient des proscriptions et des massacres[1]. » « Tout prit dans Paris un aspect sinistre. » « Le Premier Consul, informé de l'effet produit par l'exécution du duc d'Enghien, devint sombre et menaçant. Il en parla avec Le Couteulx de Canteleu, vice-président du Sénat. « Je sais, dit-il, que cette exécution si prompte de ce prince fait beaucoup de sensation[1]. »

C'était là un danger d'État, car, perdus pour perdus, ces gens doivent se défendre puisque, coupables ou non, ils peuvent être mystérieusement condamnés. L'exemple est trop fort pour eux. L'ordre est menacé. Bonaparte le sent : il le dira le lendemain. Il faut donc calmer, raisonner, rassurer ces paisibles agités, leur prouver qu'il n'y aura point de proscriptions, ni de massacres. Et comment? En leur prouvant que le duc d'Enghien n'a été condamné que par la loi, pour un crime personnel et individuel; et en effet, lisant le lendemain les articles cités en entier dans le *Moniteur*, ils ne se sentirent pas visés et furent pacifiés.

Les militants brûlèrent leurs papiers, les timides furent calmés, le double résultat fut atteint, et je ne crois pas qu'il y eut plus de mystère dans le faux jugement du *Moniteur*[2].

---

1. Welschinger, *op. cit.*, p. 366 et 369. Diverses sources.

2. La lettre adressée à Murat, le 19 mars, prouve ce désir de pacifier l'opinion, qui peut expliquer le faux jugement du *Moniteur*. A cette présomption, donnée par la *Correspondance*, s'ajoute, de façon imprévue, le témoignage de Mme de Rémusat dans ses *Mémoires* (t. 1, p. 326).

Le 21 mars, matin de l'exécution, M. de Rémusat vint à la Malmaison.

« Il vous reste un conseil important à donner au Premier Consul, dit-il à Mme Bonaparte : il n'a pas un moment à perdre pour rassurer l'opinion qui marche vite

Du reste, je n'invente rien dans tout ce commentaire et voici l'auteur que je cite. Tandis que Murat se lamente et crie : « Ah ! quelle horreur! Cessez! Vous nous faites trop de mal! » Bonaparte travaille avec Réal, se rend à l'Opéra, puis il va le lendemain au Conseil d'État. Et que déclare-t-il dans ces circonstances tragiques? Que ce n'est pas la première fois qu'il s'aperçoit que la population parisienne n'est « qu'un ramassis de *badauds*, toujours disposés à ajouter foi aux contes les plus ridicules ! »

Mais, peu à peu, le ton de son discours s'élève et je reconnais le sens vrai de ses paroles :

> « J'aurais pu faire exécuter publiquement le duc d'Enghien, *jugé et condamné par un tribunal compétent*[1]. Si je ne l'ai point fait, ce n'est point par crainte, c'est pour ne pas donner aux secrets partisans de cette famille l'occasion d'éclater et de se perdre. Ils sont tranquilles, c'est tout ce que je leur demande. Je ne veux point poursuivre les regrets au fond des cœurs.... »

à Paris. Il faut au moins qu'il *prouve* que ceci n'est point la suite d'un caractère cruel qui se développe, mais d'un calcul dont il ne m'appartient pas de déterminer la justesse et qui doit le rendre bien circonspect. » Mme Bonaparte apprécia ce conseil. Elle le reporta à son époux, qui se trouva très disposé à l'entendre, et qui répondit par ces deux mots : *C'est juste*.

Il se peut que l'avis de M. de Rémusat vint deux jours après la décision du Consul; néanmoins, la coïncidence est curieuse. Bonaparte convient donc formellement qu'il faut prouver que l'exécution n'est point la suite d'un caractère cruel, et le jugement du *Moniteur* est une preuve suffisamment vraisemblable destinée au public. M. de Rémusat était à la Malmaison le matin, et, de midi à trois heures, le faux jugement fut rédigé chez Réal, Méhée y travaillant, par ordre du Premier Consul, à ces affaires qui seront éclaircies dans une autre occasion.... Il y là, tout au moins, une intéressante corrélation.

D'autre part, pour confirmer de façon certaine les paroles prononcées au Conseil d'État, la *Correspondance* nous donne le texte de la seule pièce signée le 22 mars :

7641. — DÉCISION.

La Malmaison, 22 mars 1804.

Le citoyen Dumolard demande une préfecture.	Je prie le citoyen Lebrun de voir le citoyen Dumolard. Je désirerais l'employer, et je saisirai avec plaisir *ce moment-ci*, pour que tout le monde reste persuadé que, dans les affaires, je mets, autant qu'il m'est possible, de côté toute prévention passée, et que je ne me défie point des citoyens contre lesquels je n'ai aucune preuve positive. BONAPARTE.

On comprendra mieux toute la valeur de cette décision et toute la portée de cette mansuétude, en se reportant à la pièce 1970 de la *Correspondance*, où figure la motion d'ordre de Dumolard.... « Aujourd'hui, écrit Bonaparte au Directoire, je me vois dénoncé, persécuté, décrié par tous les moyens, bien que ma réputation appartienne à la patrie.... Je sais bien qu'il y a des sociétés où l'on dit : *Ce sang est-il donc si pur!* mais, j'ai le droit de me plaindre de l'avilissement dans lequel les premiers magistrats de la République traînent ceux qui ont agrandi, après tout, la gloire du nom français. » La nomination de Dumolard, ancien émigré et dénonciateur de Bonaparte, est significative après ce rapprochement de textes.

C'est là le but des représailles et leur sage limite. Que les timides se rassurent :

> Je n'ai garde de revenir aux proscriptions en masse, et ceux qui affectent de le croire ne le croient point....

et ils ne peuvent point le croire après la publication du *Moniteur*.

> Mais, malheur à ceux qui se rendront individuellement coupables! Ils seront sévèrement punis....

d'après le Code pénal ordinaire et le Code militaire des délits et des peines, dira le *Moniteur*.

> Exhortez-vous, devancez le temps, agrandissez votre imagination, regardez de loin, disait Bonaparte, le soir du 21 mars, et vous verrez que ces grands personnages, que vous croyez violents, cruels, que sais-je? ne sont que des politiques. Ils se connaissent, se jugent mieux que vous, et, quand ils sont réellement habiles, ils savent se rendre maitres de leurs passions, car ils vont jusqu'à en calculer les effets [2].

C'est ainsi que, par un seul acte, merveille de stratégie politique et qui ne nuisait à personne, quelle qu'en fût la cause ou quel qu'en fût le but, l'opinion étrangère fut égarée, les turbulents réprimés, les craintifs conciliés, et la guerre détournée des routes barbares où elle allait s'engager. C'est ainsi que, par l'effet du jugement du *Moniteur*, par la volonté de Bonaparte et pour des raisons logiques dont je ne sais laquelle domine les autres, l'affaire du duc d'Enghien passa du domaine de la loi naturelle dans celui du droit pénal, où l'histoire l'a retrouvée.

Ce fut ainsi pendant tout le règne, parce que les mêmes raisons de politique intérieure ou extérieure imposèrent le même silence.

Les Mémoires sont confus et contradictoires. Les historiens se combattent. Fauriel lui-même, parlant de l'affaire de Moreau, pourtant bien moins mystérieuse, avoue qu'il ne sait rien :

> Les détails et l'enchaînement des intrigues supposaient, sans doute, des informations plus variées et plus complètes que celles qu'il a dépendu de moi de me procurer. Des faits que j'aurais eu besoin de connaître, les uns sont restés cachés dans les pays étrangers,... plusieurs sont ensevelis dans les repaires de la police,... beaucoup sont abîmés dans les replis de l'âme de Bonaparte, et quelques-uns ne seront jamais connus, à cause de la facilité qu'il a eue d'en partager la confidence entre plusieurs agents et plusieurs complices [3].

---

1. Welschinger, *op. cit.*, p. 370.
2. *Mémoires de Mme de Rémusat*, I, p. 336.
3. *Les derniers jours du Consulat*, p. 198-199.

Depuis l'heure où il écrivait ses *Mémoires*, les faits sont venus de l'étranger et ils n'étaient pas à l'honneur des émigrés, les repaires de la police ont été fouillés et ils ont peu ajouté à l'histoire, mais les replis de l'âme qui contenait le secret se sont ouverts.

A Sainte-Hélène, les raisons de mystère n'existaient plus. Mais, convenait-il de révéler au public les plans et les secrets de la politique? Et comment un écrit de Napoléon parviendrait-il en Europe sans être arrêté par la censure de Sainte-Hélène, ou par celle des rois? Il enveloppa donc sa pensée des formes qui lui étaient familières du droit et la confia, mystérieuse encore, comme une chose solennelle et précieuse, à cet écrit léger des *Lettres du Cap*, qui n'excita point de soupçons et parvint à son adresse. Ruse de prisonnier[1]. Mais, la rude écorce dont il avait enveloppé son message, écartait les lecteurs de cet ouvrage frivole. Lui attendit jusqu'à la fin.

Alors, un jour que l'on accusait ses serviteurs devant lui, sentant venir la mort, il prit solennellement leur défense et revendiqua toute sa responsabilité comme tout son droit :

> J'ai fait arrêter et juger le duc d'Enghien, parce que cela était nécessaire à la *sûreté*, à l'*intérêt* et à l'honneur du peuple français, lorsque le comte d'Artois entretenait de son aveu 60 assassins à Paris. Dans une semblable circonstance, j'agirais de même.

Puis, il mourut, et cette dernière protestation tomba dans le silence. L'ombre était trop épaisse et trop de gens intéressés à cacher la lumière. 1823! C'est le moment où Talleyrand se défend par son Mémoire : « Sire, je n'apprendrai rien à Votre Majesté ». Il ne lui apprit rien en effet. Sa Majesté a répondu que « l'enquête ne serait jamais autorisée par elle ». On donna des raisons d'État, la nécessité d'oublier, l'histoire de l'émigration en fournit d'autres que l'on ne pouvait point avouer et l'émotion, soulevée par la phrase du testament, retomba sans effet.

Cependant, l'histoire cherchait toujours et, l'une après l'autre, éliminait toutes les hypothèses. J'apporte celle que suggère la *Correspondance*. Elle explique les faits que je connais. Il me semble que la vérité est contenue dans cette phrase de la *Lettre du Cap*, seule explication authentique avec celle du testament et la seule juridique que Napoléon ait écrite à ma connaissance. Peut-être lui fallait-il, pour revivre, l'atmosphère juridique où elle était

1. *Correspondance*, XXXII, p. 395.

née? Je ne l'ai comprise pleinement que du jour où j'ai pu rattacher la doctrine napoléonienne à celle de Mably, et où discernant le sens précis de ces mots de l'époque : « droit naturel, loi naturelle », j'ai cru pouvoir enlever cette affaire au droit pénal où les termes du jugement du *Moniteur* l'avaient reléguée, pour la ramener dans ce droit de la guerre aux frontières mouvantes et alors mal défini, auquel elle appartient par le texte authentique de Vincennes.

Alors comme avant, la condamnation restera cette chose complexe qu'elle est par définition classique : une injustice, dit la doctrine moderne, peut-être un droit suivant les lois de la guerre ancienne, toujours « une exception douloureuse » aux règles ordinaires de l'équité, mais sans doute « une injustice répondant à une injustice », faute de moyens de droit commun, par l'effet logique de ce droit naturel napoléonien, rigide, exemplaire, et sanctionnateur.

Je ne saurais prétendre apporter dans cette étude, qui n'est qu'une thèse et un essai, les certitudes historiques qui exigeront une critique étendue des documents[1]. Ce que je crois, c'est qu'un certain nombre de pièces, et non des moindres, sont des appuis chancelants pour l'histoire. Ce qui me semble acquis, c'est que l'affaire échappe au droit pénal, moins encore par l'affirmation de Napoléon, que par le raisonnement fondé sur ces données élémentaires et cependant méconnues : deux « textes » qui n'ont pas le même motif ni le même dispositif ne sont pas un seul jugement, et un jugement qui condamne à mort un homme mort n'est pas un jugement. Si l'on a pu admettre le contraire depuis cent ans, c'est la fissure par où le doute entre aujourd'hui dans les esprits, et, dans l'état actuel, je ne crois pas que l'on puisse affirmer que Bonaparte ait enfreint les règles de la procédure pénale.

Au delà, la qualification précise de représaille reste une hypothèse, formulée avec toutes les réserves et les doutes de la méthode inductive, car Napoléon dit loi naturelle. Mais la loi naturelle n'est, en droit napoléonien, que le genre dont notre représaille est l'espèce, et il me suffit d'avoir trouvé dans les faits cet exemple que je cherchais avant tout, d'un *Retour au droit naturel*, justifié ou non, mais affirmé par Napoléon.

---

1. Les exigences d'une publication hâtive et de circonstance qui interrompent les discussions où l'histoire devrait venir à l'appui du droit, se font sentir jusque dans les imperfections du texte. Page 147, lig. 25, au lieu de « donner, » lire : dissimuler le texte vrai. Page 136, la citation de Talleyrand doit être mise en note, le rappel venant à la fin du troisième paragraphe : soumis à la loi naturelle. Page 32, lig. 10, lire : apparente mobilité.

TRANSPOSITION DES LOIS DE LA GUERRE MARITIME A LA GUERRE CONTINENTALE

L'armistice naval de 1800.

> « Une idée neuve dans l'histoire des nations. »
>
> Lord Grenville.

Souvent l'ouvrier, fût-il un maître, esquisse d'une façon légère l'œuvre qui germe dans sa pensée. Ce n'est qu'une ébauche, sans plans ni proportions, une ligne, à peine. Le public l'ignore, l'histoire la dédaigne.... Tel fut le sort de l'idée d'un armistice naval, premier essai de la transposition des droits, l'application du droit de la guerre continentale à la guerre maritime.

C'était en 1800, peu après Marengo. Bonaparte avait adressé à l'empereur d'Autriche cette lettre du 16 juin, si belle et si souvent citée, dont il écrivait à Talleyrand :

> Elle sort, comme vous le verrez, du style et de la forme ordinaires; mais tout ce qui se passe autour de nous me paraît avoir un caractère nouveau [1].

Peu après, un armistice était conclu avec l'Autriche, à Marengo et à Parsdorf.

> Le lieutenant général, comte de Saint-Julien, arriva à Paris le 21 juillet 1800, portant une lettre de l'empereur d'Allemagne au Premier Consul : il s'annonça comme plénipotentiaire chargé de négocier,

---

1, 4941. A Talleyrand, 22 juin 1800.

conclure et signer les préliminaires de paix. La lettre de l'Empereur était précise. Elle contenait des pouvoirs, car il y était dit : « Vous ajouterez foi à tout ce que vous dira de ma part le comte de Saint-Julien et je ratifierai tout ce qu'il fera [1] ».

Les préliminaires étant signés, le 29 juillet, Duroc part pour Vienne, porteur d'une lettre de Bonaparte :

> Les préliminaires se trouvent signés avant qu'on se doute en Europe que nous sommes en pourparlers.... Quant à l'Angleterre, avec laquelle les circonstances de la guerre avaient engagé Votre Majesté à former des liaisons, la paix une fois faite avec Votre Majesté, la France désire aussi la faire avec l'Angleterre. Votre Majesté peut, de cette déclaration, faire auprès de l'Angleterre l'usage qu'elle jugera convenable [2].

Tout était donc à la paix conquise, lorsqu'au mois d'août, on reçut des nouvelles de Vienne.

> Le comte de Saint-Julien était désavoué et rappelé; le baron de Thugut, ministre des Affaires étrangères d'Autriche, faisait connaître que, par un traité conclu entre l'Angleterre et l'Autriche, cette dernière s'était engagée à ne traiter de la paix que conjointement avec l'Angleterre, et, qu'ainsi, l'Empereur ne pouvait ratifier les préliminaires du comte de Saint-Julien, mais que ce monarque désirait la paix, que l'Angleterre la désirait également, comme le constatait la lettre de lord Minto, ministre anglais à Vienne, au baron de Thugut. Ce lord disait que l'Angleterre était prête à envoyer un plénipotentiaire pour traiter, conjointement avec le ministre autrichien, de la paix définitive entre les deux puissances et la France. (*Correspondance*, XXX, p. 416.)
>
> Or, la paix était facile à conclure avec l'Autriche; il y avait un antécédent auquel on pouvait se rapporter, le traité de Campo-Formio. La paix avec l'Angleterre était, au contraire, hérissée de difficultés. Le dernier état de choses était le traité de 1783, et, depuis ce temps, le monde avait changé. Admettre un négociateur anglais à Lunéville, c'était lui mettre en mains la navette et les fils pour tramer une nouvelle coalition [3].

Ainsi, la paix qui semblait prochaine en juillet, se reculait en août par une méfiance réciproque, naturelle d'ailleurs, et les négociations devaient se rompre lorsque Bonaparte suggéra l'idée d'un armistice naval.

> Dans une telle circonstance, dit-il, ce que la République avait de mieux à faire, c'était de recommencer les hostilités. Cependant, le Premier Consul ne voulut négliger aucune des chances qui pouvaient rétablir la paix avec l'Autriche et l'Angleterre et, pour parvenir à ce but, il consentit :
>
> 1° A oublier l'offense que venait de faire à la République le cabinet

1. *Correspondance*, XXX, p. 415. Diplomatie. Guerre.
2. 5338. A sa Majesté l'Empereur et Roi, 29 juillet 1800.
3. *Correspondance*, XXX, p. 503.

de Vienne en désavouant les préliminaires qui avaient été signés par le comte de Saint-Julien;

2° A admettre les plénipotentiaires anglais et autrichien au Congrès de Lunéville... en continuant les hostilités sur terre et sur mer, ce qui était conforme à l'usage de tous les temps,... proposition qui fut rejetée[1];

3° A prolonger l'armistice existant entre la France et l'Autriche, pourvu que, de son côté, l'Angleterre consentît à un armistice naval, puisqu'il n'était pas juste que la France traitât avec deux puissances alliées, étant en armistice avec l'une et en guerre avec l'autre[2].

C'est donc d'une nécessité diplomatique que naquit l'idée d'un armistice naval et il serait peut-être excessif d'y voir au début plus qu'un heureux expédient. Toutefois, la nouveauté de cette idée ne tarda pas à frapper les diplomates. Lord Grenville répondit à M. Otto que « *l'idée d'un armistice applicable aux opérations navales était neuve dans l'histoire des nations.* Du reste, il déclare qu'il était prêt à envoyer un plénipotentiaire au lieu qui lui serait désigné pour l'ouverture du Congrès.... C'était éluder la question. M. Otto, le 30 août, réclama une réponse catégorique avant le 3 septembre, vu que les hostilités devaient recommencer en Allemagne et en Italie. Lord Grenville, le 4 septembre, fit demander un projet par écrit, attendu qu'il avait peine à comprendre ce qu'on entendait par armistice applicable aux opérations navales[3] .... »

Je passe sur les détails pratiques de la négociation qui échoue, mais je note que la nouveauté du projet frappa également les contemporains. Le général Mathieu Dumas, très hostile au Premier Consul, observe que « dans le but de secourir et de conserver les places de Malte et d'Alexandrie, il voulait les *assimiler* à celles d'Ulm et d'Ingolstadt;... que c'était *une idée nouvelle*, une forme

1. *Correspondance*, XXX, p. 503.
2. *Correspondance*, XXX, 503.
3. *Correspondance*, XXX, p. 417. Le but de Bonaparte était de ravitailler ses places maritimes, comme on ravitaillait, pendant l'armistice, les places continentales. Voici les principales dispositions du projet français :

1° Les vaisseaux de guerre et de commerce des deux nations jouiront d'une libre navigation, sans être soumis à aucune espèce de visite;

2° Les escadres, qui bloquent les ports de Toulon, Brest, Rochefort et Cadix, rentreront dans leurs ports respectifs;

3° Les places de Malte, Alexandrie et Belle-Ile-en-Mer seront assimilées aux places d'Ulm, Philippsburg et Ingolstadt; en conséquence, tous les vaisseaux français et neutres pourront y entrer librement.

L'armistice naval devait offrir à la France des compensations pour ce qu'elle perdait par la prolongation de l'armistice sur le continent, pendant lequel l'Autriche réorganisait ses armées et son matériel.... Le vainqueur n'avait accordé au vaincu tous ces avantages que sur sa promesse formelle de conclure sans délai une paix séparée. Ceux que la France pouvait trouver dans le principe d'un armistice naval ne pouvaient consister dans l'approvisionnement des ports de la République, qui, certes, ne manquait pas de moyens intérieurs de circulation, mais bien dans le rétablissement de ses communications avec l'Égypte, Malte et l'île de France (*Correspondance*, XXX, p. 417 et 418).

de procéder tout à fait inusitée, que le ministère anglais n'avait pas prévu et dont il fut embarrassé [1] ».

Si donc, Bonaparte n'eut pas, d'abord, le sentiment d'une nouveauté dans le droit des gens, son attention fut promptement attirée sur ce point. L'idée neuve, d'après lord Grenville, était d'appliquer l'armistice à la guerre navale, soit d'étendre à la guerre maritime les règles de la guerre continentale. Si l'on veut bien noter qu'à cette date (août-septembre 1800), Bonaparte était tout au traité de Mortefontaine, signé le 30 septembre avec les États-Unis, — que les questions des droits de la guerre sur terre et sur mer occupaient certainement sa pensée ; si l'on veut bien aussi se rappeler avec quelle lucidité il en expose les différences essentielles et par quel magnifique espoir il prévoit l'unification des deux droits : « Il est à désirer qu'un temps vienne, où les idées libérales de la guerre sur terre s'étendent à la guerre sur mer » ; il apparaîtra, sans doute, que ce n'est point sans savoir ce qu'il prétendait que Bonaparte maintint sa demande d'un armistice naval.

Elle aboutit, d'ailleurs. « Le 7 septembre, M. Grenville répondit que Sa Majesté Britannique admettait le principe d'un armistice applicable aux opérations navales [2] », et c'est ainsi, je pense, que cette idée nouvelle entra dans le droit des nations.

C'est un bien petit problème du droit des gens auquel je ne voudrais pas donner plus d'importance qu'il n'en mérite. C'était, peut-être, une ruse de diplomate, peut-être aussi un premier pas vers notre idéal d'aujourd'hui. Du moins, c'était en fait une première tentative pour introduire un souffle humain dans une guerre barbare, quand les passions n'étaient pas encore sans frein et que les violations du droit n'avaient pas encore déchaîné les haines, les vengeances et les représailles. Alors, toutes les visions généreuses étaient encore permises, mais le temps est proche où la confusion des droits s'opérera en sens inverse....

---

1. *Correspondance*, XXX, p. 502.
2. *Correspondance*, XXX, p. 417.

Les arrestations de 1803.

« Art. 6. — Le Ministre de la Guerre est *seul* chargé de l'exécution du présent arrêté. »
(7 304. Arrêté du 23 novembre 1803.)

J'étais à Genève, vivant par goût et par circonstance dans la société des Anglais, lorsque la nouvelle de la déclaration de guerre nous arriva. Le bruit se répandit aussitôt que les voyageurs anglais seraient faits prisonniers; comme on n'avait jamais rien vu de pareil dans le droit des gens européen, je n'y croyais point et ma sécurité faillit nuire à plusieurs de mes amis; toutefois, ils se sauvèrent. Mais les hommes les plus étrangers à la politique, lord Beverley, père de onze enfants, revenant d'Italie avec sa femme et ses filles, cent autres personnes qui avaient des passeports français, qui se rendaient aux universités pour s'instruire, ou dans les pays du Midi pour se guérir, voyageant sous la sauvegarde des lois admises chez toutes les nations, furent arrêtées et languissent depuis dix ans dans les villes de province, menant la vie la plus triste que l'imagination puisse se représenter. Cet acte scandaleux ne fut d'aucune utilité; à peine deux mille Anglais, pour la plupart très peu militaires, furent-ils victimes de cette fantaisie du tyran, de faire souffrir quelques pauvres individus, par humeur contre l'invincible nation à laquelle ils appartiennent. (*Dix années d'exil*, 1re partie, chap. XI.)

C'est dans ces termes que Mme de Staël annonce les arrestations qui suivirent la rupture de la paix d'Amiens, et sa haine est assez clairvoyante.

En vérité, elle erre quelque peu sur les faits. Elle évalue à deux mille le nombre des Anglais arrêtés. John Goldworth Alger, dans son livre récent[1], le ramène à sept cents, dont quatre cents étaient de petits commerçants, d'après Sturt. Il nous apprend également que les Français estimaient ce nombre à sept mille cinq cents, mais que, d'après Maclean, Bonaparte fut très désappointé, « at the smallness of the haul » de l'infimité de cette prise. En réalité, ni l'un ni l'autre ne paraissent avoir observé que l'arrêté du

1. *Napoléon's British Visitors and captives*, Westminster, 1904.

22 mai 1803 fut étendu à la République italienne[1] et que la mesure fut appliquée par la suite aux citoyens anglais arrêtés sur l'Europe[2]; ce qui peut expliquer les différences quant à l'évaluation du nombre. Au reste, cette notion n'a qu'une importance relative : Bonaparte ne peut avoir eu l'idée qu'il diminuait ainsi la puissance militaire britannique et la violation du droit, qui nous occupe seule, serait aussi grave pour un que pour cent.

Sur le reste, Mme de Staël voit assez juste : cet acte scandaleux n'était d'aucune utilité militaire et on n'avait jamais rien vu de pareil dans le droit des gens européen. Goldworth Alger, plus documenté, esquisse des précédents : « The only precedents for this detention were the arrest in 1746, without any apparent reason, of all the English in Paris on the recturn of the young Pretender and that of all Englishmen in France in 1793 as hostages for Toulon » (p. 177). Les termes mêmes prouveraient qu'il y eut, en 1746, une mesure de police peut-être, limitée à Paris, et, en 1793, une saisie d'otages, tandis qu'en 1803, il y eut une mesure générale et, s'il faut croire les termes officiels, arrestation de « *prisonniers de guerre* », « détenus dans des forts » ou « reçus sur parole ». Quant aux causes de cette mesure, Goldworth y voit une « anglophobie » qui existait déjà pendant la paix et « une animosité personnelle qui fut naturellement accrue par la reprise des hostilités » (pp. 180 et 181), de sorte qu'il se trouve, en somme, d'accord avec Mme de Staël pour y voir « la fantaisie d'un tyran » ou « un accès d'humeur ».

Il faut admettre que cet accès d'humeur fut assez général, puisque le Tribunat, qui n'a pas laissé la réputation d'une assemblée absolument docile, arrêta sur-le-champ la déclaration suivante :

> Le Tribunat, en vertu du droit que lui donne l'article 29 du titre III de la Constitution, après avoir pris connaissance de la négociation qui a eu lieu entre la République et l'Angleterre :
>
> Convaincu que le gouvernement a fait, pour conserver la paix, tout ce que l'honneur français pouvait souffrir,...

---

1. 6 759. Au citoyen Marescalchi, 22 mai 1803 : « Toutes les marchandises anglaises, qui se trouvent dans la République italienne, seront confisquées au profit de la République italienne, et tous les Anglais qui s'y trouveront seront arrêtés et constitués prisonniers de guerre.... L'état des personnes vous sera envoyé par le ministre de la Guerre. Ceux qui ne seraient pas reçus sur leur parole seront envoyés au fort Urbain. En général, on n'en laissera aucuns sur parole au delà du pont du Tessin. »

6 763. A Murat, 23 mai 1803 : « Tous les Anglais qui sont à Livourne doivent être arrêtés par les ordres du général Ollivier, qui s'y trouve suffisamment autorisé, puisque la place est en état de siège ».

2. 11 267. Instructions à Mortier, 16 novembre 1806 : « Vous les enverrez tous en France ».

... Arrête que le vœu suivant sera porté au gouvernement par le Tribunat en corps :

Le Tribunat émet le vœu qu'il soit pris à l'instant les mesures les plus énergiques, afin de faire respecter la foi des traités et la dignité du peuple français.

Le présent vœu sera communiqué au Sénat et au Corps législatif par un message.

Le Corps législatif et le Sénat adoptèrent à l'unanimité le vœu émis par le Tribunat [1].

Quel est donc, en somme, le caractère juridique de cet acte? Les diverses inculpations possibles d'espionnage et de complot n'ont qu'un faible intérêt, même historique, et, s'il y eut parmi les Anglais quelques espions supposés [2], ou conspirateurs possibles, du moins la majorité des prisonniers n'était pas suspecte à ce point de vue.

L'opinion générale est que ce fut une mesure de représailles.

Voici ce que dit Goldworth :

Le 19 (mai), deux navires français chargés de bois furent capturés devant Brest. Le 23, un décret fut communiqué aux Chambres françaises, disposant que tous les Anglais, enrôlés dans la milice ou commissionnés dans l'armée et la marine, seraient détenus à titre de repré-

1. Cité dans *Victoires et Conquêtes*, t. V, p. 8 et 9.

2. Au contre-amiral Decrès : « Le Premier Consul est informé, Citoyen Ministre, que des Anglais, qui habitent aux îles d'Hyères, vont fréquemment à Toulon et y visitent le port et l'arsenal. Il désire que vous fassiez de nouveau connaître à tous les préfets maritimes qu'ils ne doivent, sous aucun prétexte, permettre l'entrée des ports et des arsenaux aux étrangers, qui ne seraient pas porteurs d'une autorisation qui ne serait pas expresse et signée de votre main (P. Ordre) (23 avril 1803). »

7 217 à Regnier, ministre de la Justice, 20 octobre 1803 :

« Un grand nombre d'arrestations a eu lieu, depuis un mois, de prévenus d'espionnage sur la côte. Il n'y a pas de doute qu'il n'y en ait beaucoup. Je désire que vous donniez l'ordre qu'ils soient conduits sous bonne et sûre escorte, savoir : ceux qui seraient pris depuis l'Escaut jusqu'à la baie de Cancale, à Rouen; et ceux qui seraient saisis sur les côtes depuis Saint-Malo jusqu'aux Pyrénées, à Nantes.

« Présentez-moi un projet d'arrêté pour former deux commissions extraordinaires, composées de cinq militaires chacune, à Rouen et à Nantes, pour juger tous les individus, soit français, soit anglais, prévenus d'espionnage et de correspondance avec l'ennemi sur les côtes; revêtir cette commission de pouvoirs pour condamner à mort les individus qui seraient convaincus de ces délits.

« Bonaparte ».

7 304. Arrêté du 23 novembre 1803. Art. 4. Seront réunis :

Dans la ville de Verdun, les prisonniers anglais d'un âge avancé ou ayant avec eux des femmes et des enfants, et ceux qui sont revêtus de grades;

Dans le château de Bitche, ceux qui ont donné lieu à des plaintes sur leur conduite, relative à leur détention; dans les citadelles de Charlemont et de Valenciennes, tous ceux qui sont matelots ou soldats.

Art. 5. Aucun Anglais ne pourra résider à Paris ou à une distance moindre de trente lieues. Ceux qui, sous quelque prétexte que ce soit, se trouveront à une distance moindre de dix lieues des côtes seront arrêtés et traités comme prévenus d'espionnage. Ceux qui seront trouvés à une distance moindre de dix lieues des frontières de terre seront considérés comme ayant voulu s'échapper et traités en conséquence.

Art. 6. Le ministre de la Guerre est *seul* chargé de l'exécution du présent arrêté.

sailles (*as reprisals*) pour cet embargo (du 16) et la capture antérieure à la déclaration de guerre du 18. Le décret fut même étendu, en le rendant applicable à toutes les personnes de dix-huit à soixante ans, même non enrôlées dans la milice, tels que clergymen et autres (p. 177).

C'est l'opinion des contemporains :

Le 17 mai, le roi d'Angleterre ordonna un embargo général sur tous les bâtiments français et bataves. C'était un premier acte d'hostilité et le gouvernement français crut devoir sur-le-champ user de *représailles*. (*Victoires et Conquêtes*, XV, p. 8.)

L'Angleterre, suivant son usage, dit Pasquier, s'empara de tout ce qu'elle trouva sur mer; vaisseaux, marchandises et personnes, et cela, avant que la rupture des négociations pût être connue, avant même qu'elle fût complète. Le Premier Consul fit arrêter, par *représailles*, tous les Anglais voyageant en France.... Ce qu'on pouvait dire de mieux contre la représaille imaginée par Bonaparte, c'est qu'elle était insignifiante et qu'elle frappait sur un intérêt trop minime en Angleterre pour que ce fût un moyen de forcer le gouvernement de ce pays à rentrer dans les voies de la justice. C'était donc un mal inutile. (*Mémoires* du chancelier Pasquier, t. I, p. 165.)

A few days later, an order was issued for the detention of all British subjects then resident in France and justified on the ground that French *seamen* (*but not passengers*) were liable to capture at sea. (*The political history of England*, XI, p. 22.)

C'est aussi l'opinion classique de nos jours :

M. Geffken blâme Napoléon Ier d'avoir déclaré prisonniers de guerre, en 1803, tous les Anglais de dix-huit à soixante ans qui résidaient en France. Il oublie que ce fut par *représailles* de la saisie des vaisseaux français opérée dans la baie d'Audierne par des navires anglais, sans déclaration de guerre préalable [1].

Voilà l'opinion générale et elle cadre avec les faits. C'est une représaille. Maintenant, en admettant que Bonaparte considérât cette arrestation comme une représaille, qu'entendait-il, au point de vue juridique, par ce mot? Et, d'ailleurs, représailles de quoi? D'embargo? Mais l'embargo est un droit reconnu et Bonaparte le mit lui-même. D'une attaque avant déclaration de guerre, sans doute? Cela est certain, mais, après tout, la déclaration préliminaire de guerre n'a jamais été pour l'Angleterre une obligation formelle, un devoir déclaré et reconnu. Au contraire, dit Pasquier. Cela ne justifierait donc pas formellement une représaille.

---

1. Bonfils, *op. cit.*, p. 596. Voir Lavisse et Rambaud, IX, p. 71, pour l'importance matérielle des prises effectuées avant la déclaration de guerre : 1 200 navires français et hollandais, d'où les arrestations et l'interdiction de toute marchandise anglaise en France.

Si l'on serre le sens du mot, on se sent donc moins satisfait de la formule. Et, si l'on va à l'application, on est encore plus déconcerté. Que, par représailles, Bonaparte arrête les combattants, miliciens ou militaires, belligérants possibles, soit. Mais, pourquoi les non-combattants?

D'autre part, le droit de cette époque n'autorise, pas plus que la doctrine moderne, la saisie des particuliers de l'État étranger dans le cas de déclaration de guerre : « Le souverain doit leur marquer un temps convenable pour se retirer avec leurs effets », dit Vattel. (*Droit des gens*, liv. III, chap. IV, 63.) Cela était si bien l'opinion courante que Goldworth Alger dit formellement que « provincial authorities had given assurances that expulsion with reasonable notice was the worst that could befall ». Pourquoi donc Bonaparte, suivant l'usage et l'opinion commune, ne s'est-il pas contenté d'une expulsion, tout au moins à l'égard des non-combattants? Quel que soit le motif, quelle fut la formule juridique de son acte?

Il ne faut pas croire, d'ailleurs, que les pièces officielles de la *Correspondance* apportent aucune lumière. Au contraire, elles compliquent la question, au moins en apparence, d'une nouvelle inconnue.

Goldworth, pour caractériser la situation des Anglais, a dit : otages. Napoléon, quelques années plus tard, dans la même guerre et dans les mêmes circonstances, dira que les Anglais, arrêtés à Hambourg, lui servent d'otages pour les Français saisis en mer[1]. Mais, en 1803, il n'emploie qu'un seul mot, invariablement il dit : prisonniers de guerre, et il charge de l'exécution de son arrêté le ministre de la Guerre *seul*, par une formule tout à fait inusitée. (Arrêté du 23 novembre, art. 6.) S'il s'agissait de représailles maritimes, le ministre de la Marine seul devrait en être chargé. Pourquoi cette exclusion de l'un et cette attribution exceptionnelle à l'autre?

Pourquoi, si les Anglais arrêtés étaient des otages, s'obstiner, en 1803, à dire prisonniers de guerre; pourquoi, par une décision du 25 décembre 1804, par exemple, leur reconnaître un droit de

1. 11 367. Instructions à Mortier, Berlin, 16 novembre 1806 : « Je n'ai pas besoin de vous dire que le principal est de commencer par le désarmement et par l'arrestation de tous les Anglais de naissance, même des banquiers établis depuis vingt ans. Ils doivent me répondre des voyageurs français arrêtés à la mer. Vous les enverrez tous en France. » Il est d'ailleurs admis que les otages peuvent être traités en prisonniers de guerre.

prisonnier de guerre[1], puisque de droit commun les non-belligérants ne sont pas prisonniers de guerre? En quoi, comment, et sous quelle forme juridique Bonaparte est-il sorti du droit commun?

Deux observations nous permettent, peut-être, d'arriver à une solution. La première est que la notion de représailles a varié suivant les temps, ou du moins l'idée des rapports entre le souverain d'un État et les sujets de l'État ennemi surpris sur son territoire au moment de la déclaration de guerre.

> « L'ancienne pratique et les anciens publicistes les considéraient comme des ennemis et admettaient que les résidents sur le territoire national *pouvaient être arrêtés et emprisonnés, comme et en qualité de prisonniers de guerre.* A l'appui de cette thèse, Grotius citait des exemples tirés de l'antiquité[2]. »

Voilà déjà qui semble plus clair. On voit pourquoi Bonaparte a pu s'obstiner au titre de prisonniers de guerre. Au lieu de dire qu'il a exercé des représailles, ce qui est une formule assez juste, mais qui explique peu, disons qu'il a fait un retour à l'ancien droit.

Maintenant, cela encore doit se traduire en langage napoléonien qui ne se paie pas d'idéologie. Le retour à l'ancien droit, c'est ce que Napoléon appelle le retour à la barbarie. En quoi consiste, pour lui, la barbarie avant la civilisation? En ce que les hommes, *belligérants ou non*, étaient alors saisis sur terre, comme aujourd'hui sur mer. Si bien qu'en dernière analyse, ces arrestations de 1803 sur le continent, ces représailles de ce qu'il estime une violation du droit des gens sont pour lui, et dans son langage personnel, l'application des règles de la guerre de mer à la guerre de terre.

Il y a donc, à mon avis, plus et mieux que représailles; il y a transposition des droits. L'idée de pures représailles n'explique pas. S'il y a application du droit de la guerre maritime au continent, on comprend que les non-belligérants seront arrêtés sur terre comme sur mer, qu'ils seront prisonniers de guerre, que le

---

1. 8 235. — Décision.

« *Paris, 25 décembre 1804.*

Rapport à l'Empereur sur un duel entre M. Gold, prisonnier sur parole à Verdun, et Bally, chef de la banque de jeux établie dans cette ville : « Proposition de renfermer ce prisonnier au fort de Bitche ».

« Cette décision n'est pas juste. Un prisonnier de guerre peut se battre en duel.

« Napoléon. »

2. Bonfils, *op. cit.*, p. 596.

ministre de la Guerre *seul* sera chargé de l'exécution des mesures les concernant. On voit que ce n'est pas un accès de mauvaise humeur, mais un système nouveau qui s'applique dans la guerre contre l'Angleterre seule, et cette guerre, ayant duré tout l'Empire, les non-belligérants seront gardés prisonniers pendant tout l'Empire

Telle est donc la formule qui explique tous les faits, semble-t-il. L'application n'en est pas encore complète en 1803, puisqu'elle n'atteint guère que les hommes et peu les marchandises. Gardons-la cependant comme base, nous verrons si elle s'applique, s'explique et se confirme dans le Blocus continental.

Le blocus continental.

« Mais une chose reste vraie, c'est que la guerre concourt à la création du droit. »
BLUNTSCHLI.

1806.	1877.
Les dispositions du présent décret seront considérées comme principe fondamental de l'Empire, jusqu'à ce qu'il soit reconnu que le droit de guerre ne peut s'étendre aux propriétés privées, quelles qu'elles soient.	L'Institut de Droit international propose la règle suivante comme une réforme indispensable du droit international : la propriété privée, neutre ou ennemie est inviolable.

Napoléon dit rarement blocus, il dit système continental, ou, plus exactement, il distingue entre le système qui s'applique à toutes les nations et le blocus qui ne s'applique qu'à l'Angleterre. L'étude prématurée du système exposerait à en méconnaître les principes. Par contre, le Blocus continental ayant reçu sa forme pratique dans les décrets de Berlin et de Milan, il nous est possible d'essayer, dès à présent, de le ramener à une formule juridique.

Le Blocus continental, tel qu'il est appliqué en 1807, répond-il à cette idée de transposition des droits qui expliquerait les arrestations de 1803? Est-il, suivant l'expression napoléonienne, l'application des lois de la guerre maritime, telle que la concevait Napoléon, à la guerre continentale, telle qu'il la définit? Sur ce point, il n'y a aucun doute possible. D'après Napoléon, ce qui différencie pratiquement les deux droits, c'est que, dans la guerre maritime, les non-belligérants sont faits prisonniers et les biens des particuliers confisqués, tandis qu'ils ne sont pas atteints dans la guerre continentale.

Reprenant tous les articles du Décret de Berlin[1] et songeant bien qu'il s'agit ici de guerre faite sur le continent, de mesures

1. 11 283. Décret. Camp impérial de Berlin (21 novembre 1806).

qui doivent être appliquées par des troupes de terre, voyons s'il en est une qui soit véritablement du droit de la guerre continentale et une qui ne soit pas de droit maritime.

Article premier. — Les Iles-Britanniques sont déclarées en état de blocus.

Le droit de blocus, dans ce sens, n'existe pas dans la guerre continentale.

Art. 2. — Tout commerce et toute correspondance avec les Iles-Britanniques sont interdits. En conséquence, les lettres ou paquets adressés, ou en Angleterre, ou à un Anglais, ou écrits en langue anlaise n'auront pas cours aux postes et seront saisis.

Sauf rares exceptions temporaires, la guerre continentale n'interrompt pas les rapports entre particuliers.

Art. 3. — Tout individu sujet de l'Angleterre, de quelque état ou condition qu'il soit, qui sera trouvé dans les pays occupés par nos troupes ou par celles de nos alliés, sera fait prisonnier de guerre.

Les particuliers ne sont pas arrêtés dans la guerre continentale; ils le sont dans la guerre maritime.

Art. 4. — Tout magasin, toute marchandise, toute propriété de quelque nature qu'elle puisse être, appartenant à un sujet de l'Angleterre, sera déclarée de bonne prise.

Il n'y a pas de confiscation des propriétés particulières sur terre.

Art. 5. — Le commerce des marchandises anglaises est défendu, et toute marchandise, appartenant à l'Angleterre ou provenant de ses fabriques et de ses colonies, est déclarée de bonne prise.

Ce sont des modes de détermination de la qualité des marchandises appliqués dans la guerre maritime seule.

Art. 6. — La moitié du produit de la confiscation des marchandises et propriétés déclarées de bonne prise par les articles précédents sera employée à indemniser les négociants des pertes qu'ils ont éprouvées par la prise des bâtiments de commerce qui ont été enlevés par les croisières anglaises.

Il n'y a point de confiscation ni de bonne prise sur terre.

Art. 7 et 8. — Aucun bâtiment, venant directement de l'Angleterre ou des colonies anglaises, ou y ayant été depuis la publication du présent décret, ne sera reçu dans aucun port. Tout bâtiment qui, au moyen d'une fausse déclaration contreviendra à la disposition ci-dessus, sera saisi, et le navire et la cargaison seront confisqués comme s'ils étaient propriété anglaise.

Ceci ne concerne pas seulement la guerre continentale; c'est le commentaire de cette phrase du Mémoire sur les Neutres : La Russie, la Suède et le Danemark ont déclaré, par le traité du 17 juin 1801, que les mers appartenaient à l'Angleterre et, par là, ils ont autorisé la France, partie belligérante, à ne reconnaitre aucun principe de neutralité sur les mers.

Art. 9. — Notre tribunal des prises de Paris est chargé du jugement définitif de toutes les contestations qui pourront survenir dans notre Empire ou dans les pays occupés par l'armée française, relativement à l'exécution du présent décret. Notre tribunal des prises à Milan sera chargé du jugement définitif desdites contestations qui pourront survenir dans l'étendue de notre royaume d'Italie.	C'est le tribunal, déjà organisé pour les prises maritimes, qui décidera des prises continentales : l'assimilation est complète jusque dans la juridiction.

Ne retrouvons-nous pas, dans chaque article, les usages et les lois de la guerre maritime appliqués à une guerre continentale?

L'idée de représaille existe dans le décret, dans ses considérants, mais cette idée seule est si nettement insuffisante que les auteurs mêmes qui l'adoptent doivent le reconnaître : « Par une autre disposition, Napoléon alla plus loin que ne l'indiquait la conséquence logique du système suivi, dit M. Bertin, dans sa thèse sur le Blocus continental. Il eût pu se contenter de faire expulser tous les Anglais se trouvant en France, il ordonna « que tout individu, « sujet de l'Angleterre, trouvé dans les pays occupés par nos troupes « ou alliés, serait fait prisonnier de guerre. » C'était là une mesure de représailles violentes, destinées à frapper les ennemis de la France et des neutres et à leur montrer jusqu'où pouvait aller l'implacable volonté de l'Empereur. »

C'est reconnaître que la règle des représailles n'eût dû, logiquement, amener qu'une expulsion, et donc, qu'il ne s'agit pas ici seulement de représailles. En réalité, je ne crois pas qu'il y ait d'autre formule possible à donner que cette transposition volontaire et constante des droits, érigée en système, qui se retrouve dans tous les articles du décret, et dont nous avons vu l'origine dans le *Mémoire sur les Neutres*. Le hasard ne fait rien, disait Napoléon, rien ne se fait que par un système; et, en déclarant tous les Anglais prisonniers de guerre sur le continent, les marchandises anglaises confisquées par droit de conquête continentale pour être réparties à titre d'indemnités par le conseil des prises, Napoléon était logique dans son système[1].

Du reste, ce principe même est écrit en propres termes dans le

1. Décret du 15 octobre 1806. Iéna.... Considérant que le résultat de la bataille d'hier est la conquête de tous les pays appartenant au roi de Prusse en deçà de la Vistule. Article premier. — Toutes les marchandises anglaises, qui se trouveront dans les villes du Nord, appartiendront à l'armée.

Décret, et c'est peut-être faute d'avoir envisagé l'ensemble de la doctrine napoléonienne que son importance a pu être méconnue. Reprenons donc les termes du Décret :

11 283. — DÉCRET.

Camp impérial de Berlin, 21 novembre 1806.

CONSIDÉRANT :

1° Que l'Angleterre n'admet point le droit des gens suivi universellement *pour* tous les peuples policés [2] ;

2° Qu'elle répute ennemi tout individu appartenant à l'État ennemi, et fait, en conséquence, prisonniers de guerre, non seulement les équipages des vaisseaux armés en guerre, mais encore les équipages des vaisseaux de commerce et des navires marchands, et même les facteurs du commerce et les négociants qui voyagent pour les affaires de leur négoce ;

3° Qu'elle étend aux bâtiments et marchandises du commerce et aux propriétés des particutiers le droit de conquête qui ne peut s'appliquer qu'à ce qui appartient à l'État ennemi ;

4° Qu'elle étend aux villes et ports de commerce non fortifiés, aux havres et aux embouchures des rivières, le droit de blocus qui, d'après la raison et l'usage de tous les peuples policés, n'est applicable qu'aux places fortes ;

Qu'elle déclare bloquées des places devant lesquelles elle n'a pas même un seul bâtiment de guerre, quoiqu'une place ne soit bloquée que quand elle est tellement investie qu'on ne puisse tenter de s'en approcher sans un danger imminent ;

Qu'elle déclare même en état de blocus les lieux que toutes ses forces réunies seraient incapables de bloquer, des côtes entières et tout un empire ;

5° Que cet abus monstrueux du droit de blocus n'a d'autre but que d'empêcher les communications entre les peuples, et d'élever le commerce et l'industrie de l'Angleterre sur la ruine de l'industrie et du commerce du continent ;

6° Que, tel étant le but évident de l'Angleterre, quiconque fait sur le continent le commerce des marchandises anglaises, favorise par là ses desseins et s'en rend le complice ;

Il y a là plusieurs séries d'idées bien distinctes, que l'on ne peut méconnaître lorsqu'on a lu le *Mémoire sur les Neutres*.

*** On trouve dans les §§ 5 et 6 l'idée d'un intérêt matériel, économique ; c'est ce que nous appelons aujourd'hui et ce que Napoléon appelle son droit au commerce ; c'est, pour lui, une raison majeure

2. La *Correspondance* dit *pour* et non *par*, qui serait la formule courante. Depuis le traité du 17 juin 1801, les puissances du Nord avaient été contraintes d'adhérer aux principes anglais, et le choix du mot *pour* est peut-être volontaire. Cf. Sorel, *op. cit.*, VII, p. 115 : « suivi *par* tous les peuples *civilisés* ».

de lutter, qui justifierait des représailles économiques; c'est un droit fondamental tel que la doctrine moderne estime que *le droit au commerce international est en réalité la source du droit international lui-même envisagé dans sa totalité*[1]. Je ne crois pas que la doctrine napoléonienne aille aussi loin, mais, cependant, il est certain que Napoléon appellera cette guerre celle du commerce et de l'industrie et que, si le droit au commerce international n'existe plus pour lui, à son avis, ce qui est une question de fait à débattre, le droit international, dans son ensemble, se trouve atteint et le droit naturel, fondé sur la réciprocité, subsiste seul avec toutes les rigueurs extra-juridiques qu'il comporte.

** Le § 4 soulève une autre question de droit international, celle du blocus effectif, ou du blocus sur le papier.

Aujourd'hui, on admet que le blocus fictif viole un principe fondamental du droit international. Depuis la déclaration de Paris de 1856, il n'y a plus de blocus non effectif, parce que ce serait « attenter à l'*indépendance* de toutes les nations[2] ». En 1806, la question était loin d'être résolue, il y avait controverse et, suivant le droit des gens napoléonien, en cela d'accord avec la doctrine moderne, le blocus ne pouvait s'entendre que des ports réellement bloqués. C'était un principe fondamental du droit des neutres, d'après Napoléon. On comprend ainsi pourquoi, contre toute vraisemblance historique, il parle parfois de la nécessité d'assurer l'indépendance de la France ou de l'Europe occidentale, ce que l'on ne peut entendre si on néglige le point de vue du droit maritime.

A un blocus fictif, Napoléon répond par un blocus fictif, mesure injuste et violente qui en amènera d'autres : ordres du conseil du 11 novembre 1807 suivis, à leur tour, du décret de Milan du 17 décembre 1807.

Là se trouve vraiment l'idée des représailles de guerre.

> Certes, la France reconnait que ces mesures sont injustes, illégales et attentatoires à la souveraineté des peuples; mais, c'est aux peuples à recourir à la force et à se prononcer contre des choses qui les déshonorent et flétrissent leur indépendance[3].

> Répondez à M. Armstrong que je suis honteux de discuter des points dont l'injustice est si évidente[4].

---

1. A. Pillet, *Recherches sur les droits fondamentaux des États dans l'ordre des rapports internationaux et sur la solution des conflits qu'ils font naître*, p. 9 en note.
2. P. Fauchille, Bonfils, p. 866.
3. 13 359. A M. de Champagny (15 novembre 1807) pour être communiqué au ministre d'Amérique.
4. 13 446. *Id.* (12 janvier 1808). (V. 13 391 : Décret de Milan.)

Mais, ce que je ne comprends pas sans l'idée d'une transposition des droits, c'est qu'une représaille de la guerre maritime puisse s'exercer sur le continent, c'est qu'à un blocus *maritime*, Napoléon puisse répondre par un blocus *continental*.

Enfin et surtout, ce que je ne comprendrais pas, c'est que les considérants des §§ 1, 2 et 3 puissent donner lieu à une représaille. Le grief est celui-ci : que les navires ennemis font prisonniers sur mer les équipages des vaisseaux de commerce et les négociants, et confisquent les propriétés des particuliers par droit de conquête. Dans l'état du droit de cette époque et même dans l'état actuel, ces mesures ne constituent pas une violation des usages :

> L'état de guerre détruit la liberté des mers à l'égard des nations en guerre, dit Rayneval, et cet état hostile est porté à un tel point que les propriétés particulières ne sont pas plus respectées que les propriétés publiques.
>
> On peut saisir le bâtiment ennemi et faire l'équipage prisonnier [1].
>
> La coutume internationale est nette et précise. Le belligérant peut saisir, capturer et confisquer avec certaines formalités le navire de commerce ennemi et la marchandise ennemie dont il est chargé. ... La pratique internationale a donc raison quand elle autorise le belligérant capteur à retenir les officiers et les matelots de l'équipage du navire capturé [2].

D'après l'usage et la doctrine, ces mesures, n'étant que l'exercice d'un droit, ne peuvent pas justifier des représailles [3].

D'autre part, il y a bien certainement dans le Décret de Berlin des mesures coercitives de réciprocité : « Ces déterminations commandées par un juste sentiment de réciprocité », dit le Message au Sénat du 19 novembre. Si ce ne sont pas des représaillles, au sens ordinaire du mot, quel est leur caractère et en quoi consistent-elles? Le § 8 le dit en propres termes : « Nous avons résolu d'appliquer à l'Angleterre les usages qu'elle a consacrés dans sa législation maritime. » Ces usages seront-ils appliqués sur mer? Oui, mais c'est le décret de Milan qui déclarera le blocus « sur mer comme sur terre » dans son article 3. Le décret de Berlin ne bloque que sur terre [4]. C'est donc sur terre que seront appliqués les usages mari-

---

1. Rayneval, *op. cit.*, 66 258 et 263.
2. Bonfils, *op. cit.*, p. 712.
3. Les instructions françaises de 1854, art. 20, disent : « Les personnes qui n'appartiennent pas à l'équipage du navire marchand ne sont point traitées comme prisonnières ». C'est la règle exacte que Napoléon prétendait imposer en 1806.
4. 17 014. 7 novembre 1810 : « Arrivé à Berlin, l'Empereur sentit le pouvoir qui lui avait été donné par la victoire d'Iéna; c'était le pouvoir de répondre à un blocus de mer par un blocus de terre ».

times de l'Angleterre. Nous avons donc des usages de la législation maritime appliqués sur terre : c'est bien la transposition des droits, comme l'armistice naval, mais en sens inverse. Je peux donc définir le blocus continental : l'application des règles de la guerre maritime à la guerre continentale par un système de volontaire réciprocité, système injustifié, injuste, inique et monstrueux peut-être, mais à coup sûr aussi nouveau que l'armistice naval dans l'histoire du droit et des nations.

Et, maintenant, dans quel but? Le Décret dit tout à qui veut le lire et je me reprocherais tout commentaire qui pût forcer le sens des mots :

> Les dispositions du présent décret seront constamment considérées comme principe fondamental de l'Empire, jusqu'à ce que l'Angleterre ait reconnu *que le droit de la guerre est un et le même sur terre que sur mer, qu'il ne peut s'étendre ni aux propriétés privées, quelles qu'elles soient, ni à la personne des individus étrangers à la profession des armes* [1]....

Il n'est pas dit que les dispositions seront appliquées jusqu'à ce que telle conquête continentale soit reconnue, ou que telle conquête maritime soit restituée : le conflit est porté dans le domaine du droit, sur une question de droit, sur l'unification du droit tendant à l'établissement d'un droit de la guerre plus humain et plus civilisé que celui de l'époque.

Ainsi, le rêve de Sainte-Hélène, l'idéal formulé dans le *Mémoire sur les Neutres* n'était pas sorti de l'imagination du condottiere vieilli, ni d'un plaidoyer prononcé pour les peuples et la postérité; c'était une réalité, jadis entrevue comme prochaine, proclamée comme loi nécessaire des nations, en vue de laquelle l'Empereur emploierait toutes ses forces, tant qu'il serait empereur, et toute la puissance de l'Empire, tant qu'il y aurait un Empire. Et, chose imprévue, l'histoire, qui a découvert les moindres tentatives d'amélioration des lois de la guerre et a rendu un juste hommage aux plus infimes comme aux plus platoniques, oublie facilement le seul effort pratique, constant et permanent qui fut entrepris dans ce sens, proclamé avec fermeté et poursuivi avec rigueur de Madrid à Moscou.

On cite le traité de 1785 abolissant la course entre la Prusse et les États-Unis, que Gentz appelait *une vraie curiosité diplomatique* et qui fut abandonné en 1799; on cite le vœu du député Kersaint à l'Assemblée législative, le 29 mai 1792, celui de la députation des

---

1. Décret, § 8 des considérants.

négociants *anglais* du 3 février 1860, la motion de la Chambre des communes *soutenue par Cobden* et combattue par Palmerston, le vœu des Chambres de commerce *anglaises* en 1866, le vœu de la Diète de l'Allemagne du Nord en 1868, les demandes de Garnier-Pagès à la Chambre française des députés en 1866 et 1876, le vœu de la Chambre de commerce des députés en 1871, le vœu du Congrès de droit maritime international de Naples en 1871, la discussion du Parlement britannique en 1877, la motion du Reichstag en 1894 et 1895, les décisions de l'Institut de droit international de 1875, 1877 et 1878, la proposition des États-Unis à la Conférence de la Haye en 1899, qui fut l'objet d'un vœu tendant à ce que la question fût renvoyée à l'examen d'une conférence ultérieure; et l'on ne dit pas que le seul homme qui, ayant à la fois la science du droit et la force des armées, pouvait formuler autre chose qu'un vœu, entreprit un jour, il y a cent ans, de mettre sa force au service du droit nouveau, idéal, moderne des peuples.

On retrouve cette thèse de l'inviolabilité absolue de la propriété privée ennemie sur mer mise en avant, au milieu du XVIIIe siècle, par l'abbé de Mably, dans son *Droit public de l'Europe*, fondé sur les traités.

> Quelque protection que les puissances accordent à leurs négociants, il s'en faut encore beaucoup qu'elles aient atteint au point que leur prescrit leur intérêt. Pourquoi deux nations, qui se déclarent la guerre, s'interdisent-elles d'abord tout commerce réciproque? Peut-être est-ce un reste de barbarie.
>
> Comment les nations, qui regardent le commerce comme le fondement le plus solide de leur grandeur et qui font tant d'efforts pour étendre leurs correspondances, n'ont-elles pas compris, jusqu'à présent, combien il leur serait avantageux de convenir entre elles de quelques articles propres à assurer la navigation de leurs commerçants en temps de guerre? Interrogez les négociants anglais, hollandais, français, etc., leur réponse sera la même. Ils voient avec horreur les armements en course, et ils apprendraient tous avec la plus vive satisfaction qu'à la paix prochaine les Puissances belligérantes se sont promis, en cas de rupture, de ne plus permettre à leurs sujets le métier de corsaires, et *de défendre à leurs vaisseaux d'insulter les navires marchands et de s'en saisir*[1].

Ceci était écrit dès 1748. On trouvera, d'autre part, un véritable commentaire des Décrets de Berlin et de Milan, par Napoléon lui-même, dans les lettres à Champagny, et, en particulier, dans la lettre du 22 août 1809, destinée au général Armstrong, ministre plénipotentiaire des États-Unis à Paris :

---

1. Mably, *op. cit.*, II, p. 308 et 310.

Monsieur, S. M. l'Empereur, instruit que vous devez expédier un bâtiment en Amérique, m'ordonne de vous faire connaître les principes invariables qui ont réglé et régleront sa conduite sur la grande question des Neutres.

La France admet le principe que le pavillon couvre la marchandise. Un bâtiment marchand, naviguant avec les expéditions de son gouvernement, est une colonie flottante. Violer ce bâtiment par des visites, des perquisitions et autres actes d'une autorité arbitraire, c'est violer le territoire d'une colonie, c'est attenter à l'indépendance de son gouvernement. Les mers n'appartiennent à aucune nation; elles sont le bien commun des peuples et le domaine de tous.

Les bâtiments de commerce ennemis, appartenant à des particuliers, doivent être respectés. Les individus qui ne combattent pas ne doivent pas être prisonniers de guerre. Dans toutes ses conquêtes, la France a respecté les propriétés particulières; les magasins et les boutiques sont restés à leurs propriétaires; ils ont pu disposer à leur gré de leurs marchandises; et, dans ce moment, des convois de voitures chargées principalement de coton traversent les armées françaises, l'Autriche et l'Allemagne, pour se rendre là où le commerce les envoie. Si la France avait adopté les usages de la guerre de mer, toutes les marchandises du continent eussent été accumulées en France et fussent devenues la source d'une immense richesse[1]....

Enfin, la même doctrine est soutenue à partir de 1780 par Azuni, Fiore, Galiani, Lucchesi-Palli, Mancini et presque tous les professeurs italiens, par Bluntschli, Geffken, Gessner,... par de Boeck, Cauchy, Desjardins,... par Calvo, Dudley-Field, Katchenowski, Laveleye, F. de Martens, Pinheiro-Ferreira, Rolin-Jacquemins,... par l'Institut de Droit International, qui dit formellement, en 1877 :

L'Institut, en rendant témoignage des progrès faits par la conscience publique et qui sont constatés par des faits nombreux et notoires, propose la règle suivante comme une réforme indispensable du droit international : *La propriété privée, neutre ou ennemie, naviguant sous pavillon ennemi ou sous pavillon neutre, est inviolable.*

Cette idée paraît donc comme une vérité du droit qui s'impose à la conscience moderne : sera-t-elle moins belle, parce que Napoléon lui donna l'ampleur d'un droit nouveau et en fit la formule fondamentale de ce que Sorel appelle justement « l'acte décisif, plus que la charte, la raison d'être de son grand empire[2] »?

Ah! sans doute, disait Napoléon à Sainte-Hélène, sans doute l'historien me trouvera de l'ambition, et beaucoup, mais de la plus grande et de la plus haute qui fut peut-être jamais : celle d'établir, de consacrer enfin

1. La lettre entière est tout un commentaire sur le droit des Neutres; c'est la substance même du *Mémoire* rédigé à Sainte-Hélène.
2. Sorel, *op. cit.*, VII, p. 114.

l'empire de la raison et le plein exercice, l'entière jouissance de toutes les facultés humaines. Et, ici, l'historien, peut-être, se trouvera réduit à devoir regretter qu'une telle ambition n'ait pas été accomplie, satisfaite [1].

1. *Correspondance*, XXXII, p. 264 (1er mai 1816).

N. B. — Le caractère juridique de ce volume m'oblige à interrompre ici l'étude du système continental. La question qui se pose est celle-ci : Pourquoi Napoléon, qui proclamait l'unité du droit le plus humain, a-t-il, dans cette circonstance, unifié les droits au profit du plus barbare? C'est à cette question que j'essaierai de répondre dans un prochain travail. Le Système Continental est un ensemble politique, économique et juridique si complexe que la discussion, portant sur un seulement de ces points, en donnerait une idée fausse; et, d'autre part, les développements historiques ou économiques nécessaires seraient ici hors de place.

Quelques idées modernes du droit des gens napoléonien.

> Je veux que le règne des idées philantropiques et généreuses soit le caractère de ce siècle.
>
> (19 février 1805.)

L'Angleterre et la France, disait Napoléon, ont tenu dans leur main le sort de la terre, surtout celui de la civilisation européenne. Que de mal nous nous sommes fait! Que de bien nous pouvions faire!

Saura-t-on jamais jusqu'à quel point pouvaient se porter l'union des deux peuples et celle de leurs intérêts, les combinaisons nouvelles qu'il était possible de mettre en œuvre?

Enfin, l'on commence à me comprendre. Déjà l'arbre porte son fruit. J'ai commencé. Le temps fera le reste [1].

Des idées qu'il a semées sur le monde, quelques-unes, en effet, ont germé. Celles de la guerre maritime ont triomphé les premières.

Nous avons dit, dans ce chapitre, que les principes du droit des neutres sont :

1° Que le pavillon couvre la marchandise;

2° Que le droit de visite ne consiste qu'à s'assurer du pavillon et qu'il n'y a point d'objets de contrebande;

3° Que les objets de contrebande sont les seules munitions de guerre;

4° Que tout bâtiment marchand convoyé par un bâtiment de guerre ne peut être visité;

5° Que le droit de blocus ne peut s'entendre que des ports réellement bloqués [2].

Voilà autant de règles que Napoléon soutenait en 1800, défendait en 1801, proclamait en 1806, résumait à Sainte-Hélène et qui

---

1. *Correspondance*, XXXII, p. 256, 262, 263. Cf. 4,445. 25 décembre 1799 ... : « La France, l'Angleterre, par l'abus de leurs forces, peuvent longtemps encore, pour le malheur de tous les peuples, en retarder l'épuisement : mais, j'ose le dire, le sort de toutes les nations civilisées est attaché à la fin d'une guerre qui embrase le monde entier. »

2. *Mémoire sur les Neutres*, XXX, p. 489.

sont devenues, une à une, lentement, le droit du monde, à peine contestées dans la pratique, lorsque les intérêts rivaux s'aiguisent aux passions de la guerre, mais entrées dans la conscience des peuples, d'où elles ne sortiront plus, parce qu'elles ont l'empire et la dignité de la raison.

Celles de la guerre continentale ont moins changé, parce qu'elles avaient déjà subi cette première épuration du temps qui en adoucit la barbarie.

> La civilisation s'est fait sentir rapidement et a entièrement changé le droit des gens dans la guerre de terre,... il n'entraîne plus le dépouillement des particuliers, ni un changement dans l'état des personnes[1].

Toutefois, sur ce point même, une étude approfondie de la Correspondance nous montrerait en Napoléon un homme plus près de notre temps que l'Attila des pamphlets et plus voisin de nous qu'on ne le croit d'ordinaire.

5462. — AU CITOYEN TALLEYRAND, MINISTRE DES RELATIONS EXTÉRIEURES :

Paris, 16 mars 1801.

Il faudrait, Citoyen Ministre, que, dans le procès-verbal de l'échange des ratifications, ou immédiatement après, on fît une convention pour l'évacuation des pays occupés par les troupes françaises.

1° L'évacuation ne sera censée commencée qu'à dater du 1er germinal.

2° L'Allemagne ne sera évacuée que quarante jours après.

3° Les Autrichiens n'occuperont aucun pays en deçà de l'Inn.

4° Les armées autrichiennes rentreront sur le pied de paix.

5° Les équipages de vivres et de l'artillerie seront vendus.

6° *Le plénipotentiaire français cherchera aussi à jeter les fondements d'un traité d'un nouveau genre, qui tiendrait à régler le nombre d'hommes que pourraient avoir sur pied, en temps de paix, la France, la Prusse et l'Autriche, afin de soulager d'autant leurs finances.*

BONAPARTE.

(Archives des Affaires étrangères.)

Régler la guerre, dès le temps de la paix, réduire les maux qu'elle entraîne, avant même qu'elle existe *par un traité d'un nouveau genre*, n'est-ce point là notre idée moderne du désarmement, celle que nous poursuivons comme une fuyante chimère et le but de nos conférences de la Paix?

Fantaisie, peut-être, dira-t-on, éphémère imagination! Non, réalité entrevue sur les champs de bataille et conçue, dès 1800, d'après nos idées modernes.

---

1. *Correspondance*, XXX, p. 457 et 458.

> C'est sur le champ de bataille de Marengo, au milieu des souffrances et environné de 15 000 cadavres que je conjure Votre Majesté d'écouter le cri de l'humanité et de ne point permettre que la génération de deux braves et puissantes nations s'entr'égorge pour des intérêts qui leur sont étrangers.
>
> C'est à moi de presser Votre Majesté, puisque je suis plus près qu'elle du théâtre de la guerre. Son cœur ne peut pas être si vivement frappé que le mien.
>
> Que peuvent donc alléguer ceux qui, dans le cabinet de Votre Majesté, veulent la continuation des hostilités? Les intérêts de la religion et de l'Eglise?.. La forme du Gouvernement français?.. Les intérêts du Corps germanique?.. Un accroissement d'Etats en Italie pour Votre Majesté?.. L'équilibre de l'Europe?.. La destruction des principes révolutionnaires?
>
> Si Votre Majesté veut se rendre compte des effets de la guerre, elle verra qu'ils seront de révolutionner l'Europe, en accroissant partout la dette publique et le mécontentement des peuples [1].

Ainsi, réduire les armements et les dépenses de la guerre pour éviter le mécontentement des peuples, voilà le but. C'est une théorie que les empereurs d'aujourd'hui méditent devant les menaces et revendications sociales, et l'on voit que le projet de désarmement n'était point, pour Bonaparte, une idée lancée à la légère ou née d'un intérêt momentané, mais une idée de large prévision politique, qui se rattache à son principe de la stabilité.

Pourquoi a-t-il fallu cent ans avant que l'écho de cette idée, partie des plaines sonores de l'Italie, fût recueilli par le monde et salué comme l'aube d'un vie nouvelle qui luirait sur les nations? C'est le secret de l'histoire.

> Le malheur a son bon côté, dira Napoléon à Sainte-Hélène, mais que de conséquences il transforme en rêves fantastiques [2].

Enfin, quant aux rapports de la guerre sur mer et de la guerre sur terre, sa vérité est la nôtre, celle que nous entrevoyons aujourd'hui, son droit est celui que nous tendons à établir.

Son idée de l'armistice naval a triomphé si naturellement que nous avons oublié que ce fut une nouveauté blessante il y a cent ans, et nous n'avons pas trouvé une formule plus nette, plus claire que la sienne, plus simple, ni plus concrète, que celle qu'il

---

1. 4914. A Sa Majesté l'Empereur et Roi (16 juin 1800). Cf. 419. Lecestre. A Caulaincourt, Paris, 6 mai 1809 : « Lorsque ces derniers Etats auront été divisés, nous pourrons diminuer le nombre de nos troupes, substituer à ces levées générales, qui tendent à armer jusqu'aux femmes, un petit nombre de troupes régulières et changer ainsi le système des grandes armées qu'a introduit le feu roi de Prusse. Les casernes deviendront des dépôts de mendicité et les conscrits resteront au labourage. »

2. *Correspondance*, XXX, p. 340 (2 mars 1816). Sur le malheur.

dicta pour servir de base à toutes communications écrites ou verbales dans une nuit inquiète :

> Je voulais seulement qu'un vaisseau français fût respecté sur mer comme un fourgon anglais le serait dans les États soumis à mon empire [1].
>
> Le pavillon arboré au mât d'un vaisseau marchand doit être respecté, comme s'il était au haut d'un clocher dans un village [2].
>
> Les choses sont réglées par deux droits différents,... comme s'il y avait deux raisons et deux justices [3].

Le rêve, son rêve, comme le nôtre, c'est l'unité du droit le meilleur, de la justice et de la raison.

> Oui, encore une fois, que de mal nous avons fait! Que de bien nous pouvions faire [4]!
> On pouvait avoir tout fini, on peut avoir tout à reprendre! On aurait pu se garantir un calme long et assuré, commencer à jouir, et, au lieu de cela, il peut suffire d'une étincelle pour ramener une conflagration universelle!
> Pauvre et triste humanité [5]!

A la question qui se posait au début de cette étude : Existe-t-il un droit des gens proprement napoléonien? nous pouvons donc répondre : Oui, et plus noble que celui de son temps, plus voisin du nôtre.

Entre le droit pratique et traditionnel du XVIIIe siècle et notre droit généreux, mais en formation, du XXe, il semble que la doctrine napoléonienne soit le droit intermédiaire, dont l'étude s'impose au point de vue international, comme au point de vue civil ou pénal, étude longue et difficile, d'ailleurs, parce que ce droit n'est pas condensé dans un code et qu'il faut lutter contre ses propres préjugés.

Dès à présent et malgré bien des réserves encore, nous pouvons dire que Napoléon reçut du XVIIIe siècle et de Mably cette idée fondamentale du droit positif fondé sur les traités, peut-être aussi cette préoccupation de l'ordre stable, de la mer, du commerce,

---

1. *Correspondance*, XXXII, p. 349 (10 février 1818).
2. *Id.*, 15227. Au général Armstrong (18 mai 1809).
3. *Id.*, XXX, p. 458.
4. *Id.*, XXXII, p. 263. « Avec l'école de Fox, nous nous serions entendus : nous eussions accompli, maintenu l'émancipation des peuples, le règne des principes; il n'y eût eu en Europe qu'une seule flotte, une seule armée; nous aurions gouverné le monde, nous aurions fixé chez tous le repos et la prospérité, ou par la force, ou par la raison.... Oui, encore une fois, que de mal nous avons fait! Que de bien nous pouvions faire! »
5. *Id.*, XXXII, p. 257.

des colonies, des intérêts matériels prédominants, contre quoi la Révolution avait réagi. De là, cette politique précise, de faits, d'intérêts, de dure réciprocité militaire ou économique, que son esprit logique convertira en *système* rigoureux, parce qu'il faut vivre et défendre des intérêts autant que des idées.

> Je partage votre opinion sur la manière de voir de M. Andréossi. Il faudrait que la maison d'Autriche nous aimât!... Aimer, je ne sais trop ce que cela veut dire en politique [1]....

S'il doit, au passé, cette idée de la paix productrice de bien-être qu'il n'a jamais pu conquérir, il doit, sans doute, à la Révolution, l'idée de l'égalité des hommes et ce rêve de la fraternité des peuples, qu'il poursuivit jusque dans la chimère de la domination universelle.

> C'est à moi, disait-il dès 1805, à qui de tels sentiments ne peuvent être imputés à faiblesse, c'est à nous de rappeler aux nations civilisées de l'Europe qu'elles ne forment qu'une même famille et que les efforts qu'elles emploient dans leurs discussions civiles sont des atteintes à la prospérité commune.... Je veux, autant que je pourrai y influer, que le règne des idées philanthropiques et généreuses soit le caractère de ce siècle [2].

Pourquoi n'a-t-on pas entendu ces appels, et vu que les « jeunes idées », proclamées par la Révolution pour les hommes, étaient celles que l'Empereur, au début de son règne, proclamait pour les nations :

> Désormais immortelles,... cimentées du sang des batailles,... saluées des acclamations des peuples,... devenues familières aux oreilles comme à la bouche des rois, elles ne sauraient plus rétrograder.
>
> Elles vivent dans la Grande-Bretagne, elles éclairent l'Amérique, elles sont nationalisées en France : voilà le trépied d'où jaillira la lumière du monde. Elles le régiront, elles seront la foi, la religion, la morale de tous les peuples. « Et cette ère mémorable se rattachera, quoi qu'on ait voulu dire, à ma personne, parce qu'après tout, j'ai fait briller le flambeau, consacré les principes, et, qu'aujourd'hui, la persécution achève de m'en rendre le Messie.
>
> Amis et ennemis, tous m'en diront le premier soldat, le grand représentant. Aussi, même quand je ne serai plus, je demeurerai encore pour les peuples l'étoile polaire de leurs droits, mon nom sera le cri de guerre de leurs efforts, la devise de leurs espérances [3].

Un soir triste de Sainte-Hélène, sa pensée se perdait ainsi dans

---

1. 12 373. A M. de Talleyrand (14 avril 1807).
2. 8 824. 19 février 1805.
3. *Correspondance*, XXXII, p. 261 (10 avril 1816).

les champs lointains de l'avenir, confiante dans la justice du temps, malgré la défaite de son idéal.

Enfin, ce qui est bien à lui et la marque personnelle de son génie, c'est ce calcul des combinaisons et des chances, qui fait de sa politique un singulier mélange d'imagination et de vues pratiques, de paix lancée à la face du monde et de guerres poursuivies sans haine [1], c'est cette application de la stratégie militaire à la lutte mondiale des nations qui lui faisait discerner d'instinct le point à toucher de son épée pour paralyser l'adversaire, — c'est cette notion de l'espace et du temps qui manquait aux Jacobins, qui graduait le don de ses lois [2], et qui lui faisait dire, par exemple, qu'un peuple est l'ennemi *géographique* d'un autre peuple [3]. Dans le domaine du droit des gens, toute conclusion générale serait excessive ou prématurée. Du moins, reste-t-il de l'étude de cette première période l'idée que, pour Napoléon, il n'est point de relation stable entre les peuples, qui puisse être fondée sur d'autres bases que celles de la justice et de l'honneur : l'égalité des droits, l'équilibre des forces, le respect des traités et cet effort constant vers l'amélioration des lois de la guerre et l'unité d'un droit plus humain. Son grand crime, devant l'histoire, c'est, peut-être, d'avoir formulé cent ans trop tôt les idées modernes et d'avoir prétendu les imposer à un monde qui ne pouvait pas les comprendre.

Aujourd'hui, le même souffle généreux de justice fondée sur la raison qui l'inspirait, le même idéal s'impose à nous, rassemblant les peuples et les rois dans un commun effort de paix. Réduction concertée des armements par des traités d'un nouveau genre, — adoucissement conquis des lois de la mer, — transposition progressive des règles de la guerre continentale à la guerre maritime, — et, d'une vue plus générale, transformation du droit des gens naturel ou coutumier en droit des gens conventionnel, reposant sur des traités librement consentis : c'est l'évolution qu'il avait prévue et l'œuvre de la Haye, où sa doctrine triomphe lentement, libérée du cri tumultueux des intérêts conciliés, des craintes éva-

---

1. Cf. XXXII, p. 308 : « Ils n'ont fait de grandes choses qu'en se conformant aux règles et aux principes de l'art, c'est-à-dire par la justesse des combinaisons et le rapport raisonné des moyens avec leurs conséquences, des efforts avec les obstacles. »

2. 15696. A Gaudin, 22 août 1809 : « En 1810, le pays pourra-t-il être gouverné par les lois françaises, ou faudra-t-il proroger l'état actuel pendant encore un an?... Si cela devait froisser le pays, comme cela a eu lieu en Toscane, et qu'il fallût du temps, je prorogerais d'un an la Consulte. »

3. 8170. Au roi de Prusse, 10 novembre 1804 : « La politique de toutes les puissances est dans leur géographie ».

217. Lecestre. A Caulaincourt, 2 février 1808 : « Jamais la Russie n'aura une pareille occasion de placer Pétersbourg au centre et de se défaire de cet ennemi géographique ».

nouies et des passions mortes.... Mais lui, pasteur sévère des peuples, ne vit point la terre promise où il conduisait leurs destins. « Je travaillais pour arriver à un plan, disait-il à Sismondi. J'avais demandé vingt ans, la destinée ne m'en a donné que treize [1]. »

1. *Correspondance*, XXXII, p. 300 (3 mai 1821).

APPENDICE

26e Séance Publique du Vendredi 9 Germinal an XII.

Un membre au nom de la Commission, chargée de rédiger le plan du travail diplomatique demandé par le premier Consul, fait un rapport sur la nature et les moyens d'exécution de ce travail. Ce rapport est adopté, et le bureau est chargé de le soumettre au Premier Consul.

RAPPORT

Le Premier Consul désire que la langue française se propage, s'étende et devienne de plus en plus commune dans les diverses contrées de l'Europe [1]. Il a pensé qu'un des moyens les plus assurés d'atteindre ce but était de composer, dans la langue française, des ouvrages qui fussent utiles ou plutôt nécessaires à toutes les nations. Les ouvrages historiques et, plus particulièrement encore, les ouvrages qui traitent du droit public, lui ont semblé devoir être distingués parmi les objets qui intéressent les peuples. Il a vu que, depuis l'époque à laquelle le recueil de Dumont a été publié, les Allemands s'étaient emparés de la suite des collections sur le droit public; il voudrait que les Français s'en occupassent à leur tour, et il est persuadé que si ces ouvrages indispensables aux transactions habituelles des nations civilisées étaient rédigés en français, l'étude et l'usage de la langue française deviendraient eux-mêmes d'une universalité presque indispensable.

La Classe, empressée à seconder les vues du premier Consul, a nommé une Commission pour proposer ses réflexions sur ce qui était à faire. La Commission est composée des citoyens Anquetil, Daunou, Garnier, Garran, Camus, et le bureau.

La plupart des nations policées ont aujourd'hui des recueils de traités relatifs à leurs intérêts particuliers avec les autres nations.

---

1. C'est une préoccupation que l'on croirait moderne, et cependant cette expansion de la langue française était âprement discutée il y a cent ans. Cf. l'article du *Times* (4 janvier 1803) : « The political ill-consequences of the spread of the French throug hout Europe... »

Ces collections de traités ont été, à peu près partout, les premières que l'on a publiées.

Leibnitz, dont toutes les conceptions portèrent l'empreinte d'un vaste génie, donna en 1693 un recueil, qui n'était plus le livre d'une nation particulière, mais le livre de toutes les nations de l'Europe; nous parlons du *Codex juris gentium diplomaticus* qui parut à Hanôvre en 1693. — Leibnitz y ajouta un supplément en 1700 : la collection augmentée et réimprimée à Wolfenbutel en 1747 forme deux volumes in-folio. Elle n'est pas complette, et cela ne doit pas étonner à l'égard d'une collection qui était la première tentée en ce genre : mais, les préfaces du *Codex juris gentium* rendront toujours cet ouvrage important à cause des observations qu'elles contiennent sur les collections de Chartes et de Diplômes. Ces préfaces ont été réimprimées par M. Dutens dans la collection qu'il a donnée des œuvres de Leibnitz.

Environ trente ans après la première publication du *Codex juris gentium diplomaticus*, parurent les premiers volumes de la grande collection de Dumont. Dans l'intervalle, des libraires, tant en France qu'en Hollande, avaient donné au public des collections plus ou moins complettes de traités : mais elles n'ont presque plus d'importance après la collection que l'on appelle le corps diplomatique : c'est celle-ci qui doit fixer particulièrement notre attention : elle est composée de plusieurs parties.

Jean Dumont, son premier auteur, français réfugié, conseiller et historiographe de l'Empereur, prépara les premiers volumes, dont le titre est *Corps universel diplomatique du droit des gens*; il ne put surveiller l'édition que d'une petite partie de son ouvrage, étant mort en 1726, l'année même où le premier volume fut exposé en vente à Amsterdam et à La Haye, par les soins des célèbres imprimeurs Wetsleim, Jansson-Waesberg et autres. Jean Rousset publia les autres volumes : le total de cette première partie de la Collection compose huit volumes qui renferment environ dix mille actes imprimés dans leur langue originale avec des notes et quelquefois avec une traduction.

En 1739, Rousset publia comme le fruit des recherches de Jean Dumont et des siennes propres, un supplément en 1 vol. in-f°, auquel il joignit deux autres volumes de même format, contenant le cérémonial diplomatique des Cours de l'Europe.

Barbeyrac, portant ses recherches au delà de l'époque où Dumont avait commencé les siennes, donna, en 1739, l'*Histoire des anciens traités depuis les temps les plus reculés jusqu'à Charlemagne*, 2 vol. in-f°.

Pendant le cours de ces travaux, et avant même que les

recherches de J. Dumont fussent devenues publiques, Jean Yver de St-Prest avait donné, en 1725, comme introduction au Corps diplomatique qu'il savait devoir bientôt paraître, *l'Histoire des traités de paix du XVIIe siècle*, 2 vol. in-f°; et Jean Leclerc, *l'Histoire des négociations secrettes touchant la paix de Munster et d'Osnabruck*, 4 vol. in-f°.

Les cinq articles que nous venons de décrire et que l'on peut ranger dans l'ordre suivant : histoire des anciens traités; recueil de traités; supplément; cérémonial diplomatique; histoire des traités de paix du xviie siècle; négociations touchant la paix de Munster et d'Osnabruck, forment la Collection entière du Corps diplomatique : il est certain qu'on n'a aucune Collection plus ample et plus complette pour les intervalles de temp qu'elle embrasse.

Il n'existe point d'abrégé proprement dit, du Corps diplomatique; c'est-à-dire d'ouvrage dans lequel on fasse connaître sommairement la totalité de ce que cette Collection renferme, mais il en existe des extraits : c'est-à-dire des collections dans lesquelles on a rassemblé les principaux traités; et les articles principaux de quelques traités moins importants dans leur totalité. On distingue en Allemagne, parmi ces collections, qu'on pourrait appeler d'un ordre inférieur, *le corpus juris gentium academicium de Schmauss*, publié à Leipsick en 1730 et qui est destiné spécialement aux jeunes gens qui suivent les cours de droit public dans les Universités, 2 vol. in 8°, le 2e composé de 2 parties.

Depuis le Supplément à la Collection de Dumont, publié par Rousset en 1739, il n'a été donné aucune continuation ou supplément au Corps diplomatique dans le plan et dans la forme adoptés par Dumont et Rousset : mais on a deux collections, format in-8°, qui peuvent servir en partie de continuation et de supplément. La première est de Frédéric Guill Wenck, professeur d'histoire en l'Université de Leïpsick. Le premier volume a paru dans cette ville en 1781, sous le titre de *Codex juris gentium recentissimi*. L'Epoque à laquelle Wenck est remonté est l'année 1735. Il n'a paru encore que trois volumes de ce recueil; les traités les plus récens qui y sont rapportés dattent de 1772.

La seconde collection est de Georges Frédéric de Martens, Professeur du droit de la nature et des Gens à Gottingue. Elle est composée de sept volumes in-8° dont le premier a paru à Gottingue en 1791, plus deux volumes de supplément publiés en 1802. M. de Martens ne reporte sa collection qu'à la date de 1761; néanmoins, il a inséré dans ses suppléments plusieurs Traités antérieurs à cette date, qui ne se trouvent pas dans les Collections de Dumont et de Rousset.

Il ne faut pas omettre d'avertir qu'à la tête du 1er volume des suppléments de M. de Martens, on trouve une bonne notice des Collections de traités publiés jusqu'à ce jour, de même que, dans un ouvrage qu'il a donné sous le titre de Cours diplomatique, il a inséré (à la fin du 2e vol.) un catalogue considérable d'auteurs qui ont écrit sur la diplomatie.

De ce qui vient d'être dit, il résulte :

1° Que les traités, depuis les temps anciens jusqu'à l'époque de 1739, ont été recueillis assez exactement dans le corps diplomatique : collection précieuse qui laisse néanmoins plusieurs choses à désirer :

D'abord, en ce que quelques pièces ont échappé à l'attention des éditeurs.

En suite, en ce que quelques actes ont été imprimés sur des copies qui n'étaient pas assez fidèles.

En troisième lieu, en ce qu'il n'y a pas eu assez de pièces originales traduites.

Nous ne parlons pas ici de ce qu'il pourrait y avoir de trop et de superflu dans cette vaste collection.

Il résulte :

2° Que, quelque obligation que l'on ait à M. Wench et à M. de Martens de nous avoir fait connaître les traités postérieurs à 1739, leurs Recueils ne sauraient être considérés comme une suite et une continuation du Corps diplomatique : ces collections n'étant pas formées sur le même plan et les textes originaux n'étant accompagnés ni de traduction ni de notes.

3° On n'a aucune suite du cérémonial diplomatique, lequel, néanmoins, a éprouvé plusieurs changements depuis la publication du cérémonial publié en 1739 par Rousset ;

4° Enfin, on désirerait un abrégé du corps diplomatique. Il faut, à cet égard, s'empresser d'avertir qu'on n'est point dans l'idée que des Extraits ou des abrégés de traités, si bien faits qu'on les suppose, puissent suppléer jamais à la collection complète, ni dispenser de la lecture entière des traités : mais le corps diplomatique, étant un recueil très volumineux et d'une dépense considérable pour ceux qui veulent l'acquérir, il serait extrêmement utile d'avoir pour une telle collection, comme on l'a pour celle de Rymer[1], un extrait bien fait et peu volumineux, qui indiquât les Traités dont on peut avoir besoin, leur objet, leur date et le

1. Cet abrégé de Rymer, qui a été imprimé séparément en Hollande in-f° et in-4°, qui l'a été ensuite avec les remarques de Tindal sur l'histoire d'Angleterre par Rapin de Thoiras, et qui, enfin, se trouve par parties dans les divers volumes de l'*Histoire* de Thoiras, publiée en 1749 à Paris sous le titre de Lahaye, 16 vol. in-4°,

volume de la collection, dans lequel on peut les lire, afin d'épargner la peine de se transporter continuellement dans les grandes bibliothèques pour y feuilleter une Collection immense, et remuer une grande quantité de volumes, quelquefois pour trouver une seule date.

Maintenant que nous connaissons ce que nous possédons sur la diplomatie et ce que l'on pourrait désirer, il est facile de déterminer ce qui serait à faire pour remplir le plan conçu par le premier Consul. Son plan a deux parties : composer un ouvrage important sur la diplomatie : se servir de cette occasion pour engager, même forcer, en quelque sorte, les étrangers à étudier la langue française et à se la rendre familière.

Par rapport à la première vue, la Commission propose : de continuer la Collection de Dumont, depuis 1739 jusqu'à nos jours.

De continuer également le cérémonial diplomatique depuis 1739 jusqu'à ce *tems*, en observant les changemens qu'il a éprouvés;

De donner un supplément à l'ancien corps diplomatique de Dumont et Rousset. Il sera composé : 1° de l'édition des actes que des recherches postérieures à la publication du corps diplomatique ont découvert ou pourront découvrir;

2° D'une nouvelle édition des pièces qui n'ont été données que d'après des copies inexactes.

Enfin, de composer un abrégé qui fasse connaître sommairement tous les actes insérés dans le corps diplomatique avec leur date et l'indication du volume, soit de l'ancien corps diplomatique, soit de la continuation et des suppléments où elles se trouvent.

Par rapport à la seconde vue, la commission propose : de traduire en français, et en français seulement, toute pièce qui ne serait pas écrite en cette langue; de joindre aux actes les notes historiques nécessaires à leur intelligence, et de n'écrire ces notes qu'en français.

Les Ministres et les négociateurs ne connaissant pas, au moins pour la plupart, l'universalité des langues de l'Europe, sont contraints de recourir à des traductions pour entendre des traités écrits en russe, en suédois, en hollandais, etc. C'est leur procurer un grand avantage de leur présenter une traduction de tous ces actes dans une seule langue, puisqu'alors, au lieu d'être obligés

cet abrégé, dis-je, n'est dans le principe qu'une suite de sommaires des actes de Rymer les plus importans à l'histoire, rédigés par Thoiras et adressés à Leclerc, qui les publia successivement dans la Bibliothèque universelle et dans la Bibliothèque historique.

d'apprendre dix langues, il leur suffit d'en apprendre une seule; et si cette langue, seule employée dans les traductions, est la langue française, il est évident que son étude devient d'un avantage assez marqué pour qu'il soit en quelque sorte indispensable de s'y livrer et de s'en rendre l'usage familier.

L'emploi de la langue française dans les notes concourra au même but. Il y concourra d'autant plus puissamment que les notes seront mieux choisies et plus utiles.

Pour exécuter le double plan qui vient d'être présenté, il faut des matériaux, des ouvriers, un centre commun d'où partent la direction du travail et la surveillance de l'exécution.

Les matériaux ne manquent point. Pour la continuation du corps diplomatique, il y a des dépôts précieux aux Affaires étrangères, à la Guerre, à l'Intérieur; toutes les transactions de quelqu'importance ont été imprimées, soit à part, soit dans les feuilles publiques.

Les collections générales de Wenck et de Martens, plusieurs collections particulières, imprimées dans différents États, seront d'un grand secours. Quant aux suppléments à donner à la collection de Dumont et de Roussel, on aura d'abord à puiser dans une multitude de recueils particuliers publiés depuis 1739. Ces recueils particuliers sont ordinairement plus complets, par rapport aux objets spéciaux dont ils se sont occupés, que ne le sont les recueils universels. On aura, ensuite, les grandes collections de Chartes et de titres, conservées sur différents points de la République : dépôts dont la plupart n'ont pas été visités par Dumont et n'auraient pu l'être qu'avec peine, eu égard aux conditions qu'il fallait remplir alors pour y pénétrer.

Les talents nécessaires pour mettre ces matériaux en œuvre ne se rencontrent pas aussi facilement qu'on le soupçonnait peut-être d'abord.

Quoique le travail doive être dirigé ainsi qu'on va l'expliquer, il faut, de la part même des collaborateurs, des connaissances étendues dans l'histoire, pour préparer le choix des pièces et rédiger les notes qui les accompagneront. Les traducteurs ne doivent pas être de simples grammairiens en état de rendre un mot étranger par un mot français à peu près équivalent. Il faut quelque connaissance des formes et du style diplomatiques, même des intérêts et des usages des peuples, pour choisir le mot propre et représenter fidèlement l'original.

Tous les travaux particuliers distribués comme on l'a vu, en quatre branches : continuation du corps diplomatique, continuation du cérémonial, supplément au corps diplomatique, abrégé du corps diplomatique, doivent répondre à un centre commun d'où ils soient dirigés sur des idées fixes et appropriées à toutes les parties.

Un Comité formerait ce centre commun. Il serait composé de quatre personnes qui auraient, d'ailleurs, leur travail particulier, l'une, la continuation du Corps diplomatique; l'autre, la continuation du cérémonial; une troisième, les supplémens; une quatrième, l'abrégé.

Ces quatre personnes, réunies à la commission de l'Institut, qui dirige et surveille les travaux littéraires, arrêteraient d'abord deux objets capitaux : la qualité des pièces à admettre, soit dans la continuation, soit dans les suppléments et la nature des notes qui les accompagneront. Quoique dans des collections du genre de celles dont il s'agit, il y ait moins d'inconvénient à rencontrer une pièce inutile, qu'à ne pas trouver une pièce nécessaire, cependant il y a un mal réel à surcharger des collections nécessairement vastes par elles-mêmes, d'actes superflus, soit parce que la connaissance en est indifférente, soit parce qu'ils se trouvent déjà compris dans d'autres recueils.

Les notes ne seront, ni des dissertations, ni des récits historiques : ce sont les pièces mêmes et les pièces seules qu'on cherche dans une collection de Traités : d'autres livres sont destinés à contenir, soit l'histoire des peuples, soit les discussions diplomatiques : les notes jointes à la collection doivent seulement donner en peu de mots les indications absolument nécessaires à la parfaite intelligence du Traité auquel on les applique.

Le même comité aura à s'occuper d'un autre point également essentiel, la critique des actes à employer; c'est-à-dire ce qui constitue leur authenticité complète et ce qu'il est permis d'employer comme autorité suffisante, à défaut du titre pleinement authentique. Si l'on possède en original un traité de paix, avec les actes de ratification, les signatures et les sceaux, il n'y a pas de difficulté à faire imprimer un pareil acte; seulement, il faut le collationner attentivement sur l'original. Mais, si l'on ne possède point cet original, il faut déterminer le degré de confiance que méritent les minutes, les copies manuscrites certifiées, les copies imprimées et le plus ou moins de confiance aussi qu'on doit, soit à des éditions isolées de ces pièces, soit à leur insertion dans des feuilles publiques ou dans d'autres ouvrages.

Tous ces objets et les autres, d'une importance égale, doivent être arrêtés en Comité : les détails laissés au Rédacteur de chaque partie. La première dont on s'occupera sera, sans doute, la continuation du corps diplomatique. Les succès qu'on obtiendrait dans cette partie détermineraient à entreprendre successivement les autres travaux qui complèteraient l'exécution des vues du premier Consul.

Signé à la minute : *Anquetil*, *Laporte du Theil*, *Dacier Garran*, *Silvestre de Sacy* et *Camus*, rapporteur.

TABLE DES MATIÈRES

Paris. — Imp. CH. DELAGRAVE.

Imp. Gautherin